大数据环境下的信息管理技术与服务创新

可移动文化遗产保护体系研究

Study on Movable Cultural Heritage Protection System

周耀林　李姗姗　等　著

图书在版编目(CIP)数据

可移动文化遗产保护体系研究/周耀林等著.—武汉：武汉大学出版社,2023.3
大数据环境下的信息管理技术与服务创新
ISBN 978-7-307-21973-1

Ⅰ.可… Ⅱ.周… Ⅲ.文化遗产—保护—研究—中国 Ⅳ.G122

中国版本图书馆 CIP 数据核字(2020)第 234975 号

责任编辑：詹　蜜　　责任校对：李孟潇　　版式设计：马　佳

出版发行：**武汉大学出版社**　（430072　武昌　珞珈山）
（电子邮箱：cbs22@whu.edu.cn　网址：www.wdp.com.cn）
印刷：武汉市金港彩印有限公司
开本：720×1000　1/16　印张：17.5　字数：257 千字　插页：2
版次：2023 年 3 月第 1 版　　2023 年 3 月第 1 次印刷
ISBN 978-7-307-21973-1　　定价：58.00 元

版权所有，不得翻印；凡购我社的图书，如有质量问题，请与当地图书销售部门联系调换。

目 录

1 绪论 ………………………………………………………………………… 1
  1.1 研究背景 …………………………………………………………… 1
  1.2 研究意义 …………………………………………………………… 5
  1.3 国内外研究综述 …………………………………………………… 8
  1.4 主要研究内容 ……………………………………………………… 22

2 可移动文化遗产保护体系概述 ………………………………………… 24
  2.1 可移动文化遗产 …………………………………………………… 24
  2.2 可移动文化遗产保护 ……………………………………………… 31
  2.3 可移动文化遗产保护体系 ………………………………………… 35

3 可移动文化遗产保护法律法规体系 …………………………………… 53
  3.1 可移动文化遗产保护法律法规的进展 …………………………… 53
  3.2 可移动文化遗产保护法律法规体系的健全 ……………………… 80

4 可移动文化遗产保护技术体系 ………………………………………… 87
  4.1 实物型可移动文化遗产保护技术 ………………………………… 88
  4.2 数字型可移动文化遗产保护技术 ………………………………… 104
  4.3 可移动文化遗产保护技术体系的构架与实施 …………………… 111

5 可移动文化遗产保护管理体系 ························· 120
5.1 可移动文化遗产保护管理体系概述 ··················· 120
5.2 可移动文化遗产保护动态管理 ······················· 132
5.3 可移动文化遗产保护应急管理 ······················· 138
5.4 可移动文化遗产保护项目管理 ······················· 157

6 可移动文化遗产保护标准体系 ························· 163
6.1 可移动文化遗产保护标准体系概况 ··················· 163
6.2 可移动文化遗产保护标准体系构建 ··················· 204

7 可移动文化遗产保护制度体系 ························· 210
7.1 可移动文化遗产保护制度体系概述 ··················· 210
7.2 可移动文化遗产保护制度体系的重构 ················· 216
7.3 可移动文化遗产保护制度体系的实现 ················· 225

8 可移动文化遗产保护支持体系 ························· 231
8.1 可移动文化遗产保护信息系统 ······················· 231
8.2 可移动文化遗产保护人才支持 ······················· 252

9 研究结论与建议 ····································· 261

参考文献 ··· 267

后记 ··· 274

1 绪 论

"可移动文化遗产"(Movable Cultural Heritage, Patrimoine Culturel Mobilier)一词是在文化遗产保护的历史潮流中产生和发展起来的,已经成为一个非常重要的遗产类型。研究可移动文化遗产保护的问题,形成科学的可移动文化遗产保护体系,不仅具有一定的理论价值,而且具有非常重要的实践意义。

1.1 研究背景

遗产保护可以追溯到法国大革命时期对于建筑物、纪念碑的保护。20世纪初,文化遗产保护在法国通过了立法,由此加速了文化遗产保护的进程。第二次世界大战结束后,尤其是1972年联合国教科文组织《保护世界文化与自然遗产公约》诞生以后,世界各国不约而同地将焦点瞄准了具有世界意义、地区意义和国家意义的文化遗产和自然遗产,开展了轰轰烈烈的遗产保护运动。这一遗产保护运动高潮迭起,影响深远,被历史学家大卫·罗文苏(David Lowenthal)誉为"20世纪末最有影响的文化现象"[①]。随着文化遗产保护工作在世界范围内的深入开展,各国普遍认识到文化遗产对于本国的身份

---

① Linda Young. Australian and International Laws on Export Controls for Cultural Heritage[EB/OL]. [2011-02-06]. http://www.aic.gov.au/conferences/artcrime/young.pdf.

认证,以及对文化建设和软实力的提升具有重要作用,同时文化遗产具有重大国际影响力,所以纷纷制定专门政策推进文化遗产保护工作。

在国际文化遗产保护潮流的影响下,我国的文化遗产保护事业也不断加强。"十一五"期间,文化遗产保护科技政策不断创新,为我国文化遗产保护提供了政策导向[①]。"十二五"期间,从国家层面提出加强文化遗产保护的明确要求,文化遗产保护工作按照"保护为主,抢救第一,合理利用,加强管理"的方针,进展顺利,成绩斐然。2011年10月18日,中国共产党第十七届中央委员会第六次全体会议通过《中共中央关于深化文化体制改革 推动社会主义文化大发展大繁荣若干重大问题的决定》,提出了"加强国家重大文化和自然遗产地、重点文物保护单位、历史文化名城名镇名村保护建设,抓好非物质文化遗产保护传承"[②]的重要指示,在战略层面上体现了党和国家对于文化遗产保护的重视。

(1)文化遗产普查工作取得可喜进展

2012年,住房和城乡建设部、文化部、财政部完成全国传统村落摸底调查,共收录1.2万个传统村落信息,初步建立中国传统村落保护名录,并将有重要保护价值的646个村落作为第一批列入名录。2013年5月,《文化部办公厅关于组织开展非物质文化遗产档案摸底调查的通知》,对近年来非物质文化遗产档案工作开展情况进行调查。2013年7月,住房和城乡建设部、文化部、财政部联合发出《关于做好2013年中国传统村落保护发展工作的通知》,要求各地尽快按"一村一档"建立中国传统村落档案,同时制作纸质和电子文件形式,不仅包括文字内容,而且包括照片、录音、录像、图纸等形式的资料。

根据"十二五"期间的普查数据,我国现有不可移动文化遗产76万多处,其中全国重点文物保护单位4 200多处;可移动文物4 000多万件,其中国家

[①] 周耀林,李波,戴旸.文化遗产保护科技政策创新[C]// 文化部科技司,等.中国文化遗产创新报告.社会科学文献出版社,2011:175-195.

[②] 中央关于深化文化体制改革若干重大问题的决定[EB/OL].[2011-10-27]. http://www.gov.cn/jrzg/2011-10/25/content_1978202.htm.

评定的珍贵文物417万件；非物质文化遗产项目近56万项，其中国家级非物质文化遗产1 370多项。截至目前，我国列入世界自然和文化遗产名录的文化遗产有48项，位居世界第二；列入世界非物质文化遗产名录的有38项，位居世界第一。

(2) 文化遗产保护工作投入力度加大

在一系列政策的导向与支持下，中央财政对于文化遗产保护的力度不断增加。"十二五"期间，中央财政每年投入80多亿元对国宝级文物进行保护。2014年，中央财政进一步加大文化遗产保护资金投入力度，实际下达资金88.43亿元，比2013年增加11.1亿元，增长14.35%[①]。其中，国家重点文物保护专项补助资金81.3亿元，用于2 299个文物保护项目；国家非物质文化遗产保护专项资金6.63亿元，支持752个国家级非物质文化遗产代表性项目保护、1 735名国家非物质文化遗产项目代表性传承人开展传习活动以及10个国家级文化生态保护实验区建设等；国家古籍保护计划及古籍整理出版等补助资金0.5亿元。2015年，中央财政共安排文化遗产保护补助资金81.1亿元，支持保护国家物质文化遗产和国家非物资文化遗产。其中，国家物质文化遗产保护补助资金74.5亿元，重点资助全国重点文物保护单位和世界文化遗产的文物保护、大遗址保护、抗战文物保护、"一带一路"文物保护、传统村落保护等；国家非物质文化遗产保护补助资金6.64亿元，主要用于国家级非物质文化遗产代表性项目(包括其传承人的抢救性记录、传习活动)以及国家级文化生态保护实验区补助等[②]。

(3) 文化遗产保护法律法规建设向前推进

2011年，《中华人民共和国非物质文化遗产法》颁布，充分表明了中央对文化遗产法治建设的重视。2012年5月4日，财政部和文化部颁布的《国家非物质文化遗产保护专项资金管理办法》明确提出，非物质文化遗产专项

---

① 2014财政部投入近90亿资金 加强文化遗产保护[EB/OL]. [2015-05-30]. http://culture.people.com.cn/n/2014/1029/c172318-25929443.html.

② 中国财政部. 中央财政支持文化遗产保护情况[EB/OL]. [2015-11-27]. http://czzz.mof.gov.cn/caijingzixun/caijingxinwen/201511/t20151112_1557097.html.

资金按照开支范围分为组织管理费和保护补助费,其中保护补助费又分为国家级非物质文化遗产代表性项目补助费、国家级代表性传承人补助费、国家级文化生态保护区补助费三类,并对专项资金的申报、审批、拨付、管理、使用和监督等进行了详细规定。2013年6月9日,财政部和国家文物局颁发《国家重点文物保护专项补助资金管理办法》,要求以"规划先行、保障重点、中央补助、分级负责"为原则管理和使用国家重点文物保护专项补助资金,补助范围主要包括全国重点文物保护单位保护、大遗址保护、世界文化遗产保护、考古发掘、可移动文物保护等,并对补助资金申报、审批、管理、监督、审查等进行了详细规定。中国艺术研究院非物质文化遗产数字化保护中心已经编制完成《中国非物质文化遗产数字化保护专业标准》,为非遗数字化采集、资源数据库建设和数字化标准规范等提供了一整套详细的、具有可操作性的标准,指导全国非物质文化遗产数字化建设的具体实践。此外,《国家级非物质文化遗产代表性项目管理办法(修订稿)》和《关于加强非物质文化遗产抢救性保护工作的指导意见》的起草工作也在进行中。

(4)文化遗产保护工作成效显著

2014年7月,国家发改委办公厅、文化部办公厅联合编制《国家非物质文化遗产保护利用设施建设实施方案》,重点加强具有较好传承潜力,与当地经济社会发展结合紧密,但目前面临突出困难的国家级非物质文化遗产保护、传承、利用设施条件建设,主要包括传统表演艺术、传统手工技艺、传统民俗活动三类非物质文化遗产的保护利用设施建设。

在大遗址保护方面,2013年5月,财政部、国家文物局发布《大遗址保护"十二五"专项规划》,明确以实施重大保护示范项目、建设大遗址保护示范园区为着力点,构建"六片、四线、一圈"为重点,150处大遗址为支撑的大遗址保护新格局。中国文化遗产研究院建立"中国世界文化遗产监测预警总平台"。

在非物质文化遗产保护方面,根据中山大学中国非物质文化遗产研究中心、中国社科院社科文献出版社联合编制的《中国非物质文化遗产保护发展报告》显示，我国非物质文化遗产保护工作取得了长足进步：注重非物质文化遗产保护与新型城镇化的协同发展；进一步完善和推进了我国非物质文化遗产保护法律体系建设，加快相关法律的修订工作，补充可以与《非物质文化遗产法》相支撑和衔接的内容；借助数字化技术推动非物质文化遗产保护深入发展，加强非物质文化遗产数字化的标准化建设；促进更多人参与非物质文化遗产保护，使非物质文化遗产保护成为全民共同参与的事情；把非物质文化遗产保护与现代创意相结合，需找新的突破点；设立了18个国家级文化生态保护实验区。截至2013年10月，建成的非物质文化遗产普查资源数据库、非物质文化遗产项目资源数据库、非物质文化遗产专题资源数据库和非物质文化遗产数字化保护管理系统，存储信息总量达16.6TB。

此外，自2012年启动的"民国时期文献保护计划"，是继"中华古籍保护计划"之后的又一个全国性文献保护项目。项目启动后，得到了文化部、财政部的大力支持，取得了丰富的成果。

显然，上述文化遗产保护的各项工作，既有针对文化遗产保护的整体性行动，也有包括针对大遗址、非物质文化遗产保护的专门性活动。总体看来，涉及可移动文物保护、古籍保护、文献与档案保护的项目并不多。从这个意义上看，在文化遗产保护浪潮中，可移动文化遗产保护或多或少略有不足，这与当下文化遗产保护的国际潮流，与我国无以计数的可移动文化遗产保护的需求是不相称的，因此，加强可移动文化遗产保护迫在眉睫。

1.2 研究意义

可移动文化遗产保护在当下全球遗产保护的环境下有所弱化，一方面是与"可移动文化遗产"这个外来词有关，另一方面也与国内相关术语与国际接轨不够有关。尽管如此，国内关于可移动文化遗产保护相关的理论、技术和方法早已存在于档案保护、文献保护、文物保护等相关领域。因此，如何系统地认识可移动文化遗产及其保护，如何将可移动文化遗产保护与档案保护、文献保护、文物保护等常用词汇进行比较、分析，既是国际遗产保护的大势所趋，也是国内文化遗产保护的迫切需求，不仅具有理论研究意义，而且具有现实应用价值。

1.2.1 理论意义

从国内目前已有的关于可移动文化遗产保护的研究成果看，已经注意到档案保护、图书保护、文物保护等可移动文化遗产保护整合的重要性，但关注程度仍待提高，研究内容亟待深入和系统化。国内可移动文化遗产保护研究仍然以技术性保护研究为主，而关于非技术性保护问题的研究则长期处于实践探索和理论尝试阶段，尽管取得了一定成果，但与可移动文化遗产保护工作的实际需求相比，仍显得十分不足，与国际可移动文化遗产保护研究"越来越多地从对技术层面的关注转移到对有关保护政策、保护管理体制、保护管理组织体系、区域和国际合作等方面的研究上来"相比，研究成果不够系统。因此，讨论可移动文化遗产保护，具备重要的理论意义。

(1)将对可移动文化遗产保护体系的核心问题和主要子体系进行规律性研究，不仅有助于推动形成一门新的学科——可移动文化遗产保护学，而且为档案保护、图书保护、馆藏文物保护及其融合发展探求新的生长点，对档案保护、文献保护、文物保护、文化遗产保护等学科理论的深入发展以及整合具有推动作用。

(2)有助于推动当前与可移动文化遗产保护领域相关的技术引领的发展态势，以技术保护与管理保护并重为指导，形成技术性保护、保护管理、法律法规和标准建设等一体化保护，推动可移动文化遗产保护研究成果的系统性发展，以弥补国内已有研究成果的不足。

(3)关于可移动文化遗产保护体系的研究可以解决目前亟待解决的馆藏文物、档案和图书保护的协调、统一发展战略问题，为可移动文化遗产保护过程中法律法规、制度、标准、信息化支持、人才队伍建设等方面的分散管理、部门化组织、局部发展战略到集约化管理、集成化组织和全局发展战略提供理论参考。

1.2.2 实践价值

在遗产保护蓬勃发展的大背景下，档案、图书、文物等具有一定历史联系和内在规律共性的文化遗产，可以且需要以整合与共建的理念为指导，形成更广范围、更大规模、更高水平的系统化、集约化传承与保护合作平台，这需要可移动文化遗产保护体系作为后盾。从这个角度看，可移动文化保护的研究是文化遗产保护事业深入发展的必然要求，更是档案馆、图书馆、博物馆等文化遗产保护机构自身发展的内在需要。

一方面，档案、图书、文物等文化遗产在外在形态、存储载体、保护方法等方面存在合作共建的深厚基础，应当整体性保护。档案是重要的历史文化遗产，凯思帕利亚认为"档案的保护技术就像人类文明本身那样古老。在某种程度上可以说，它起源于各种生物所共有的自我保护的本能"[①]。图书与档案"同宗同源"，都属于文献遗产的范畴，二者的产生和发展过程具有密切的内在联系，存储载体、信息形式、服务性质、管理方法、管理手段等都高度相似，"只是在近代，两者才作为两个体系各自发展着……"[②]文物也与图书档案同属文化遗产范围，在保管形式、传承机制、文化价值等方面具有高度的相似性。

另一方面，社会分工的日益细化使得档案、图书、文物等不同类型文化遗产保护呈现部门分化的特征，而随着文化遗产保护工作的发展和成熟，需要且亟待整体性保护。随着时间的推移，图书、档案以及文物因为各自不同的特点形成了不同的管理要求，这是社会分工与管理职能细化的必然结果，也是部门化管理的必然结果。"术业有专攻"，分化管理在一定程度上可以提

---

① [印]雅·帕·凯思帕利亚著.档案材料的保护和修复[J].黄坤坊译.档案学通讯,1981(增刊):4.
② 王星光.档案学界与图书馆学界的对话[J].档案管理,2000,3(2):33.

高各类文化遗产的保护工作效率,但也相对割裂了彼此之间的联系,使得档案、图书、文物等文化遗产保护工作彼此间的交集甚少,资源共享程度较低,力量相对分散,某些内在联系被隔断等,反过来又限制了各类文化遗产的总体保护效果。

然而,我国可移动文化遗产保护长期以来被切分为档案保护、图书保护和文物保护三大部分,三者之间脱节,导致了重文物保护、轻图书和档案保护的局面;保护技术与保护管理脱节,导致了重技术、轻管理的现象;同时还存在管理体制混乱、法规不健全、科研项目重复、保护专业教育匮乏等问题。为此,迫切需要借鉴国际可移动文化遗产保护的成功经验,树立"大保护"思想,加强可移动文化遗产整体性保护的理论研究,指导当前我国可移动文化遗产保护涉及的各个机构的实践,具有重要的实践意义。

微观上,可以为各可移动文化遗产馆藏机构(档案馆、图书馆、博物馆等)制定藏品保护的技术方案、管理策略、标准化建设、法律法规与制度建设以及人才与信息支持提供实践指导,推进档案、图书、文物等分散的可移动文化遗产保护工作的有机整合和发展。

宏观上,将档案保护、图书保护、馆藏文物保护整合在统一的可移动文化遗产保护平台上进行系统研究,研究成果将有助于解决可移动文化遗产保护广泛分散所造成的失调、失控的现象,为整合广泛分散的,又存在密切业务联系的职能部门的功能,在制定技术与管理策略、完善政策制度与标准、制订可移动文化遗产保护支持计划等方面提供合理化建议和咨询参考。

1.3 国内外研究综述

可移动文化遗产是一个"合成词",档案、图书、馆藏文物等都是它的重要组成部分(详见本书第 2 章)。因此,从某种意义上看,关于档案保护、图书保护、馆藏文物保护的研究成果也可以看作是可移动文化遗产保护研究的相关成果。为此，可以分为可移动文化遗产保护的整体性研究成果和可移动文化遗产组成成分保护研究成果两个层面进行梳理。

1.3.1 可移动文化遗产保护整体性研究现状

"可移动文化遗产""可移动文化遗产保护"概念最早出现于1954年5月14日颁布的《海牙公约》（第1议定书）中，此后这些概念经常出现在各类条例、公约中。学术界关于可移动文化遗产保护的研究起步相对较晚，现有研究成果数量有限，且研究的深度有待提高。

以"可移动文化遗产""可移动文物""movable cultural heritage""patrimoine culturel mobilier"为关键词进行多途径检索，得到结果，见表1-1。

表1-1　　　可移动文化遗产保护整体性研究成果检索情况

项目		中文关键词		英文关键词	法文关键词
		可移动文化遗产	可移动文物	movable cultural heritage	patrimoine culturel mobilier
数据库	CNKI	19	478	5	0
	SCI & SSCI	0	0	24	0
网页	Google	416 000	687 000	759 000	617 000
	百度	2 070 000	2 830 000	66 400	11

数据库及网页查询时间：2015年9月6日。

通过上述检索情况可知，尽管关于可移动文化遗产的网页数量不少，但截至目前，国内外学者明确地以"可移动文化遗产"为主题的研究成果并不多见，"可移动文化遗产保护"的专门研究成果则更少，这说明，国内外关于该方面的研究工作尚处于起步阶段。

1.3.1.1 国外研究现状

国外关于可移动文化遗产的研究起步相对较早，最早可追溯至1974年

Hasan 发表的 *Protection of Movable Cultural Heritage* 一文①。但是，总体而言，国外关于可移动文化遗产的研究成果数量有限，在 SCI & SSCI 数据库查询到的直接相关文献仅有 24 篇，部分涉及可移动文化遗产保护主题的约为 193 篇。这些文献的研究主题包括：

(1) 可移动文化遗产保护涉及的概念辨析。代表性成果有 Prott L. V. 等对可移动文化遗产概念进行了分析②；Hasan 则对可移动文化遗产保护的含义、内容做了分析；Heritage Branch Website 的文档则对相关概念和保护目标做了较好的阐述③。

(2) 可移动文化遗产保护的政策法律。代表性成果有 Parrot 等介绍了澳大利亚的文化遗产保护工作的一些经验，对可移动文化遗产的法律法规保护工作也做了一定的介绍④；1986 年澳大利亚《可移动文化遗产保护法案》(*Protection of Movable Cultural Heritage Act*) 是可移动文化遗产保护领域具有一定影响力的法案文件，也是澳大利亚对其保护工作经验和保护研究成果的总结⑤。

(3) 可移动文化遗产保护的成果应用。代表性成果主要有 Quinlisk 对于可移动文化遗产在图书管理和图书保护中的应用的介绍是应用方面较好的文献⑥；Maroevic 将可移动文化遗产保护研究成果引入博物馆管理研究，也得

---

① Hasan S K. Protection of Movable Cultural Heritage[J]. Pakistan Archaeology, 1974: 239-250.

② Prott L V, O'Keefe P J. Cultural Heritage or Cultural Property [J]. Law and the Cultural Heritage (Volume I): Discovery and Excavation. London: Butterworths, 1984.

③ Website H B. Heritage Branch: About Heritage — Movable Heritage[EB/OL]. [2011-10-29]. http://www.heritage.nsw.gov.au/06_subnav_04.htm.

④ Parrott H. Legislating to Protect Australia's Material Cultural Heritage-guidelines for Cultural Resources Professionals[J]. Australian Archaeology, 1990: 75-82.

⑤ Boer B. Protection of Movable Cultural Heritage Property Act 1986[J]. EPLJ, 1987 (4): 63.

⑥ Quinlisk M. Movable Heritage in Libraries: An Introduction to Heritage and What It Means for Managing Library Collections[J]. Vanishing Collections: Special Issue on Cultural Heritage, 2009, 58(2): 131.

到了一些有意义的成果①；Ines 等探讨了数字化背景下可移动文化遗产的数字化保护问题②。

(4)可移动文化遗产保护的相关技术，是该领域较为热门的话题，目前讨论较多的有 3D 成像技术③、全息摄影技术、材料技术、传感器技术、生物技术等④。

(5)可移动文化遗产及其保护的评估。代表性的成果有 Tornari V. 和 Bernikola E. 通过多功能编码系统实现对可移动文化遗产的评估，为保护和保存提供借鉴⑤；Navarro 和 Quintero 以瓦伦西亚地区和拉卢斯德拉斯地区的本地文化遗产保护为例，评价了对可移动文化遗产保护的效益，既能发现并保护被忽略的可移动文化遗产，使其能发挥价值，同时增强了当地人民的保护意识⑥；Dimitrova Antoaneta 和 Steunenberg B. 通过分析模型评价保加利亚实施欧盟可移动文化遗产政策的情况⑦。

---

① Maroevic I. The Museum Message: Between the Document and Information[J]. Museum, Media, Message, 2001: 24-36.

② Ines Jerele Urška, Šavc Irena Eiselt, etc. Book as Movable Cultural Heritage on the DEDI Portal: The Place of the Book in the Digital Encyclopedia of Slovenian Natural and Cultural Heritage[J]. Knjižnica: Revija za Področje Bibliotekarstva in Informacijske Znanosti, 2011, 54 (4).

③ Yin Yongkai, He Dong, Liu Zeyi, Liu Xiaoli, Peng Xiang. Phase Aided 3D Imaging and Modeling: Dedicated Systems and Case Studies[C]. Proceedings of SPIE, 2014(9123): 1-6.

④ Chelazzi David Poggi, Giovanna Toccafondi, Nicola Jaidar, Yareli Giorgi, Rodorico Baglioni. Hydroxide Nanoparticles for Cultural Heritage: Consolidation and Protection of Wall Paintings and Carbonate Materials[J]. Journal of Colloid and Interface Science, 2013(392): 42-49.

⑤ Tornari V, Bernikola E, etc. Multifunctional Encoding System for Assessment of Movable Cultural Heritage[J]. Fringe, 2009(1): 8.

⑥ Navarro J L, Quintero C D. Benefits of a Global Project about Movable Heritage[J]. Fabbricadella Conoscenza, 2014(46): 1235-1241.

⑦ Dimitrova Antoaneta, Steunenberg B. Living in Parallel Universes? Implementing European Movable Cultural Heritage Policy in Bulgaria[J]. Journal of Common Market Studies, 2013(51): 246-253.

1.3.1.2 国内研究现状

国内关于可移动文化遗产及其保护问题的研究起步较晚，且研究成果不多。最早的文献可追溯到2004年的《从档案保护技术到可动文化遗产的保护管理》一文，提出将档案保护建立在可移动文化遗产保护大平台上的观点，并分析了其优点①。从现有研究成果看，目前我国可移动文化遗产研究主题相对分散，热点不甚明晰。

(1) 可移动文化遗产平台的建设。代表性成果有：周耀林等从可移动文化遗产和馆藏文物、档案、图书与艺术品之间具有内在关联出发，强调可移动文化遗产在信息资源整合中具有特殊的意义，即"以可移动文化遗产为平台，可以整合部门化的信息资源，提高现有资源的利用率"②；周耀林的博士学位论文《可移动文化遗产保护策略研究》是一项比较系统的研究成果，全面分析了可移动文化遗产保护的组织、法律、技术等③。该博士论文此后正式出版，是目前国内仅有的一部专门研究可移动文化遗产及其保护的著作，共分七章，分别是绪论、可移动文化遗产、可移动文化遗产保护、基于复杂性科学的可移动文化遗产保护体系的构建、可移动文化遗产保护中的技术推进、可移动文化遗产保护中的组织实施、研究结论，初步构建了可移动文化遗产保护技术性策略和组织实施策略④。

(2) 可移动文化遗产的普查工作。随着2012年10月国务院第一次全国可移动文物普查工作正式启动，关于可移动文化遗产普查工作的作用、方法、机制等引起学者的关注，代表性成果有：赵毅从总体阐述了对可移动文

---

① 周耀林. 从档案保护技术到可动文化遗产的保护管理[J]. 北京档案，2004(7)：21-23.
② 周耀林，唐文进，等. 论可移动文化遗产及其在信息资源整合中的意义[J]. 忻州师范学院学报，2006(2)：34.
③ 周耀林. 可移动文化遗产保护策略研究[D]. 武汉：武汉大学，2005.
④ 周耀林. 可移动文化遗产保护策略[M]. 北京：北京图书馆出版社，2006.

物普查的重要性、普查范围、具体内容及普查目的①；来雅苓基于吉林省博物馆的情况，阐述了其2014年以来对可移动文物普查的成就，并发现了当前古籍文献保护存在保存条件差等诸多问题②；段炼提出了口述访谈方法在获取文物线索、验证文物信息、发掘文物内涵上具有不可替代的作用③；周瑞伟则认为普查工作结束后形成的可移动文物数据库将促使我国可移动文物登记体系和管理机制的建立④。

（3）从不同视角探讨可移动文化遗产保护。代表性的有：赵春英、彭俊玲从出版业的角度探讨了出版业可移动文化遗产的价值评定应遵循的原则和标准⑤；高晓芳则从文化遗产保护的整体角度出发，提出了由于我国文化遗产出现大量的过度开发、非法交易等不合理利用的现象，对文化遗产的保护应探索多形式、更有效、生动持久的传播方式与途径，促使文化遗产得到更广泛的理解，获得更大的社会关注与支持⑥。

（4）可移动文化遗产具体问题的探讨。代表性成果有：周耀林从组织管理方面入手，分析全球可移动文化遗产保护组织，运用组织再造理论剖析了可移动文化遗产保护组织变革的必然性，提出了变革的模型，并从管理策略和作业设计两个层面分析了实现该模型的途径⑦；朱玉媛等从立法建设方面入手，对国际可移动文化遗产保护立法的基本情况进行系统调查，分析了21条可移动文化遗产相关国际公约及发达国家制定的相关可移动文化遗产法规

---

① 赵毅.试论第一次全国可移动文物普查[J].科学咨询（科技·管理），2013（12）：44-45.
② 来雅苓.可移动文物普查工作小议[J].黑龙江史志，2015（5）：183.
③ 段炼.口述访谈与文物普查[J].史林，2013（S1）：143-148.
④ 周瑞伟.简论可移动文物普查形成的数据库[J].文物世界，2014（3）：58-59.
⑤ 赵春英，彭俊玲.出版业可移动文化遗产价值评定的思考[J].现代出版，2014（5）：18-21.
⑥ 高晓芳.论中国物质文化遗产传播的必要性及紧迫性[J].学习与探索，2013（10）：148-150.
⑦ 周耀林.论组织再造理论下我国可移动文化遗产保护组织的变革[J].档案学通讯，2009（6）：23.

的复杂性,并从国际法在国内的适用、营造"金字塔"式国内法等方面提出了完善我国可移动文化遗产立法建设的途径①;王小云等从数字遗产保护层面入手,提出可移动文化遗产保护与数字遗产保护两者存在隶属关系,保护理论也有天然的相通性,将两者进行整合研究可实现双赢②。

1.3.2 可移动文化遗产组成成分保护研究成果

在 CNKI 中以篇名="档案保护""文献保护""图书保护""古籍保护""文物保护""藏品保护"等进行精确检索;在 Web of Science 中以 title:"archives protection"(conservation)、"rare books protection"、"library material protection"(conservation)、"historical document preservation"(conservation)、"collections protection"、"protection des fichiers"(法文)等对相关 SCI & SSCI 成果进行检索;并在 Google 和百度两大搜索引擎中,对 title 包含上述关键词进行检索,可以看出国内外与可移动文化遗产保护相关的研究论文及关注情况,见表1-2。

表1-2   可移动文化遗产各部分研究成果检索情况

单位:篇

	关键词	CNKI	SCI&SSCI	Google	百度
中文	档案保护	1 442 862	0	137 000 000	16 400 000
	文献保护	594 224	0	50 900 000	16 000 000
	图书保护	79 880	0	127 820 000	110 800 000
	古籍保护	602			
	文物保护	53 206 369	0	32 400 000	42 300 000
	藏品保护	10 942	0	8 930 000	4 070 000

---

① 朱玉媛,周耀林,等.论可移动文化遗产保护的国际立法及其对我国的启示[J].档案学研究,2010(3):82-86.

② 王小云,王运彬.可移动文化遗产下的数字遗产保护探析[J].档案管理,2009(2):12-15.

续表

	关键词	CNKI	SCI&SSCI	Google	百度
英文	archives protection（conservation）	0	1 067	440 000 000	786 000
	rare books protection	0	20	4 010 000	1 350 000
	library material protection（conservation）	0	259	435 000 000	5 040 000
	historical document preservation（conservation）	0	638	5 660 000	534 000
	collections protection	0	3 449	236 000 000	2 810 000
法文	protection des fichiers	0	0	34 500 000	122 000

数据库及网页查询时间：2015年9月6日。

由表1-2可见，国内外关于可移动文化遗产保护的学术论文都分散于多个相关研究领域，其中国外主要集中在文物保护、藏品保护方面，而国内主要集中在文物保护、档案保护、古籍与图书保护领域，如图1-1所示。此外，国内外关于可移动文化遗产保护的学术论文发表数量与分布领域都基本与网络搜索引擎中的统计数据吻合，这反映了学术界的研究重点与整个社会的关注度之间的一致性，这是可移动文化遗产保护研究发展的重要基础。

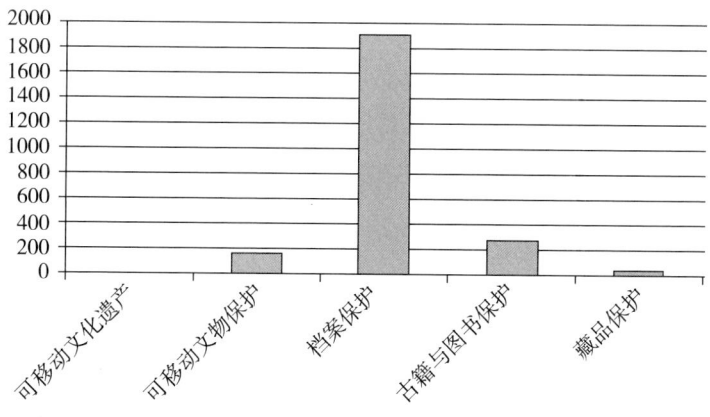

图1-1 各检索词在CNKI的检索记录

为更深入地总结和分析国内外可移动文化遗产保护学术论文的发展规律和发展趋势，还需要从年代分布角度对上述学术论文进行统计和分析，如图1-2所示。

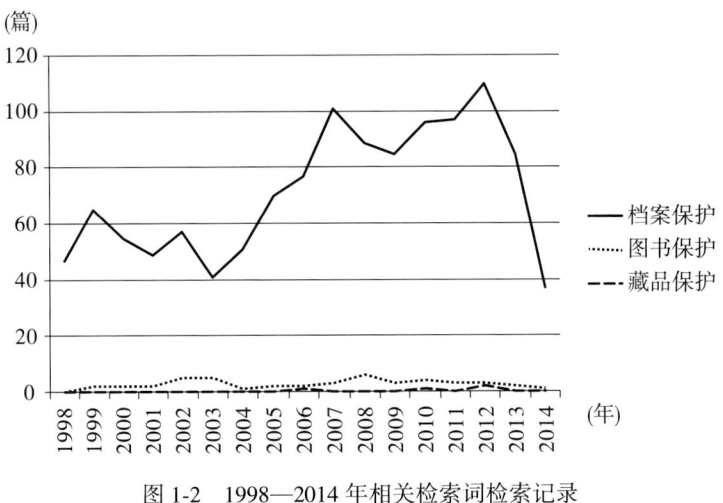

图1-2　1998—2014年相关检索词检索记录

详细地描述上述研究成果会偏离本书的研究主题，读者可以参考相关的文献综述①。

对比分析国内外关于可移动文化遗产保护的研究成果可以发现，目前国内的研究仍然存在以下不足。

(1)覆盖领域广，研究成果相对分散

通过文献检索发现，国内关于"可移动文化遗产保护"的研究主要体现在以"可移动文化遗产保护""可移动文物"为主题的直接研究成果中。与之相关的领域，如档案保护、文献保护、图书保护、藏品保护方面的研究成果，

---

① 可供参考的文献综述包括：

周耀林，曹琛．近十年档案保护研究综述[M]//王新才主编．档案学研究进展(第二辑)．武汉：武汉大学出版社，2010．

周耀林．近十年档案文献遗产保护研究述评——从CSSCI源刊所载论文看档案文献遗产保护学术研究[M]//朱玉媛主编．档案学研究进展．武汉：武汉大学出版社，2007．

也形成了可移动文化遗产保护相关的研究成果，如前文图 1-1、图 1-2 所示。此外，关于文物保护、文化遗产保护等或多或少地涉及可移动文化遗产保护，或者说，这些方面的研究成果或多或少地涵盖了可移动文化遗产(可移动文物)研究的范畴。由此可见，可移动文化遗产保护研究的成果呈现广泛分散的状态。如何站在可移动文化遗产保护的平台上，对上述成果进行整合，是学界面临的一个课题。

(2)研究内容丰富，研究主题比较集中

以近年来发表的与可移动文化遗产保护相关的 649 篇论文为例，其研究主题见表 1-3。

表 1-3　　　　　　　　近五年文献保护研究主题分析表

研究主题		论文篇数	比例(%)
理论研究		92	14.18
技术研究		76	11.71
业务工作研究		22	3.39
标准与法律法规建设研究		13	20.03
教学改革研究		5	0.77
外国保护理论与实务研究		7	1.08
档案与文化遗产保护关系研究		33	5.08
保管环境研究		14	2.16
实物型与电子型遗产保护比较研究		36	5.55
各种类型文献保护研究	传统文献保护	128	19.72
	新型文献保护	140	21.57
	特殊文献保护	37	5.70
保护会议通知等信息		20	3.08
历年论文统计分析研究		3	0.46
其他		23	3.54

根据表 1-3，学界对于文献保护问题的研究以保护理论、学科构建、现代保护技术以及各种类型文献保护为研究热点。此外，还涉及外国先进保护理论和技术的借鉴引进、文献保护学科教学方式与内容的改革和创新、国内文献保护学术会议和培训活动的展开、新型文献与传统文献保护技术的比较研究、历年文献保护论文的统计分析。总的来说，几乎涉及文献保护领域的方方面面。既有对于过去研究热点问题的深入和细化，也不断有新的问题被提出并展开全面研究。其中，与技术相关的研究成果（含技术研究、技术标准研究、各类文献保护研究、保管环境技术控制研究、国外技术介绍等）所占的比例较大。尽管这种研究成果分布与过去的研究相比发生了一些变化，但总体趋势仍然能够说明我国档案保护、文献保护、图书保护、馆藏文物保护的研究以"技术为主"的基本情况，印证了我国文物保护、档案保护形成的一种惯性认识：保护就是保护技术，保护学是技术性科学[①]。

（3）研究主体各自为政，跨学科研究成果较少

多年来，文献保护技术学更多是对档案保护技术的关注，但是近五年来，随着图书情报档案一体化建设思想的深入，跨学科研究在不断加强。从内容上看，随着图书、情报、档案专业交流日益增多以及上述领域在保护工作中的相似性，研究对象已由档案扩大为档案、古籍和文化遗产。如果对2005—2009 年发表的论文分别以"文献保护""图书保护"和"资料保护"为关键词进行二次检索，得到上述主题的论文数分别为 19 篇、6 篇和 12 篇，可见不同领域对于保护的共同关注，也表明了"大保护"思想形成的发展趋势。从不同领域刊载论文的数量上看，上述 649 篇文献保护方面的论文发表在档

---

① 康忠镕指出："'文物保护学'或称'文物保护技术学'，是一门综合性很强的技术科学，涉及基础理论、化学、物理、生物、环境保护、气象学、矿物岩石、冶金、铸造等专业科学技术。"（康忠镕. 文物保护学基础[M]. 成都：四川大学出版社，1995：5）

冯乐耘、李鸿健认为："档案保护技术学是研究档案制成材料变化发展规律和保护档案的技术方法的学科。"这些技术方法概括起来可分为"改善档案保护条件"和"档案修复技术"两个方面。（冯乐耘，李鸿健. 档案保护技术学[M]. 北京：中国人民大学出版社，1991：1-2）

这些观点集中代表了我国文物与档案保护学界对保护学学科性质的认识。

案学专业期刊上的数目为371篇,图书情报专业期刊上的论文数为120篇,文史类期刊17篇。这表明,文献保护工作不再仅是档案学专业研究的内容,而是图书、档案以及文化遗产等相关专业领域共同关注的重大课题。

(4)重技术轻管理、重方法轻策略

保护的"策略化"近年来已形成一种国际化发展趋势。美国盖蒂保护研究所(GCI)的 Jim Druzik 推出了《预防性保护策略》研究报告,将预防策略分为识别藏品的威胁、证实危险、确定经济合算的方法来检测危险、开发降低或消除危险的方法四个发展阶段①。欧盟的《面向欧洲的预防性保护策略》将其分为基本原理、策略主题、行动纲领和欧洲水平上的建议四个部分②。在此框架下,捷克从培训、信息利用、大众参与方法、政府规定等方面制定了相应的预防策略③。国际文化财产保护与修复研究中心(ICCROM)的 Gaêl De Guichen 在《预防性保护:微不足道之时尚,抑或意义深远之变化?》一文中提出了一个综合性预防计划,即组织的每个人都参与,对遗产实施明确的、直接或间接的措施,旨在降低自然的或人为的降解原因,增加藏品的预期寿命,并确保它们所载信息的传播④。他还预言,这种综合性预防计划将会逐渐在每个博物馆得到实施。可见,"保护策略"突破了技术性保护的樊篱,在广泛的范围内与社会接轨,使得当代的可移动文化遗产保护建立在技术性保护与保护教育、保护政策、保护合作、大众参与等多个方面并行发展的道路之上。

---

① Jeffrey Levin. Preventive Conservation[EB/OL]. [2011-06-08]. http://www.getty.edu/conservation/publications/newsletters/7_1/preventive.html.

② Neal Putt. Introduction to the European Preventive Conservation Strategy Project[EB/OL]. [2011-10-13]. http://www.pc-strat.com/frameset.html.

③ Dagmar Šefcíková, Petra Štefcová. Czech Republic-European Preventive Conservation Strategy (PC Strat) [EB/OL]. [2011-02-03]. http://www.pc-strat.com/proposals/czechproposal.rtf.

④ Gaêl De Guichen. Preventive Conservation: A Mere Fad or Far-reaching Change? [J]. Museum International, 1999, 51(1): 6.

事实上,在遗产保护领域,非技术手段的运用成为大家关注的焦点之一。以改革遗产保护的管理组织为例,谢凝高在《我国世界遗产管理体制亟须改革》一文中提出了建立"国家遗产管理局"的设想①,徐嵩龄在《文化遗产的管理和经营制度应解决四个问题》中总结了文化遗产"分等级管理"的体制②,罗佳明在《我国自然文化遗产可持续发展的组织体系建设》中提出了"网状的组织体系"③,也有研究者认为"管理体制以地方政府为主"④,"在全国人民代表大会或国务院下设遗产管理的国家机构"⑤。尽管这些关于组织体系的研究并非专门针对可移动文化遗产的保护,但从遗产的内涵出发,这些研究成果或多或少涵盖了可移动文化遗产保护的范围,代表了可移动文化遗产保护组织化建设的呼声。

在可移动文化遗产保护领域,确切地讲是在档案保护、图书保护、文物保护领域,刘家真较早地注意到了保护并不囿于技术性保护。她主编的《文献保护学》将保护政策需要纳入保护研究的内容之列⑥。蔡斐文在《纸质文物保护管理》一文中指出,"文保工作范围广泛,可包括行政作业、文物环境、典藏维护、文物修护(或修复)、文保科学及文保教育"⑦。这表明了保护的高度综合性特征。周耀林提出,"保护管理"即"对保护或者保护工作的管

---

① 谢凝高. 我国世界遗产管理体制亟须改革[EB/OL]. [2011-02-24]. http://www.cnwh.org/character/index_01.htm.
② 徐嵩龄. 文化遗产的管理和经营制度应解决四个问题[EB/OL]. [2010-12-12]. http://www.cnwh.org/articles/index_4.htm.
③ 罗佳明. 我国自然文化遗产可持续发展的组织体系建设[J]. 旅游学刊,2003,18(1):53.
④ 封欣,吴颖萍. 中国世界遗产运营三大难题[EB/OB]. [2011-01-10]. http://sh.news.sina.com.cn/20040710/163535097.shtml.
⑤ 张仙. 地方政府与世界遗产保护[EB/OL]. [2011-02-15]. http://fjt.infoscape.com.cn/gate/big5/www.bmy.com.cn/viewpaper.asp?ID=270.
⑥ 刘家真. 文献保护学[M]. 武汉:武汉大学出版社,1990:17-18.
⑦ 蔡斐文. 纸质文物保护管理[EB/OL]. [2011-01-03]. http://www.nstm.gov.tw/conservation/img/1.pdf.

理",其内容可以细化为 10 个方面①。张美芳等专门出版了《文献遗产保护技术管理理论与实践》,对于文献遗产保护管理进行了系统的论述②。

综上所述,随着国家对于遗产保护工作的加强,在可移动文化遗产保护研究的过程中,我国已经形成技术性保护的传统,但近年来,广泛分散在不同机构的可移动文化遗产保护实践活动仍面临许多问题,不仅涉及技术性难题,而且遭遇了社会环境、管理体制、组织体系、政策法规等方面的桎梏。这时,技术性保护显得力不从心,甚至束手无策。为此,保护界除了继续加强技术性保护外,对于技术性保护以外的方面也着手进行了研究,取得了部分研究成果。这些研究成果表明,人们越来越多地从对技术性保护的关注转移到对有关保护策略、保护管理、保护标准、保护政策、保护教育等方面上来,保护已经成为一种立体化、系统化的工程。然而,总体看来,国内外关于可移动文化遗产保护的研究呈现两种趋势:其一,将可移动文化遗产研究笼统地与遗产保护、文物保护的研究成果相结合,即遗产保护、文物保护的研究成果涵盖了可移动文化遗产部分;其二,可移动文化遗产保护研究分散在档案保护、图书保护、馆藏文物保护等工作之中,形成了部门化管理的传统,使得联系广泛、可以互通的研究工作出现了壁垒,导致彼此相关的研究建立在孤立的层次上。这两种情形表明,国内外将"可移动文化遗产保护"作为一个主体进行独立研究的非常缺乏,专门研究可移动文化遗产保护的成果不多,难以形成系统的研究成果。因此,如何在遗产保护的框架下,在吸收档案保护、图书保护、馆藏文物保护成果的基础上,将可移动文化遗产保护作为一个独立主体进行研究,形成独立的、系统化的可移动文化遗产保护体系研究成果,是一个尚有待于研究的课题。

---

① 周耀林. 从档案保护到可移动文化遗产的保护管理[J]. 北京档案,2004(7):22.

② 张美芳,张松道. 文献遗产保护技术管理理论与实践[M]. 长春:吉林文史出版社,2009.

1.4 主要研究内容

可移动文化遗产保护体系是一个崭新的课题，可资参考借鉴的研究成果并不多见。本书拟以整合档案保护、图书保护、馆藏文物保护等可移动文化遗产保护为基点，以全面保护为目标，在总结国内外可移动文化遗产保护经验的基础上，系统研究可移动文化遗产保护体系的主要模块及其实现路径、方法对策等。在内容的安排上，采取从总论到分论、从宏观到微观、从国际到国内、从理论到实际的组织方式，主要包括三大部分内容。

第一部分：可移动文化遗产保护体系概述。这是本书的逻辑起点，属于"总论"部分。在界定"可移动文化遗产保护体系"及其相关概念的基础上，分析可移动文化遗产保护体系的特点与组成。

第二部分：具体地分析可移动文化遗产保护体系的六个组成部分，这是本书的主体内容，属于"分论"部分。

(1) 可移动文化遗产保护法律法规体系。在对比分析可移动文化遗产保护的国际法和国内法的基础上，提出今后可移动文化遗产保护体系法律法规建设的重点和方向。

(2) 可移动文化遗产保护技术体系。从实物保护技术和信息化保护技术两个层面分析可移动文化遗产保护技术体系，前者包括预防性保护技术、治理性保护技术、修复技术三个方面；后者主要强调数字化技术的运用和可移动文化遗产信息集成，在此基础上提出可移动文化遗产保护技术体系的构架与实施模型。

(3) 可移动文化遗产保护管理体系。在分析可移动文化遗产保护管理体系组成的基础上，着重对可移动文化遗产灾害防治与恢复进行研究，并提出相应的对策和建议。

(4) 可移动文化遗产保护标准体系。在国际标准、国外标准、国家标准和行业标准四个层面上比较分析现有可移动文化遗产保护标准,并结合我国现实情况提出可移动文化遗产标准体系构建的具体方法和思路。

(5)可移动文化遗产保护制度体系。分析可移动文化遗产保护制度体系的组成与特点,提出可移动文化遗产保护制度推进的方法和措施。

(6)可移动文化遗产保护支持体系。以可移动文化遗产保护信息系统支持和可移动文化遗产保护人才支持两个主要方面为重点,分析可移动文化遗产保护支持体系建设的方法。

第三部分:展望。在前文"总论"与"分论"的基础上,通过理论联系实际,提出我国可移动文化遗产保护体系建设需要加强的方面,以便为实践工作提供参考。

2 可移动文化遗产保护体系概述

作为文化遗产保护的重要内容，可移动文化遗产保护因其对象的多样性、分散性和濒危性等成为一项复杂且艰巨的工程。为此，需要借助多学科的理论与方法，从体系构建的角度全面剖析可移动文化遗产保护体系相关的概念、内涵与特征等，这是一个首要基础性的问题。

2.1 可移动文化遗产

"可移动文化遗产"在近半个世纪以来经常出现在国际法规章程中，检索发现也存在不少界定。

"不论是在语言学家那里还是哲学家那里，概念都是不可直接定义的。只有为了某个应用的目的，才能定义某个具体的概念或概念的某些方面。"依照于江生的观点，"先有了某个具体的概念（并且这个概念有一定的使用率），我们才会选择（规定或创造）一个词语在特定的语境中去体现这个概念"[①]。从现有文献看，"可移动文化遗产"概念早在1954年的《海牙公约》中就出现了。半个世纪的使用过程中，除了法律条文的规定之外，一些机构和个人也对其进行了阐释。

---

① 于江生. 语义学、哲学和数学[EB/OL]. [2011-02-20]. http://icl.pku.edu.cn/yujs/papers/html/concept.htm.

最早的《海牙公约》尽管使用了"可移动文化遗产"一词，但并没有明确的界定。通过该公约内容，从字里行间可以看到，它指"艺术作品；具有艺术、历史或考古价值的手稿、书籍及其他物品；以及科学收藏品和书籍或档案的重要藏品或者上述财产的复制品"①。

随着"可移动文化遗产"概念在国际上得到认可以及1954年《海牙公约》在世界各国的传播，"可移动文化遗产"一词在不同的国家和地区得到运用，逐渐出现在一些国内法中。例如：

《中华人民共和国文物保护法》提出了"可移动文物"。尽管缺乏界定，但该法列出了可移动文物的清单："下列可移动文物，属于国家所有：①中国境内出土的文物，国家另有规定的除外；②国有文物收藏单位以及其他国家机关、部队和国有企业、事业组织等收藏、保管的文物；③国家征集、购买的文物；④公民、法人和其他组织捐赠给国家的文物；⑤法律规定属于国家所有的其他文物。"②值得注意的是，文物在西方国家"普遍被认为是属于文化遗产的范畴"③，而《中华人民共和国文物保护法》中使用的是"大文物"的概念④，"相当于国际上通行的文化遗产"⑤⑥。

澳大利亚《可移动文化遗产保护法案》(*Protection of Movable Cultural*

---

① 关于保护文化财产的《海牙公约》第2议定书生效[EB/OL].[2011-02-03]. http://www.un.org/chinese/News/fullstorynews.hasp?newsID=1259.

② 国家文物局.文物保护工程管理法规选编[M].北京：文物出版社，2003：6.

③ 陈淳.文物学、考古学与文化遗产保护[M]//复旦大学文物与博物馆学系编.文化遗产研究集刊(2).上海：上海古籍出版社，2001：38.

④ 杨志刚.试谈"遗产"概念及相关观念的变化[M]//复旦大学文物与博物馆学系编.文化遗产研究集刊(2).上海：上海古籍出版社，2001：14.

⑤ 杨志刚.试谈"遗产"概念及相关观念的变化[M]//复旦大学文物与博物馆学系编.文化遗产研究集刊(2).上海：上海古籍出版社，2001：13.

⑥ 除非特别注明，笔者仍采用与档案、图书平行的，传统的、狭义的文物概念，即"古董""古玩"(闻泽.保护世界遗产：思想和行动[M]//复旦大学文物与博物馆学系编.文化遗产研究集刊(1).上海：上海古籍出版社，2000：241)，或者"古代遗存即文化遗迹和文化遗物"(李晓东.中华人民共和国文物保护法概论[M].北京：学苑出版社，2002：3)。

Heritage Act 1986)将可移动文化遗产定义为物品、艺术品、传统或当代的创造等①。这一界定具有一定的影响,为许多欧洲国家所接受②。

国际纪念碑和遗址理事会(ICOMOS)认为,可移动文化遗产是指"所有的可移动的物品。它们是人类制造的、自然进化的表达和证据,具有考古、历史、艺术、科学、技术的价值和作用,包括:①地上和地下考古探索和发掘的物品;②古物,如工具、陶器、碑文、硬币、印章、珠宝、武器、葬品遗物(如木乃伊);③历史纪念碑的碎片;④有人类学和伦理学作用的材料;⑤与历史有关的物品,包括科技史、军事史、社会史、人们的生活,国家元首、思想家、科学家和艺术家以及国家重要事件;⑥具有艺术价值的物品,例如,任何载体和材质的完全由手工完成的绘画(不包括工业设计、手工装饰的制造品),作为原创性的媒体,如印刷原文、海报、照片;任何材质的原始的艺术剪辑;任何材质的雕塑、雕刻作品;应用于陶瓷、金属、木板上面的艺术作品;⑦手稿和古版书、法律书、文件等具有特殊作用的出版物;⑧奖章和硬币、邮票;⑨档案,包括文本记录、地图、制图材料、照片、电影胶片、声像记录和机读记录;⑩家具、挂毯、地毯、衣物、乐器;⑪动物、植物和地理样本"③。

塔斯马尼亚遗产委员会(Tasmanian Heritage Council)指出,"可移动文化遗产是任何具有文化遗产意义的没有生命的自然或人造物品。它具有史学、美学、科学和(或)社会意义,从值得注意的日用品到古董。它可能是一件物品、一组物品,或者可以辨认的藏品的整体或部分,包括工艺品、档案、考古发掘品、文化物品、美术、机器和仪器,以及经过挑选的诸如化石、植物

---

① Protection of Movable Cultural Heritage Act 1986[EB/OL]. [2011-10-17]. http://www.deh.gov.au/heritage/movable/.

② Heritage for a Culture of Peace [EB/OL]. [2011-10-01]. http://fmacu.wfuca.free.fr/cultrure_peace.html.

③ Protection of Movable Cultural Property [EB/OL]. [2011-03-09]. http://www.icomos.org/unesco/movable78.html.

样本等自然物品"①。

埃塞俄比亚认为,"可移动文化遗产指那些并不附着于固定地基之上的、可以任意地从一地移至另一地的、从过去传递下来的文化遗产,包括:①羊皮纸记录,石质和工具,金、银、铜、铁、青铜或其他金属,或者木质、石质、皮质、象牙、牛角、考古的和骨质的、泥的或其他材料,以及古生物的遗迹;②书籍和记录材料,声音、照片或声像记录;③金、银、青铜、铜或其他材料制成的钱币;④人种志的工具、装饰品和其他国家的、民族的、人民的文化物品"②。

可移动文化遗产是"物品(件)"类遗产的统称,不仅包括"艺术品、石刻、工艺美术品、纪念物、碑雕、碑画、铭文、文学作品、音乐作品、摄影作品、电影作品、陶器、铭文、钱币、印章、珍宝、玻璃艺术品、陶瓷艺术品、金属艺术品、木材艺术品、徽章、集邮品、手工图画、绘画、雕塑、雕刻、版画、印片、平版画、艺术作品等",还包括"文献资料、手稿、古旧图书资料、代表性实物、文字档案、地图、照片、摄影电影胶片、录音、机读记录、工具、武器、墓葬遗物、木乃伊、挂毯、地毯、服饰、古物(一百年以前)、邮票、印花税票、票证、有声电影、照相、电影档案、旧家具物品、古乐器、历史纪念物等"③。

以上界定内容非常翔实,便于实践操作,但略显烦琐。比较简洁的界定有:

法国将可移动文化遗产定义为"由艺术家或那些并非特别地与建筑相联

---

① Tasmanian Heritage Council. Movable Cultural Heritage Discussion Paper[EB/OL]. [2011-08-09]. http://www.tasheritage.tas.gov.au/Movable_Cultural_Heritage_Disscusion.pdf.

② Walta Information Center[EB/OL]. [2011-02-24]. http://www.telecom.net.et/^walta/profile/articles/sp_report3.html.

③ 蔡达峰."世界遗产学"研究的对象与目的[M]//复旦大学文物与博物馆学系,复旦大学文化遗产研究中心编.文化遗产研究集刊(3).上海:上海古籍出版社,2003:78-79.

系的工业所生产的艺术品"①。

古巴提出,"可移动文化遗产,顾名思义,是能够从一个地方挪到另外一个地方,具有历史、艺术或科学价值的,值得保护和保存的物品"②。

国内学者章建刚认为,"历史上的典籍、艺术品及其他各类器物等都是可移动文化遗产"③。

可见,以上为数不多的研究中,不同的国家、组织和个人持有不同的见解。即使在同一国家,对可移动文化遗产的理解往往也存在差别。例如,在澳大利亚,除其《可移动文化遗产保护法案》的界定外,澳大利亚统计局(ABS)将其定义为:"能够搬运的文化遗产物品。"④澳大利亚文化遗产征集委员会则将无形文化遗产也归属于可移动文化遗产⑤。可移动文化遗产定义方面的分歧由此略见一斑。尽管如此,各种界定中仍然存在着共同之处,反映了不同组织和个人在认识方面的一致性。

(1)可移动文化遗产是"人工物品"还是"自然与人造物品"?大多数定义认为,可移动文化遗产是人造的物品,是人为的收藏品和创造,不包含自然进化过程中的植物、动物样本或化石。

(2)可移动文化遗产是文化遗产的一个重要部分,它与文化遗产、遗产之间构成了严格的包含关系,即

$$[可移动文化遗产] \subset [文化遗产] \subset [遗产]$$

(3)尽管澳大利亚文化遗产征集委员会将无形文化遗产列入可移动文化

---

① Université Paris 1-MST de Conservation et de Restauration des Biens Culturels. Introduction à la Conservation-restauratin des biens Culturels[M]. Paris:1997:2.

② Sancti Spiritus Cultural Heritage[EB/OL]. [2011-03-06]. http://www.escambray.islagrande.cu/Eng/Heritage/Default.htm.

③ 章建刚. 遗产产业可持续发展的基础和理想模式[EB/OL]. [2011-09-20]. http://www.cass.net.cn/chinese/s14_zxs/facu/zhangjiangang/07.htm.

④ ABS[EB/OL]. [2011-02-09]. http://www.abs.gov.au/Ausstats/abs@.nsf/0/.

⑤ Heritage Collections Committee of the Cultural Ministers Council. National Conservation and Preservation Policy for Movable Cultural Heritage[EB/OL]. [2011-05-11]. http://www.nla.gov.au/preserve/cult.html.

遗产的范畴，但大多数定义仍然只将可移动文化遗产归属在有形遗产的范围之内，即

$$[可移动文化遗产] \subset [有形遗产]$$

(4)各种定义都没有强调其保存的原始生态环境。这表明，可移动文化遗产可以脱离原来的生态环境而存在，且并不丧失其价值。

由此，将可移动文化遗产界定为：人工制作的，具有一定的历史、文化、艺术、科学、技术或社会价值的藏品的集合。

宏观地看，尽管不同国家有不同的遗产分类方法，但可移动文化遗产属于遗产的一个重要分支和组成部分，如图2-1所示。

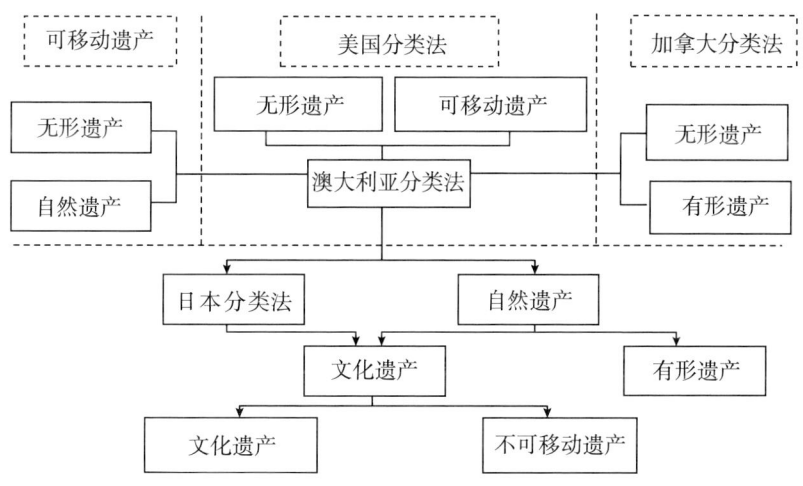

图2-1 可移动文化遗产在遗产体系中的定位

微观地看，需要对可移动文化遗产进行分析，找出其组成部分。这可以从时间、空间、形式三个方面进行深入分析。

(1)从时间上看

可移动文化遗产尽管与时间没有必然的联系，但从形成上看，它仍然可以分成若干个时间段加以考察。

①20世纪以前所有人工制作的、可移动的物品，不论是地上还是地下、

陆地还是水下的物品。

②20世纪具有历史、文化、艺术、科学、技术和社会价值的物品,例如各个国家和民族的典型创造、与典型人物(政治家、思想家、科学家、艺术家、文学家等)有关的物品等。

③当今具有历史、文化、艺术、科学、技术和社会价值的人工制作的物品(例如工艺品、绘画、档案、图书等)的典型代表。

(2)从空间上看

可移动文化遗产的空间分布非常复杂,大致可以概括为以下几种。

①公共机构的藏品。例如,工艺博物馆、考古博物馆、文化博物馆、综合性博物馆的馆藏①,文书档案、科技档案、手稿、地图、印章等档案藏品,孤本、善本图书、典型的当代图书等图书藏品,以及艺术馆、艺术廊的工艺品和绘画作品等。

②个人藏品。无论是名人还是普通民众收藏的具有历史、文化、艺术、科学、技术和社会价值的人工制作的物品。个人藏品呈现高度分散的状态,而公共机构的藏品则越来越趋向集中。从文化遗产发展的历史来看,个人收藏并不是遗产的主体。卢浮宫的40万件珍贵艺术藏品,不是个人能够收藏的,也不是一代人的积累,而是从16世纪法兰西一世开始整个法国进行的收藏。苏东海指出,"作为文物的运动规律来看,欧洲更多的博物馆藏品来源是经过多个世纪私人收藏积累的基础上转入博物馆的"②。

(3)从形式上看

可移动文化遗产存在多种多样的形式,从结构形式上看,有金属、甲骨、石刻、纸张、胶片等;从所有权形式上看,可以分为个人所有(私立)的

---

① 20世纪后,博物馆类型多样化,除了上述列举类型外,还有自然历史博物馆、生态博物馆、社区博物馆、水族馆、地质博物馆、园林博物馆等。这些新型的博物馆,按照Patrick J Boylan的说法,并不是"真正意义上的博物馆"(Patrick J Boylan. Heritage and Cultural Policy: The Role of Museums[EB/OL]. [2011-08-12]. http://www.city.ac/uk/artspol/world-comm.html)。它们并非可移动文化遗产收藏机构,往往是可移动自然遗产的收藏机构。

② 苏东海. 苏东海论文选——博物馆的沉思[M]. 北京:文物出版社,1998:122.

遗产和国家、集体所有(公立)的遗产；从分类形式上看，文物、档案、图书、工艺品是主要的方面，如图2-2所示。各种藏品中，"公立机构的藏品是可移动文化遗产保护的主体"①。

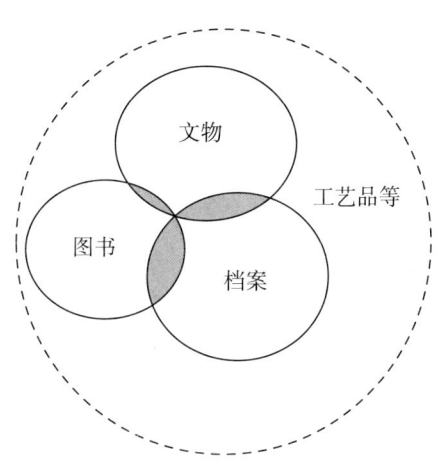

图2-2 可移动文化遗产组成示意图

由此可见，可移动文化遗产是馆藏文物、档案、图书和工艺品等在一种平台上的集成，它能够将国家和集体所有的，不同历史阶段的档案、古籍、文物等文化遗产整合为一个统一体。因此，在人类文明源远流长的历史中，年代久远、数量庞大、价值珍贵、分布广泛的可移动文化遗产不仅有目共睹，而且与人类的生产、生活、科研、教育等实践活动密不可分。

2.2 可移动文化遗产保护

"保护"一词使用得非常广泛，例如，水土保护、资源保护、野生动物保

---

① Jan Partridge. Local (or Community) History in Australia：Supporting Cultural Heritage[EB/OL]. [2011-07-04]. http：//www.ifla.org/IV/ifla65/papers/157-91e.htm.

护、湿地保护、知识产权保护、计算机保护等。不同领域对"保护"的认识或多或少存在差异。在文化遗产领域，常用的表达"保护"含义的英语词汇有 caring、protection、preservation、conservation、safeguarding 等，这更加增添了定义的难度。详细地辨析这些词汇的含义游离了本书的主题，但在"文化遗产已由过去的偏重保存（preservation），发展为同时关注使用的保护（conservation）"①的背景下，有必要对其中使用频率较高的、被西方国家认为"最值得推荐使用的一词——conservation"进行分析②。保护（conservation）的各种界定中，代表性观点有：

"保护在线"（conservation online）将"保护"看作"在处理和储存过程中运用化学和物理手段，以确保书籍、手稿、记录和其他文献的长久保存"③。

国际纪念碑和遗址保护委员会（ICOMOS）认为，"保护意味着危险的预防及其保险"④。其中，"危险的预防"是全面的保护体系内的一切所需的方法，旨在从每一处危险着手保护可移动文化遗产；"危险责任保险"意味着可移动文化遗产在遭遇破坏、恶化、改变或损失的情况下，例如武装冲突、动乱和其他公共秩序的混乱所导致的，能够确保得到的补偿，不论这种补偿是通过国有保险、商业保险还是国有和商业双保险。

加拿大文化财产保护协会和专业保护工作者协会（Canadian Association for Conservation of Cultural Property and of the Canadian Association of Professional Conservators）提出，"保护是维护文化财产的所有行为，其目的是

---

① 徐嵩龄. 文化遗产的管理和经营制度应解决四个问题[EB/OL]. [2011-02-12]. http：//www.cnwh.org/articles/index_4.htm.

② Ségolène Bergeon, Georges Brunel, Élisabeth Mognetti. La Conservation-Restauration en France[M]. Paris：Palais des congrès, 1999：4.

③ Conservation [EB/OL]. [2011-09-12]. http：//sul3.stanford.edu：10001/cgi-bin/nph-glossary? keywords_used = conservation&hostname = localhost &port = 0&database =/waiscool/privatesrc/glossary&docid = 4927% 205128% 20/waiscool/H/doc/lex/glossary/gwin.glossary &type=TEXT&headline=conservation.

④ Recommendation for the Protection of Movable Cultural Property[EB/OL]. [2011-01-14]. http：// www.icomos.org/unesco/moveable78.html.

通过尽可能少的干预，研究、记录、保持和修复具有文化意义的、体现为物理和化学属性的文化财产，以便为未来提供利用"①。

澳大利亚文化材料保护研究所（AICCM）指出，无论哪个国家，有形文化遗产的保护始终是处于第一位的，它是"施加于遗产对象的技术、方法和手段，通过保护其物理材料确保遗产的价值"②。

美国历史与艺术作品保护研究所（AIC）将"保护"定义为"专注于为未来所进行的保管文化财产的职业。保护活动是在研究和教育的支撑下，对文化财产进行检查、登记、处理和预防"③。

英国有关组织比较了"保护"和"修复"之间的差异，认为"保护与修复不同。保护的目的是保管并阐述存在之物，而不是替换损失的或者失去的部分（这通常称为修复）"④。

埃及遗产委员会认为，"保护是看管遗址以维持其文化意义的所有过程。根据情势，它包括维护（maintenance）、保护（protection）、保存（preservation）、修复（restoration）、重建（reconstruction）与适应（adaptation），且通常是以上两者或两者以上的结合"⑤。

《图书馆、媒体与档案保存术语词典》将"保护"定义为"对图书或档案材料、工艺品、博物馆藏品的处理，以保持其化学的稳定性，或增强其物理性

---

① CODE OF ETHICS of the Canadian Association for Conservation of Cultural Property and of the Canadian Association of Professional Conservators[EB/OL].[2011-08-09]. http：//www.capc-acrp.ca/code%20of%20ethics%20and%20glossary.htm.

② Heritage and Cultural Tourism-Heritage for a Culture of Peace[EB/OL].[2011-08-09]. http：//www.culturalencounters.com.au/essay_1.hmt.

③ AIC Definitions of Conservation Terminology[EB/OL].[2011-06-05]. http：//www.colorado.gov/dpa/doit/archives/cpa/articles/general/aic.htm.

④ The Textile Conservation Center[EB/OL].[2011-05-12]. http：//www.wsa.soton.ac.uk/tcc/conservservice.htm.

⑤ Restoration, Preservation and Conservation of Egyptian Cultural Heritage[EB/OL].[2011-09-07]. http：//www.cultnat.org/download/Pdfs/part_4/10-Rest.Pres.Cons.%20of%20Egypt%20Cult.pdf.

能,尽可能维持原件的长久性"①。

不少保护专家也试图对"保护"进行定义。长期供职于国际文化财产保护与修复研究中心的保护资深专家Gaël De Guichen 指出,"保护是任何旨在提高那些完好如初的或遭受损害的藏品的预期寿命的直接的或间接的人类活动。例如,从瓷器上去掉盐粒,纸质文件的去酸、消毒、去湿、减少光照等"②。英国的Stan Lester 提出,"在材料遗产和艺术领域的'保护'指具有文化、艺术和历史价值的物品的保护,例如,通过稳定化、加固,或者移去加固之物和降解因素,或者通过保护措施和环境管理采取的预防行为"③。中国台湾"故宫博物院"张世贤认为,保护(保存)是"运用一切可能的方法,让古往今来的人类文化资产保持现状,延长存世的年限"④。谢凝高提出,"……遗产保护的含义就是保持遗产的真实性、完整性和多样性,保证其价值免遭突发的或者累进的破坏因素威胁,使其能够可持续发展并传留后世永续利用"⑤。

综上所述,国际上从事遗产保护研究的机构和个人对"保护"的认识存在一定的差别。正如Gaël De Guichen 认为的那样,"保护和修复是用于表示两类目的不同的活动的字眼。从专业活动方面看,它们的含义从来都没有明确过。不同的国家和国际组织按照自己的理解去解释它、定义它。结果各国之

---

① John N Depew, C Lee Jones. A Library, Media and Archival Preservation Glossary [M]. Oxford: ABC-CLIO Inc., 1992: 49.

② Gaël De Guichen. Preventive Conservation: A Mere Fad or Far-reaching Change? [J]. Museum International, 1999, 51(1): 4.

③ Stan Lester. Becoming a Profession: Conservation in the UK[J]. Journal of the Society of Archivists, 2002, 23(1): 87.

④ 庄兴业. 文物保存概论[EB/OL]. [2011-09-06]. (2011-11-2). http://www.chc.yuntech.edu.tw/essay/000159.html.

⑤ 却咏梅. 世界遗产,从我们手中传承——访北京大学世界遗产研究中心主任谢凝高教授[EB/OL]. [2011-12-23]. http://www.jyb.com.cn/gb/2011/06/04/zy/8-zb/1.htm.

间存在理解上的分歧。即使在同一国家,理解上也存在差异。"①周耀林认为,"可移动文化遗产的保护是指运用各种方法延长可移动文化遗产寿命的专业性活动"②。

尽管国内外对于保护的界定存在差异,但对于可移动文化遗产保护而言,其具有如下基本特征:

①保护的目的是延长可移动文化遗产的寿命,以便供未来利用;

②可移动文化遗产保护是一项针对藏品的专业活动,但内容并不完全相同;

③可移动文化遗产保护各类活动中,技术占据主导地位,与可移动文化遗产保护相关的法律法规、标准等起着非常重要的作用,是可移动文化遗产保护过程中不可忽视的。

2.3 可移动文化遗产保护体系

2.3.1 "体系"的界定

"我们看事情必须要看到它的实质,而把它的现象只看作入门的向导,一进入门就要抓住它的实质,这才是可靠的科学分析方法。"③在可移动文化遗产保护语境下,从体系角度分析可移动文化遗产保护的实质,是认识可移动文化遗产保护工作的科学方法和重要前提。

2.3.1.1 国外对"体系"的界定

在国外,"体系"对应的英文词组是"system of systems",简称"SoS",首

---

① Gaêl De Guichen. Preventive Conservation:A Mere Fad or Far-reaching Change?[J]. Museum International,1999,51(1):4.

② 周耀林. 可移动文化遗产保护策略[M]. 北京:北京图书馆出版社,2006:70.

③ 毛泽东. 星星之火,可以燎原[J]//毛泽东选集(第1卷)[M]. 第2版. 北京:人民出版社,1991:99.

次出现于1964年《纽约城市参考》的一篇论文,并以城市系统中的体系作为讨论的对象①。此后,社会学、生物学和物理科学等学科纷纷引入这一概念,军事、经济和信息等领域也对其定义进行界定,前后多达40余种。

(1)军事领域

不同的应用背景下,认识主体对"体系"的认识和阐释均有所不同。在集合现代军事系统以获取战场对抗的信息优势和决策优势背景下,"体系"被理解为系统的连接与集合,系统间保持的是协作与联合的关系。其中典型的如信息化战争中的C4ISR体系,由全球战略指挥控制系统、情报侦察监视系统和战术区域数字通信系统组成,具体来说,C4即指挥系统(Command)、控制系统(Control)、计算机系统(Computer)、通信系统(Communications)四个系统,而ISR则包括"职能系统"(Intelligence)、"监视系统"(Surveillance)和"侦察系统"(Reconnaissance)。②

在综合集成未来战场环境信息系统背景下,"体系"不再单纯是系统的组合,而是建立在系统集合基础上的进一步综合,以实现系统的演化、发展、协同与优化,整体效能的提升是其最终的目标。③ 而在2001年由美国陆军部颁布的《陆军软件模块化法规》(版本11.4E,2001-09)中,给予了"体系"以明确的定义,即"体系是系统的集合,这些系统在协同交互过程中实现信息的交换与共享"④。同时,国防大学陆军工业学院Jeremy Kaplan教授认为,"体系是巨大的、复杂的、持久的独立系统的集成,这些是随着时间的推移

---

① Berry B J L. Cities as Systems within Systems of Cities[C]. Papers of Regional Sciences Association,1964(13):147-163.

② Manthorpe J R. The Emerging Joint System-of-Systems:A Systems Engineering Challenge and Opportunity for APL[J]. John Hopkins APL Technical Digest,Vol. 17,No. 3,1996:305-310.

③ Pei R S. Systems-of-Systems Integration(SoSI) a Smart Way of Acquiring Army C4I2WS Systems[C]. Proceedings of the Summer Computer Simulation Conference,2000:574-579.

④ Army Software Blocking Policy(Version 11. 4E)[C]. September 2001.

通过各自的权威提供各自的能力以支持总的使命从而形成体系"①。

(2)经济、信息等领域

在经济和信息等领域,关于体系的定义也很多,根据其内容和侧重点不同,可以划分为"单元说""网络说""元系统说"和"集成说"四种观点。

"单元说"是基于企业信息系统的背景提出的,在肯定体系是由大规模分布、并发的系统组成的集合体的前提下,指出组成体系的系统本身就是复杂的单元②,因此,体系是由众多复杂的单元构成。

"网络说"认为体系是由异构在域上的交叉形成跨越的网络组成。这一观点着重强调了各系统在地域上的分布性、来源的异构性,以及运行的独立性与管理的自主性,但是各系统被认为是分布在这网络上的"点",系统间的交互与协作并未得到肯定与突出,其演化性和"涌现作用"就更不明显。③

"元系统说"指出体系是由多个自主的、嵌入的系统构成的元系统,同时,这些系统在技术环境、地理区域、运作方式以及概念框架方面是不同的。④

"集成说"则指出体系是相互协作的系统集成。"集成说"同"网络说"一样,肯定了体系在运作与管理中的独立性与自主性,不同的是,"集成说"进一步强调了系统间的相互协调,较之"网络说"的认识更加深入和全面。⑤

除上述四种观点外,2005年,美参联会主席在《联合能力集成与开发系

---

① Daniel De Laurentis, Donald Fry, Oleg Sindiy, Sricharan Ayyala-somayajula. Modeling Framework and Lexicon for System-of-Systems Problems[C]. IEEE Transactions on Systems, Man and Cybernetics Part A:Systems and Humans, 2006-paper in Submission Process.

② Kotov V. Systems-of-Systems as Communicating Structures[C]. Hewlett Packard Computer Systems Laboratory Paper HPL-97-124, 1997:1-15.

③ Delaurentis D. Understanding Transportation as a System-of-Systems Design Problem[C]. 43rd AIAA Aerospace Sciences Meeting, Reno, Nevada, Jan.10-13, 2005:AIAA-2005-0123.

④ Keating C et al. Systems of Systems Engineering[J]. Engineering Management Journal, Vol 15, No.2, 2003:32-41.

⑤ Maier M. W. Architecting Principles for Systems-of-Systems[J]. System Engineering, 1998,1(4):267-284.

统》(Joint Capabilities Integration and Development System, JCIDS)中给出了体系的定义:"体系是相互依赖的系统的集成,这些系统的关联与链接以提供一个既定的能力需求,去掉组成体系的任何一个系统将会在很大程度上影响体系整体的效能或能力。"①

2.3.1.2 国内对"体系"的界定

在我国,阐释"体系"概念的文献并不多,常见诸工具书中。《现代汉语词典》将"体系"解释为"若干有关事务或某些意识互相联系而构成的一个整体"②。《辞海》则将"体系"定义为"若干有关事物互相联系互相制约而构成的一个整体,具体的例子有理论体系、语法体系或工业体系等"③。百度百科词条则认为"体系"是"泛指一定范围内或同类的事物按照一定的秩序和内部联系组合而成的整体,是不同系统组成的系统,自然界的体系遵循自然的法则,而人类社会的体系则要复杂得多。影响这个体系的因素除人性的自然发展之外,还有人类社会对自身认识的发展"④。

学界对"体系"概念的解释并不多见。阳东升、张维明等人提出"体系应该是一种完整的框架,它需要决策者充分集合考虑相关的因素,不管这些因素随着时间的演变而呈现出何种状态"⑤。

通过上述分析不难看出,国内外关于"体系"的界定呈现出如下特征。

(1)从研究领域上看,对于"体系"概念的研究最早始于军事领域,是基

---

① 阳东升,张维明,刘忠,黄金才.信息时代的体系——概念与定义[J].国防科技,2009(3):21.
② 阳东升,张维明,刘忠,黄金才.信息时代的体系——概念与定义[J].国防科技,2009(3):19.
③ 上海师范大学,等.辞海(语词部分)(上)[M].上海:上海人民出版社,1977:200.
④ 体系_百度百科[EB/OL].[2011-10-22]. http://baike.baidu.com/view/390091.htm.
⑤ 阳东升,张维明,刘忠,黄金才.信息时代的体系——概念与定义[J].国防科技,2009(3):23.

于整合军事、信息系统而获取作战优势的实践需求产生的,此后,研究领域逐渐由军事领域扩展延伸至社会领域和信息管理领域。不同的研究背景形成了各具侧重点的定义,体现着人们对"体系"这一概念的认识,并指导着实践工作。

(2)从一致性上看,尽管当前关于体系的界定多种多样,但在一些根本知识点上已经达成共识,即体系是由诸多系统构成,"体系"研究的理论基石是系统科学,正如美国系统科学体系工程协会(SoSECE)主席William J. Reckmeyer博士所认为的那样,"体系源于系统科学,是系统科学关于软系统和硬系统研究的综合,对大规模、超复杂系统的研究"[①]。

(3)从结构要素上看,体系是一个宽泛的、概括的、抽象的概念。一个体系具有什么组成部分,它们是如何关联和制约的,具有什么功能,这些只有对具体实际的体系才能具体化。体系没有绝对的规模,界限可大可小,许多子系统可以组成一个体系,许多体系可以组成一个大体系,许多大体系又可组成一个更大体系。体系是无限可分,无限包含的。但是,对于具体特点的体系来说,体系由系统组成,最终更是由各种要素组成,作为体系内部相互作用的基本组成部分,要素是完成某种功能无须再细分的最小单元,如图2-3所示。

由图2-3可知,体系的多重结构体现出体系所具有的层次性,即体系横向分解为若干子体系,每个子体系从纵向又可层层分解下去,再分解为若干层次的子体系,最后层次是要素。要素是完成系统过程的最小单元,分解的依据则是基于不同的目标要求,总体来说,在层次结构图中,处于层次图底部的是结构和功能相对简单的子系统,越往上越复杂,占据顶层的是结构和功能相对复杂的系统,对于中间层次的系统来说,既是独立的,又与上下层有着密切的联系,相对上层,它处于被支配和被控制的地位,相对下层,则

---

① William J R, Reckmeyer J. Systems-of-Systems Approaches in the U. S. Department of Defense[C]. lstannual System of Systems Engineering Conference Proceedings, Johnstown, PA, June 13-14, 2005.

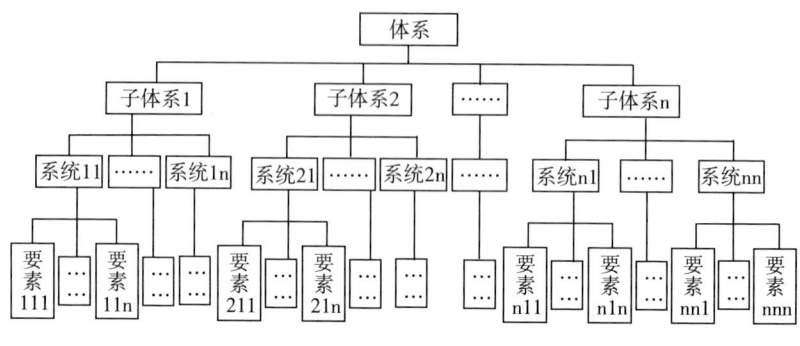

图 2-3 体系结构层次图

处于支配和控制的地位,充分体现了体系目标逐级的具体化和要素在体系结构中的位置与隶属关系。①

总而言之,上述关于"体系"的概念界定和特征分析为可移动文化遗产保护体系的理论研究和框架构建等提供了基本思路和方法。

2.3.2 可移动文化遗产保护体系

可移动文化遗产具有载体多样性、地域分散性、时空跨度性等特征,使得传统可移动文化遗产保护工作呈现个别性、分散性、偶然性、区域性等特征,且形成了封闭性的发展局势,保护体系的形成也只限于局部的、狭小的范围,这严重阻碍了可移动文化遗产的整体性保护和可持续发展,需要从体系构建角度进行深入分析和研究。

2.3.2.1 可移动文化遗产保护体系的界定

根据国内外关于"体系"的定义及前文的分析,可移动文化遗产保护体系可以定义为:以传承和保护可移动文化遗产为目的,由可移动文化遗产保护活动的各个构成系统和要素有机结合形成的整体。具体来说,该定义包含以

---

① 肖艳玲. 系统工程理论与方法[M]. 北京:石油工业出版社,2002:10.

下三个方面的含义。

(1)可移动文化遗产保护体系建设和运行的目的是传承和保护可移动文化遗产

如前所述,可移动文化遗产保护活动的开展是在保护人类文化遗产这一背景下产生的,因此,最大限度地保护可移动文化遗产是构建可移动文化遗产保护体系、开展可移动文化遗产保护活动的最终目标。具体来说,可移动文化遗产保护体系的构建和运行,以维护可移动文化遗产的真实性与完整性为目的,通过调节可移动文化遗产保护体系中社会、自然和人的关系,协调体系内部各系统与要素间的关联,以实现可移动文化遗产的永续利用,使之成为人类可持续发展的组成部分。

同其他体系相比,可移动文化遗产保护体系的目的有其独特的一面。大部分体系构建的目标是实现人类需求的价值化、利润的最大化,并围绕这一目标进行人、财、物等方面总体的、有效的、动态的配置与管理。而可移动文化遗产保护体系则不同,可移动文化遗产保护是一项公益事业,构建可移动文化遗产保护体系不是为了追求利润,而是为了更好地保存和传承人类文明的瑰宝、历史的记忆。可移动文化遗产是全人类共同的遗产,不仅具有国家性,而且具有国际性,因此,可移动文化遗产保护体系更多关注的是全球可移动文化遗产保护技术与策略的共享。正是这种目的的独特性,决定了可移动文化遗产保护体系的建立同其他体系的建立有明显区别,其是独一无二的。

(2)可移动文化遗产保护体系建立的主体是人,客体是其各项活动

首先,对于可移动文化遗产来说,依据其所有权的不同可分为公有和私有两种,个人所有(私有)的可移动文化遗产数量在可移动文化遗产总数中占有很大的比重。事实上,仍有很多珍贵的可移动文化遗产至今仍散存在民间,因此,个人是可移动文化遗产的主要拥有者。其次,对于可移动文化遗产保护而言,人是可移动文化遗产保护的直接参与者和实施者。即使一些保护活动由组织机构展开,但具体的工作仍由个人来执行。鉴于

此，民众的保护意识将成为可移动文化遗产保护的重要影响因素，当前参与保护的民众主要有普通公民、保护专业人员、保护管理工作者等。由于接触可移动文化遗产的机会不同，不同的人对遗产的心理认同度、保护意识均有所不同，必将影响到保护行为的执行、保护效果的实现。最后，对于可移动文化遗产保护体系而言，体系的构建是人，尤其是保护活动中的领导者对相关联事物的认识达到一定高度的结果。系统性、整体性保护体系的构建和运行要求不同的保护人群必须要努力消除信仰上的分歧，形成共同的心理认知和良好的保护意识，这是可移动文化遗产保护体系构建和运行的首要先决条件。

根据可移动文化遗产保护的定义可知，可移动文化遗产保护体系建设的对象是与可移动文化遗产保护相关的各项活动。可移动文化遗产保护建立在社会科学、技术科学和自然科学基础之上，传统的可移动文化遗产保护主要包括库房环境的维护与质量控制、不良环境条件的控制以及受损可移动文化遗产的治理与修复等活动。随着联合国教科文组织、国家档案理事会、国际图联、国际博物馆协会等国际性组织的成立，新的可移动文化遗产保护平台被逐渐搭建起来，可移动文化遗产保护活动逐渐突破单一关注技术性保护的局面，将保护法律法规的建设、管理体制的革新、组织体系的重构等都纳入可移动文化遗产保护的主要内容，而这一切都将成为可移动文化遗产保护体系的建设对象。

(3) 可移动文化遗产保护体系是一个由系统和要素组成的整体

体系是由多个子系统和若干基本要素构成的综合系统，整体性是其基本特征。可移动文化遗产保护体系也是一个整体，是由与可移动文化遗产保护相关联的各种事物构成的整体。与可移动文化遗产保护有关的主要工作，诸如技术开发、组织管理、法规建设等分别成为组成可移动文化遗产保护体系的子系统，其中的实施环节则成为各子系统的基本要素，可移动文化遗产保护体系与各子系统和基本要素相互依存，不可分割，成为一个有机体。

针对体系的整体性，一般系统论的创始人贝塔朗菲曾提出著名的"非加和定律"①。作为一个系统和要素的整体，体系所产生的整体效应绝不是各子系统和要素的简单叠加，而是在综合各种优势的基础上进一步放大和创新，产生不同于各组成部分的新功能、新效应。当然，"非加和定律"也指出，体系在实现整体功能放大的同时，也会出现整体功能缩小的情况。对于可移动文化遗产保护体系而言，结合群体智慧，实现可移动文化遗产保护的放大效应，减少其缩小效应，从而实现可移动文化遗产保护体系的目标。

2.3.2.2 可移动文化遗产保护体系的特点

体系的特点，是从各种具体体系中抽象出来的共同特征。科学认识一种体系，首先就应该明确该体系所具有的特点，作为体系的一种，可移动文化遗产保护体系首先是整体性的、分层次的，更是有着一定的目的，这是体系所共有的一般特点。同时，可移动文化遗产保护体系更是复杂的、开放的，诸多系统和要素等单元共同组成了可移动文化遗产保护体系，而这些单元在运行和管理中又是自主和独立的，同时可移动文化遗产保护体系还处于不断演化和发展之中，这些都是可移动文化遗产保护体系自身所特有的。

(1) 体系的复杂性

从表面形态来看，可移动文化遗产保护体系没有具体的物质形态；从内部结构来看，可移动文化遗产保护体系呈现出金字塔的形状，子系统和基本要素种类繁多，层次众多，关联复杂，难以明确区分，因此，可移动文化遗产保护体系是一个复杂的体系。

具体来说，可移动文化遗产保护体系的复杂性首先体现在保护客体，即遗产资源的复杂性上，可移动文化遗产来源于世界各地的不同社会领域之中，类型多样，分布广泛。可移动文化遗产资源的存留也不是固定不变的，将会随着时间的推移在数量和质量上呈现出不确定的状态。其次，可移动文

---

① 影响世界的100个经典管理定律[EB/OL]. [2011-05-27]. http://cn.androidzoom.com/android_applications/business/100_vafy.html.

化遗产保护的实施主体也是复杂的，笼统地讲，保护可移动文化遗产的行为主体是个人和相关组织机构；具体地讲，可移动文化遗产的保护机构又包括保护的管理机构、保护的研究机构，以及保护的培训教育机构；这些机构在级别上既有国际性的，也有地区性的、国家性的，还有部门间和部门性的；从所属领域上讲，图书馆、档案馆、博物馆、文史馆分属不同的行业和领域，处于相对分散的状态。最后，从保护的实践来看，由于各机构的组织、国家面临的保护问题并不完全相同，其实践需要和具体做法也存在着差异，保护内容相差甚远，因此，整个保护实践工作呈现出局部有序，总体无序的复杂现象。

(2) 体系的开放性

依据体系与环境中物质、能量交换的情况，体系可被分为敞开体系、封闭体系和孤立体系三种类型。① 敞开体系是指体系与环境之间既有能量转换，又有物质交换；封闭体系是指体系与环境之间有能量转换，却无物质交换；孤立体系则是指体系与环境之间既无能量转换又无物质交换。可移动文化遗产保护体系是一个敞开体系，开放性是其重要特点。贝塔朗菲指出系统与环境间的相互作用，物质、能量和信息的交换，是一切有机体有组织地处于活动状态，并保持其生命活性的重要因素。

开放性同样使得可移动文化遗产保护体系能够在环境中保持有序、有组织的稳定发展状态。影响可移动文化遗产保护发展的环境因素主要是社会环境、自然环境和人。安定、民主的社会环境保障了可移动文化遗产保护的平稳开展，良好的经济资助和智力支持推动了可移动文化遗产保护的纵深发展，自然环境的差异带来了可移动文化遗产生存状态的差异，广大民众保护意识的不同、保护能力的强弱也导致了他们在保护行业上的差别。总而言之，体系的开放实现了体系自身稳定结构和有序状态的保持，开放得愈充分有效，体系自身的运行发展也愈有效，开放不够，体系的生存发展将受影

---

① 体系_百度百科 [EB/OL]. [2011-10-22]. http://baike.baidu.com/view/390091.htm.

响,严重时甚至会导致解体。

(3) 体系的边界性

体系无所不在,无所不包。宇宙是一个体系,各个星系也是一个体系,这是宏观的体系;社会是一个体系,人文是一个体系,宗教也是一个体系,这是中观的体系;每一学科及其内容的分支是一个体系,一人、一草、一字、一微尘,同样也是一个体系,这是微观的体系。中观体系包含于宏观体系之中,中观体系中又含有无穷无尽的微观体系。体系与周围环境是分开的,分开的界限就是体系的边界。从空间上看,边界是将体系与环境分开的所有点的集合。从逻辑上看,边界是体系从起作用到不起作用的分割线。体系受周围环境的影响,与周围环境开展不同程度的物质、能量、信息的交流与转换,但是,体系与周围环境也不是混淆不清的,明确体系的边界,才能真正明了工作内容和建设对象。

可移动文化遗产保护体系也有边界,但它的边界不是具体的、清晰可见的。作为一种复杂、开放的体系,可移动文化遗产保护体系在与其他体系或是周围环境的物质交流、能量转换中相互吸收、相互渗透;可移动文化遗产保护具有宽泛的内涵和丰富的类型,因此,可移动文化遗产保护体系与其他体系会有所交叉、有所重复,典型的如可移动文化遗产保护体系与档案保护体系、图书保护体系和文物保护体系等的关系,它们的边界无法通过有限的步骤完全区分开来,你中有我,我中有你,这符合可移动文化遗产自身的特色,将可移动文化遗产完全束缚在一个具体、狭隘的界限里,容易造成可移动文化遗产保护的狭隘和保守,同时,明确可移动文化遗产保护体系的边界,也能有效地规范和约束可移动文化遗产保护,避免任意蔓延和泛滥。

(4) 单元的自主性

自主性是行为主体按照自己的意愿行事的动机、能力与特征。与自主性相对的是被动地、机械地,或是他主式地开展工作。自主性的具备源于意识层面的提升,只有对自身肩负责任具有清醒认识,才能在具体的行为中实现自我约束和自我发展。自主性也针对企业经营管理而言,主要体现在自主经营、自负盈亏、自我发展和自我约束。

可移动文化遗产保护体系是由系统和要素等基本单元组成的综合体。各单元是可移动文化遗产保护体系的个体，但是，在可移动文化遗产保护工作开展过程中，它们却正是可移动文化遗产保护行为的主体，正是它们在保护方面的积极性和主动性，才最终带来了可移动文化遗产保护整体效应的提升，这种积极性和主动性正是可移动文化遗产保护的自主性。各单元在保护上的自主性，首先源于对可移动文化遗产保护的清醒认识，保护可移动文化遗产不是为了追求利润和利益，而是以保护人类文化遗产为目标，是一项公益事业，保护可移动文化遗产是全人类共同的责任。因此，各机构或民众根据本国、本地区可移动文化遗产的生存状态，结合自身的保护能力和手段，积极主动地开展保护活动，同时，各行为主体积极主动地吸收和借鉴其他地区的经验和手段，不断实现自我的约束、自我的改进和自我的发展。单元的自主性带来的是整个体系的自主性，保护可移动文化遗产的完整与安全成为大家的共同使命和责任。

（5）单元的独立性

组成可移动文化遗产保护体系的各单元在保护行为上是自主的、积极主动的，各单元在保护的管理上也同样是独立的。各单元在构建成体系的过程中，不是杂乱无序地随意叠加，而是依据其联系性和相关性实现有序的组合。

从开展范围来看，全球性可移动文化遗产保护体系被具体分为国家体系、区域体系、地区体系等；从开展的行业来看，可移动文化遗产保护体系被分为档案保护体系、图书保护体系、文物保护体系等；从开展的具体内容来看，可移动文化遗产保护体系可以分为技术性保护体系、管理性保护体系等，其下还可进一步细分。不论以何种标准区分，这些系统作为重要子系统，在共同构建起可移动文化遗产保护体系的同时，其自身也是一个完整、系统、具有独立运作能力的小体系，在构建和形成体系的过程中可以被独立获取，在形成体系后仍然可以持续运作。

(6) 整体的演化性

任何一种体系，其存续能力都是有限的，在体系内部元素之间、子系统之间、层次之间的相互作用，体系与环境之间的相互影响，都会带来体系基本结构、特征和行为的变化，因此，演化性是体系的另一基本属性。

体系的演化是复杂曲折的，可以是上向的演化，也可以是下向的演化，可以向复杂性方向演化，也可以向简约化演化。体系的层次可能会增加，也可能会减少。对于可移动文化遗产保护体系来说，从早期朦胧的保护意识，到保护经验的逐渐累积、专业分工的细化、保护机构设置的逐步完善、保护内容的发展，再到形成科学的保护体系，各个单元同样也经历了复杂的演化，由此带来了体系整体上的复杂性演变，从低级到高级、由简单到复杂就是其主要的演变趋势。

2.3.3 可移动文化遗产保护体系的组成

组成一个体系的单元主要是各系统和要素。系统与要素之间有着明确的层次与等级之分，低一级层次是高一级层次的基础，高一级层次较之于低一级的层次则更加复杂，组织也更加有序。因此，合理划分体系层次，正确安排各子系统和要素的布局，将是体系具体构建过程中面临的首要问题，是对行为主体和组织行为的合理描述，是对体系中各角色的正确定位。

一般来说，体系可被具体分为目标使命层、体系服务层、系统服务层、系统行为层四个层次[①]，具体层次结构，如图2-4所示。

不同的层次，具体的实施行为、行为主体以及效果测试方法都是不同的。

(1) 目标使命层

目标使命层位于体系层次中的第一层，属于宏观指导层。目标是体系行

---

① 阳东升，张维明，刘忠，黄金才. 信息时代的体系——概念与定义[J]. 国防科技，2009：24.

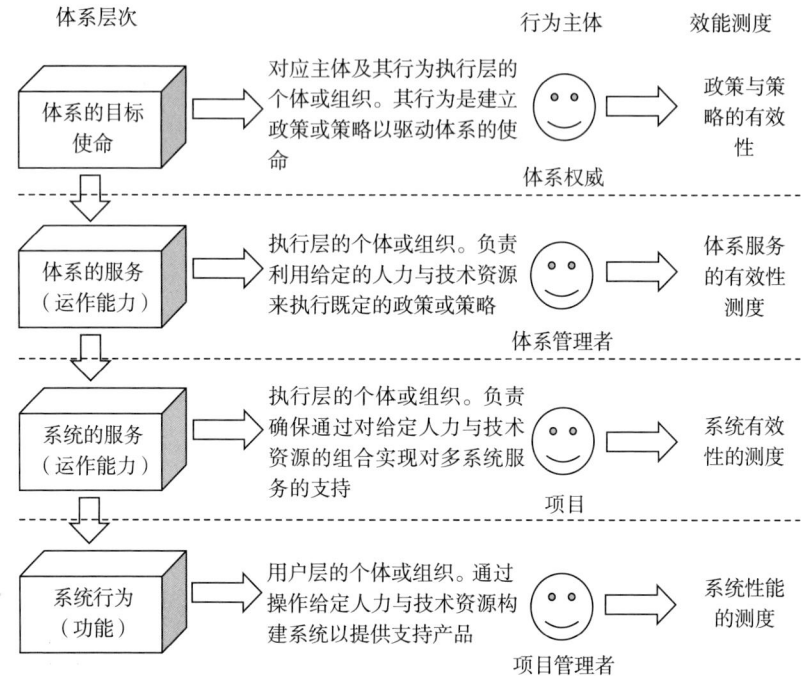

图 2-4 体系主要层次结构图①

为的驱动力,具体包括体系发展的策略与方针。这一层次的行为主体是体系中的权威人物或机构,通过建立政策或策略,明确体系的实施目的,实现体系驱动的使命。其实施的效果则是以政策与策略的有效性进行测度。

(2) 体系服务层

体系服务层位于体系层次中的第二层,是第一层的执行层,也是低一级层次的中观指导层。体系的服务是指为实现体系的目标,或者说为执行目标中规定的使命而实施的行为。这一层次的行为主体是每一个子体系上的具体管理者,负责利用给定的人力与技术资源来执行既定的政策或策略。其实施

---

① 阳东升,张维明,刘忠,黄金才.信息时代的体系——概念与定义[J].国防科技,2009:24.

的效果则是通过政策与策略对体系使命的实现有益的程度来测度。

(3) 系统服务层

系统服务层位于体系层次中的第三层。系统的服务是为实现体系的服务而开展的，或者说为了满足体系服务的需求。因此，系统服务层是体系服务层的执行层。这一层次中具体的项目是行为主体，负责通过对给定人力与技术资源的组合实现对多系统服务的支持。其实施的效果则是通过对这一层次执行体系使命的好坏程度来测度。

(4) 系统行为层

系统行为层位于体系层次中的第四层，如果说体系服务层和系统服务层主要关注的是体系的运行能力，那么这一层次侧重的则是系统的功能。这一层次的行为主体是项目的管理者，通过操作给定人力与技术资源构建起来的系统，以提供支持产品。其实施的效果则通过系统性能测定，以及系统执行其需要的系统行为的好坏程度来测度。这一个层次是整个体系的微观层次，属于具体行为层。

以上是对体系组成及实施内容的笼统分析。作为体系的一种，可移动文化遗产保护体系的划分同样也可据此进行。科学正确地划分可移动文化遗产保护体系的主要层次与结构，是本书不可回避的问题，也是后期研究工作深入开展的基础与保证。

可移动文化遗产保护体系的建设目标，以始终坚持传承和保护可移动文化遗产为主，这是全人类永远不可推卸的历史使命。为了实现这一目标，需要在技术、管理、标准、法律法规、制度以及人、财、物、信息等的支持六个方面制定一系列政策，采取一系列措施，这六个方面正好构成了可移动文化遗产保护体系的六个子体系，围绕着六个子体系，每个体系又可进一步分解成多个系统和要素，其层次结构，如图2-5所示。这些系统和要素都具有很强的可操作性，通过这些可操作层次的执行，就可以完成各个子系统或子体系的功能，进而实现可移动文化遗产保护的整体目标。

关于各个子体系建设的内容以及在整个可移动文化遗产保护体系中的位

2 可移动文化遗产保护体系概述

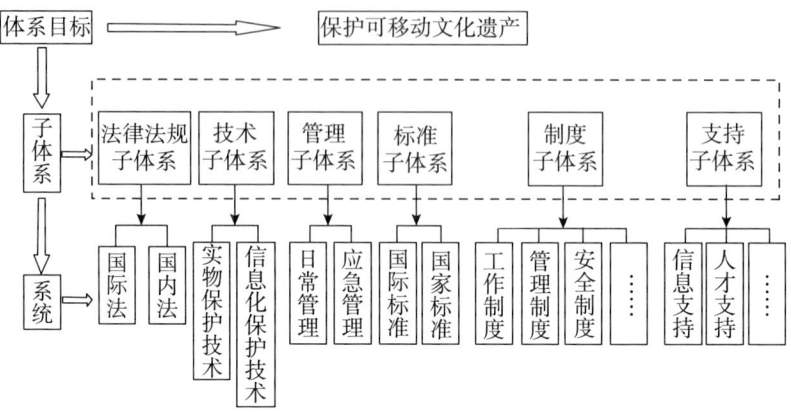

图 2-5 可移动文化遗产保护体系主要层次结构图

置将在本书中做简要概述。

(1) 法律法规子体系

法律法规子体系是可移动文化遗产保护顺利运行的坚实保障,是将可移动文化遗产保护政策上升为法律的重要途径,有助于实现可移动文化遗产保护的规范管理。因此,法律法规子体系建设也将成为可移动文化遗产保护体系建设的重要内容。现行的可移动文化遗产保护法按照适用范围主要分为国家法和国内法,构建可移动文化遗产保护法律法规体系,不仅需要实现各国法律与国际法的有效对接,而且还需要健全各国的可移动文化遗产法律体系,同时,制定一部包括可移动文化遗产保护的完整意义的国际法,从技术、管理、教育、培训、合作等方面实行总体规定。

(2) 技术子体系

在可移动文化遗产保护活动中,技术性保护一直是长期延续的传统,也是最富特色的部分。在长期的保护实践中,人们逐步摸索和积累出了很多优秀的保护技术和方法,并取得了良好成效。但是,随着可移动文化遗产保存环境的变化发展,研究和创新先进的保护技术与方法将成为可移动文化遗产保护体系的首要工作,为此需要首先构建其技术子体系。在这一子体系中,如何在现有科学保护技术的基础上,逐步建立起与可移动文化遗产(整体、部分和个体)变化状况相适应的保护方法,从而及时对可移动文化遗产进行预警和干预,使可移动文化遗产维持在健康的状态是建设的主要目的与原则。具体来说,在进一步推广和完善先进的预防技术、治理技术和修复技术的同时,还需要积极做好前端控制技术、整体预防技术、部分与个体控制技术以及信息化技术的研发和革新,使可移动文化遗产的保护技术成为贯穿可移动文化遗产保护始终、环环相扣的动态性技术。

(3)管理子体系

在可移动文化遗产保护活动中,管理性保护是与技术性保护同等重要的组成部分。但是综观传统可移动文化遗产保护实践,人们对管理性保护的关注与重视要明显弱于技术性保护,为此本书特意将管理子体系作为可移动文化遗产保护体系中的第三子体系,旨在突出强调可移动文化遗产的管理对于可移动文化遗产保护的重要性。具体而言,可移动文化遗产的日常管理与可移动文化遗产的保护有直接的关联,可移动文化遗产保管环境的质量、可移动文化遗产相关工作流程的操作以及可移动文化遗产的展示等都是可移动文化遗产保护的重要影响因素。在此基础上,鉴于突发性事件可能对可移动文化遗产造成的意想不到的危害,还在此子体系中加入了应急管理系统,通过强化事前预防、事发维护、事后处置、善后管理来进一步做好可移动文化遗产的有效防护。

(4)标准子体系

标准是行为的指导与规范,在可移动文化遗产保护体系建设工作中,标准体系的制定同样也是重要内容。目前,可移动文化遗产保护标准主要分为国际标准、国外主要发达国家标准以及国内标准三大类,各类标准依据一定的分类原则又可进一步加以划分。但是从总体上看,仍然滞后于可移动文化遗产保护实践发展的需要,且在标准的内容覆盖面上也呈现不全面、不均衡的现象。为此,需要从技术标准、管理标准、基础标准、工作标准、产品标准,以及安全、卫生等标准的建设方面强化可移动文化遗产保护标准体系建设，这将成为可移动文化遗产保护体系建设的重要内容。

(5)制度子体系

对于可移动文化遗产保护而言，政策的支持以及法律法规的支持都只是一种手段和方式，最终的目的是建立一整套相应的运行机制，即制度子体系，这也是可移动文化遗产保护体系的重要组成部分。对于可移动文化遗产保护制度体系而言，其建设的目标主要是在规范业务流程、规范保护行为、保障战略实现、提升组织执行力的过程中，将可移动文化遗产保护的方方面面纳入制度的长效机制，不断实现制度的创新与共计，推动可移动文化遗产保护的有效发展。

(6)支持子体系

为确保可移动文化遗产保护体系的有机运行和发展，还需要在上述五个子体系的基础上，加强信息、人力与财务等方面的保障建设，这是保证可移动文化遗产保护工作顺利开展的重要基础。从构成上看，信息支持体系、人才支持体系和财政支持体系是可移动文化遗产保护支持体系的主要组成部分。其中，先进信息技术的运用，有助于搭建起信息交流的渠道，有助于成果的共享、技术的推介和保护策略的引进；数据库的建设、人才的引进，可以为可移动文化遗产保护储备充足的人才资源；而国际组织、国家政府、行业及其企业资金上的支持与援助，则是推动可移动文化遗产保护工作顺利开展的坚实后盾。

以上是对可移动文化遗产保护体系的简要阐述，由此构成了本书写作的主体内容。需要说明的是，由于可移动文化遗产保护实践涉及各个方面，并非以上六个方面所能完全统领，并且限于篇幅，本书无法一一深入展开，这将是今后研究需要加强的内容。此外，为了表述方便，在下列行文中，仍将各种子体系简称为"体系"。

3 可移动文化遗产保护法律法规体系

1978年11月28日联合国教育、科学及文化组织(UNESCO)第20届大会会议通过了《关于保护可移动文化遗产的建议》，形成了可移动文化遗产保护的专门法律法规，为可移动文化遗产保护提供了保障。此后至今，关于可移动文化遗产的法律法规建设尽管没有实质性的发展，但各国可移动文化遗产相关的档案法、图书馆法、文物保护法、文化遗产保护法律法规建设中，或多或少地渗透了相关的条款。因此，总结可移动文化遗产保护的国际法、国内法，完善可移动文化遗产保护法律法规体系，对于推动可移动文化遗产保护具有很重要的意义。

3.1 可移动文化遗产保护法律法规的进展

可移动文化遗产国际法的形成经历了漫长的时间，最早可以追溯到公元前18世纪中后期形成的《汉穆拉比法典》，该法第6条规定：自由民窃取神庙宫廷之财产者应处死，而收受其赃物者亦处死刑①。这条保护统治阶级私有财产的法律条文，是人类早期保护可移动文化遗产的表现，即对个人财富的继承和维护。此后，随着社会生产力的发展，个人财富不断积聚，并因为

---

① 汉穆拉比法典[EB/OL]. [2011-04-17]. http://baike.baidu.com/view/48587.htm.

子嗣、自然因素或政治原因，久而久之成为集体或社会的"共有继承物"。由此，可移动文化遗产保护从个人的继承发展到社会的继承，从个人的责任转变为集体或社会对这部分"共有继承物"的责任。在此背景下，可移动文化遗产保护的模式也由单个的小农式的分散、粗放的管理和保护转向社会性的、有组织的、集约化的管理和保护，因此出现了博物馆、图书馆、档案馆等集约化管理和保护可移动文化遗产的文化事业机构。但是，这种集约化保护模式潜藏着难以预测的负面影响，各种天灾人祸都有可能对可移动文化遗产造成致命性伤害，最为典型的是人类战争，如在战火中毁于一旦的巴尼拔图书馆、亚历山大图书馆。① 在对这些破坏行为的反思中，人类逐步认识到运用法律手段约束人类对可移动文化遗产破坏行为的重要性。

真正促进现代文化遗产保护法律形成的是 1789 年震惊世界的法国大革命。大革命时期，宫殿被砸，教堂被毁，矗立 400 年的巴士底监狱也被作为封建统治的象征夷为平地，可移动文化遗产无情地饱受摧残。为此，一位名叫格雷茹瓦的教士发起了保护人类遗产的革命，他呼吁：摧毁祖先留下来象征我们历史的文化遗产的行为是十分愚蠢的，并忠告人们一定要保护"祖先留下来的财产"。1793 年，鉴于对文化遗产保护的觉悟和认同，国民议会在大军入侵和王党叛乱这样内忧外患的情形下，仍颁布了"共和二年法令"，规定：为了使文化遗产免遭战火涂炭，陷入万劫不复的厄运，"不论哪一类艺术品，在法国领土上必须受到保护"。② 正是该法令的颁布，才使得法国大量珍贵文化遗产在冲突与暴力的夹击下免遭浩劫。此后，法国专门成立负责遗产保护的官方机构，并于 1913 年颁布《保护历史古迹法》，全面地规定了

---

① 巴尼拔图书馆收藏的是泥版图书和文书。由于载体的特殊性，它并没有像亚历山大图书馆完全被战火毁灭，大部分都被保存了下来。1849 年，英国业余考古学家莱尔德发掘尼尼微的亚述王宫遗址时，在亚述国王辛那赫里布（公元前 704—前 681 年在位）的宫殿里，发现了两个像是后来增建的、作为图书馆的房间，并在那儿发现了近三万"册"图书（见陈晓红，毛锐. 失落的文明：巴比伦[M]. 上海：华东师范大学出版社，2001）。

② 赵刚. 巴士底狱的拆毁与香山别墅的开发[N/OL]. 中华工商时报（2002-08-30）[2011-04-23]. http://house.focus.cn/news/2002-08-30/35408.html.

历史文化遗产的保护范围、申请保护的行政程序、享受的税收优惠等。该法宣告了世界上第一部保护文化遗产的现代法律的诞生，成为人类保护文化遗产的里程碑，为各国可移动文化遗产保护法律的制定奠定了基础。

3.1.1 可移动文化遗产保护法律法规的演进

3.1.1.1 可移动文化遗产保护国际立法的演变

历经两次世界大战的浩劫，人类可移动文化遗产遭受了历史上规模最大、破坏最严重的损失，世界各国逐渐认识到可移动文化遗产不仅仅是一国的财富，更是全人类共有的财富；保护可移动文化遗产不仅需要本国的努力，还需要各国的支持和参与。为此，人类开始从全球视角和世界高度重新审视可移动文化遗产的保护问题，尤其是可移动文化遗产的国际立法问题。因为，缔结国际公约可以较好地约束各国的行为，使可移动文化遗产在各种地区和国际冲突中幸免于难，从而更好地促进可移动文化遗产保护事业的可持续发展。

随着人类可移动文化遗产保护事业的不断推进，可移动文化遗产的立法工作也有了长足的发展。自法国大革命后至今，国际上已经颁布各种可移动文化遗产法律法规20余部，各国也制定了大大小小的可移动文化遗产法律法规和条文规章，可移动文化遗产保护的法律法规体系逐步形成，为全人类的可移动文化遗产保护事业提供了坚实的法律基础和制度保障。

与可移动文化遗产保护相关的国际法律最早可以追溯到1899年及1907年。1899年召开的第一次海牙和平会议通过了三项公约，分别为《和平解决国际争端公约》(1899年海牙第一公约)、《陆战法规和惯例公约》(1899年海牙第二公约)及附件《陆战法规和惯例章程》和《关于1864年8月22日日内瓦公约的原则适用于海战的公约》(1899年海牙第三公约)，其中海牙第二公约《陆战法和惯例公约》中确立了禁止战时掠夺，不能没收、掠夺和摧毁文化遗产等，在武装冲突下保护可移动文化遗产的原则。1907年召开的第二次海牙

3 可移动文化遗产保护法律法规体系

和平会议是第一次海牙和平会议的继续,对1899年的3项公约和1项宣言(第一宣言)进行了修订,并新订了10项公约,总计13项公约和1项宣言,继续主张武装冲突下应对可移动文化遗产进行保护。此后关于可移动文化遗产的国际法律法规相继出现,并不断完善,见表3-1。

表3-1　　　　代表性可移动文化遗产保护国际法律法规

序号	公约名称	颁布时间与组织	相关内容
1	《保护和促进文化表达多样性公约》	2005年10月20日UNESCO大会第33届会议通过	在《联合国教科文组织关于世界文化多样性宣言》基础上,提出一系列旨在保护和促进文化表达多样性的政策和措施,并规定成立一个文化多样性基金会(第18条),基金来源包括成员国的自愿捐助、联合国教科文组织大会的拨款、各种缴款、捐赠或遗赠、基金的利息、为基金组织的各种活动的收入和募捐产品,以及基金会章程允许的所有其他收入
2	《教科文组织关于蓄意破坏文化遗产问题的宣言》	2003年7月17日UNESCO大会第32届会议通过	界定"蓄意破坏"指故意违反国际法或无理违反人道的原则和公共道德的要求,整体地或部分地毁坏文化遗产,使其完整性受到破坏的行为。并针对文化遗产,包括与自然景观相关的文化遗产的蓄意破坏问题予以规定
3	《关于世界遗产的布达佩斯宣言》	2002年6月28日UNESCO大会通过	呼吁人类应该在保护、可持续性和发展之间努力寻求适当而合适的平衡,并采取适当措施促使世界遗产资源得到保护,为社会、经济的发展和提升社区生活质量做贡献
4	《联合国教科文组织关于世界文化多样性宣言》	2001年UNESCO大会第31届会议	联合国担负着保护和促进世界文化多样性的特殊职责。希望各国在承认文化多样性、认识到人类是统一整体和积极开展文化交流的基础上团结互助
5	《关于在武装冲突情况下保护文化财产的海牙公约》(第二议定书)	1999年通过,2003年3月9日生效	强调文化财产在战争和被敌方占领时享受豁免,建立对破坏文化财产者追究刑事责任的制度,并要求各国在和平时采取防范措施,以确保文化财产在战争中不被损毁

续表

序号	公约名称	颁布时间与组织	相关内容
6	《蓝盾行动：自然及人为灾害导致濒危的文化遗产工程》	1996年4月通过	深切关注因人为的或自然灾害对移动的和非移动的文化遗产造成的破坏和影响，并采取措施预防灾害和处理受灾文化遗产
7	《国际统一私法协会关于被盗或者非法出口文物的公约》	1995年6月24日国际私法协会签订通过，1998年7月1日生效	缔约国之间在文物的返还和归还方面制定共同的、最低限度的法律规范，如返还被盗文物，归还因违反缔约国为保护其文化遗产之目的制定的文物出口法律而移出该国领土的文物等
8	《考古遗产保护与管理宪章》	1990年10月国际古迹遗址理事会第九届全体大会通过	宪章规定了有关考古遗产管理不同方面的原则，其中包括公共当局和立法者的责任，有关遗产的勘察、勘测、发掘、档案记录、研究、维护、保护、保存、重建、信息资料、展览以及对外开放与公众利用等的专业操作程序规则以及考古遗产保护所涉及的专家之资格等
9	《保护传统文化和民俗的建议》	1989年11月15日UNESCO大会第25届会议通过	维护与民俗传统相关文件，创立鉴别和记录系统(收集、目录、抄本)或发展那些已经以手册、收集指南、目录模板等方式存在的系统，通过支持在文献、档案、研究等领域的工作以及传统实践来保证不同文化团体得到自己民俗资料的权利
10	《关于国家对国家财产、档案和债务的公约》(简称《维也纳公约》)	1983年4月8日UNESCO大会第38届会议通过	关于一国对另一国的财产、档案和债务的继承问题的规定：如与被继承国对国家继承所涉领土的活动有关的被继承国国家动产应转属继承国；一旦被继承国的国家档案转属继承国，被继承国即丧失对该国家档案的权利，而继承国则取得对该国家档案的权利等
11	《教科文组织关于保护和保存活动影像的建议》	1980年UNESCO大会第21届会议通过	倡议各会员国采取法律和技术上的措施，保存与维护各国的电影遗产

续表

序号	公约名称	颁布时间与组织	相关内容
12	《联合国教科文组织关于艺术家地位的建议》	1980年9月23日至10月28日UNESCO大会第21届会议通过，1997年6月16日至20日实施	在改善艺术家地位的立法和动员有关的艺术家组织和协会方面，起了重要作用。指出艺术创作活动将构成未来的文化遗产；在社团中推动文化艺术，例如涉及文化发展、文化遗产包括民俗及其他传统艺术家的活动等
13	《关于保护可移动文化遗产的建议》	1978年11月28日UNESCO大会第20届会议通过	"文化遗产除了不可移动文化遗产外，也包括文献形态的可移动物品，即作为记录和传递知识、思想的文献遗产"，并主张采用"风险的预防"和"风险的保险"以加强保护
14	《教育、科学和文化物品进口协定议定书》（简称《内罗毕议定书》）	1976年UNESCO大会第19届会议通过	是对1950年联合国教科文组织第5届会议在佛罗伦萨通过的《佛罗伦萨协定》重新审定后形成的议定书，是关于教育、科学和文化物品进口的准则性文件和使用指南
15	《关于在国家一级保护自然和文化遗产的建议》	1976年11月16日UNESCO大会第17届会议通过	使文化和自然遗产在社会生活中发挥积极的作用，并把当代成就、昔日价值和自然之美纳入一个整体政策；这种与社会和经济生活的结合必定是地区发展和国家各级规划的一个基本方面
16	《保护世界文化与自然文化遗产公约》	1976年11月16日UNESCO大会第17届会议通过	各缔约国可自行确定本国领土内的文化和自然遗产，并向世界遗产委员会递交其遗产清单，由世界遗产大会审核和批准。凡被列入世界文化和自然遗产的地点，都由其所在国依法严格予以保护
17	《美洲国家保护考古历史及艺术遗产公约》（圣萨尔瓦多公约）	1976年6月16日美洲国家组织各成员国政府制定并生效	鉴于美洲各国特别是拉丁美洲各国所遭受本国文化遗产被持续不断地掠夺和侵吞，并考虑到此类劫掠行为破坏并损减考古、历史及艺术财富这些本国民族特性存有并向后代传送其文化遗产的基本义务；该项遗产仅于美洲各国间最成功合作范围内通过对这些财产的相互欣赏与尊重方能得到保护和保存；在各成员国已反复表明其愿意建立保护并管理考古、历史及艺术遗产的标准的情况下，展开最有效保护并寻回文化珍品而采取的国家级和国际级步骤

续表

序号	公约名称	颁布时间与组织	相关内容
18	《要求宗主国将他们所占有的艺术品和文稿归还原来所有国的决定》	1972年由不结盟运动缔结	主张通过和平方式将战时掠夺的可移动文化遗产归还原来的所有国
19	《关于禁止和防止非法进出口文化财产和非法转让其所有权的方法的公约》（简称《巴黎公约》）	1970年11月14日联合国教科文组织第16届大会通过	承认被外国占领的国家，直接和间接地被迫出口或转让其文化财产的所有权，应被视为非法；承认有关国家要求索回或归还流失的文化财产，是其正当的权益；缔约国要求收回流失的文化财产，可以向联合国教科文组织请求技术援助。应尊重由其负责国际关系的领土内的文化财产，并应采取一切适当措施禁止和防止在这些领土内非法进出口和非法转让文化财产
20	《保护考古遗产的欧洲公约》	1969年5月6日欧洲理事会于伦敦通过	各缔约国保证遵守：禁止并制止非法发掘；采取必要措施，以确保通过特别许可发掘仅委托给合格人员进行；保证对所获结果的控制与保护。并主张采用遗址整体保护政策，划定一定范围作为考古保护区，在考古区内，各国政府应当保证区域内的环境风貌与遗址本体相适应，而不得毁坏、损坏和改变。土地利用必须加以控制并合理开发，以便把对考古遗产的破坏降到最低限度
21	《关于保护公共或私人工程危及的文化财产的建议》	1968年11月19日UNESCO大会第15届会议通过	建议各成员国应采取为在其各自领土内实施本建议所规定的原则和规范所可能需要的任何立法或其他步骤，各成员国提请负责公共或私人工程的当局或行政部门，以及负责保存和保护古迹和历史、艺术、考古和科学遗址的机构的注意和重视
22	《国际文化财产保护与修复研究中心章程》	1963年4月24日国际文化财产保护与修复研究中心全体大会第二次会议通过	国际文化财产保护与修复研究中心履行：收集、研究和传播有关保护和修复文化财产的科技资料；在这一领域协调、鼓励和开展研究，尤其是通过委托团体或专家、国际会议、出版物和专业人员的交流来开展上述工作；在有关文化财产保护和修复的普遍或专门问题上提出建议或忠告；在培训研究人员和技术人员及提高修复工作水准方面提供援助

续表

序号	公约名称	颁布时间与组织	相关内容
23	《关于适用于考古发掘的国际原则的建议》	1956年12月5日 UNESCO大会第9届会议通过	考虑到虽然各个国家更直接关心在其领土上所作考古发现，而国际社会作为整体也因这些发现更为富有；考虑到人类历史包含着对各不同文明的认识，因此，从总体利益上有必要对一切考古遗存加以研究，并尽可能予以保存和妥善保管；确信负责保护考古遗产的各国当局应遵循由经验证明并由各国考古机构付诸实践的某些共同原则，乃至为需要；认为尽管对发掘的管理首先并且主要属各国国内管辖，但该原则应同一种广泛理解并自由接受国际合作的原则相协调
24	《关于在武装冲突情况下保护文化财产的公约》及《附加议定书》（又称第一议定书）和《实施条例》	1954年5月14日苏联、美国、英国等50个国家于海牙签订	在1899年与1907年的《海牙公约》和1935年4月15日的《华盛顿条约》的基础上制定。缔约各方承允尊重在其领土内的以及在其他缔约各方领土内的文化财产，不得为任何目的对财产及其直接相关或用以保护此项财产的设备做任何使用，如果使用的目的可能在发生武装冲突时使此项财产遭受到毁灭或损失，并不得采取针对此项财产的任何敌对行为。禁止将被占领土的文化财产运往境外，要求有关方面归还已被运往境外的文化财产，禁止文化财产被用来当作战争赔偿
25	《教育、科学和文化物品进口协定》（简称《佛罗伦萨协定》）	1950年11月22日 UNESCO大会第6届会议通过	关于文化财产在国际上自由流通的准则性文件和使用指南
26	《关于保护艺术和科学机构以及历史纪念物的遗产的》（简称《华盛顿条约》）	1935年4月15日泛美联盟缔结	又称《罗埃里奇条约》，制定了在武装冲突中保护艺术和科学机构及历史纪念物的各项原则

注：据相关资料整理。

可移动文化遗产国际法是在人类文化遗产遭受战争、武装冲突的严重损毁的历史背景下产生的,并迅速发展成为可移动文化遗产保护的重要手段。尤其是1954年《关于武装冲突情况下保护文化财产公约》的颁布和实施,系统而具体地制定了文化遗产保护的各项规章制度,在可移动文化遗产保护国际法的发展过程中具有里程碑的意义。此后至今,经历了1978年通过的《关于保护可移动文化遗产的建议》后,开始从文化多样性保护、遗产保护的角度进行立法。这些立法中,机关在保护体系、保护原则、保护范围、保护模式等方面不断发展,但可移动文化遗产依然贯穿其中,是不可忽视的重要内容,并呈现出保护理念科学化、法律渊源多元化、保护手段趋硬化、国内国际保护机制趋同化的发展趋势。

3.1.1.2 可移动文化遗产保护国家立法概况

可移动文化遗产保护相关法律法规是指与可移动文化遗产相关各个行业、领域的立法,也就是可移动文化遗产各个组成部分(例如艺术品、图书、档案等)的立法。

如前文所述,法国是可移动文化遗产保护立法的先行者。20世纪40年代以后,随着遗产概念逐渐扩大,可移动文化遗产保护的范围在增加,法国保护可移动文化遗产的法律实践也随之产生了变化。例如,1941年6月23日的法令涉及艺术品的进出口问题(1958年11月7日法令修改);1941年9月27日的法律包含了考古发掘规则;第45—2098号法令包含了法律的行政实施规则(1945年9月13日);第64—203号法令对文化事务部部长领导下的、负责编制国家文化遗产和艺术财产总清单的国家委员会做了规定(1964年5月4日);第68—786号法令关于可移动文化遗产交易人的规定(1968年8月29日);1968年12月31日的法律旨在推进国家艺术遗产的保护;第71—858号法令关于历史遗迹的法律(1971年10月19日);第77—1524号法令关于"历史文化遗产高级委员会"的法令(1977年12月28日);第78—1063号法令关于"考古最高委员会"的法令(1978年11月7日);第80—532

号法令关于保护公共文化财产以防其被蓄意破坏的特别法(1980年7月15日);第81—255号法令关于制裁故意买卖艺术品及收藏品行为的法令(1981年5月3日)。这一切使得可移动文化遗产保护法在法国日趋成熟。

除法国外,意大利的文化遗产立法也在世界可移动文化遗产立法史上具有重要地位。1939年6月1日,意大利制定了1089号关于保护艺术品和历史文化财产的法律,将"具有古钱币学价值的物品"以及"具有珍奇特点的手稿、手迹、通信、重要文件、古书、典籍、印刷品和铭刻"等作为法律调整的对象,从保存维护制度、安全制度、转让、转移、进出口、寻找和发现的规定、复制、征用等方面进行了规定;1961年12月21日,意大利制定了关于保护具有艺术和历史价值的物品的规定的1552号法律,就修复的费用、紧急情况等方面对1089号法律进行了补充;1975年3月13日,意大利又制定了关于保护国家考古、艺术和历史财产的措施,就紧急处理、新的制裁规定等方面进行了明细的规定;不仅如此,保护遗产还被写进了意大利共和国宪法,宪法第九条明确规定:"意大利共和国负责对国家的艺术、历史遗产和景点进行保护。"不仅制定了一系列文化遗产法律,意大利甚至拥有目前世界上唯一的一支专门保护文化遗产的武装部队,"文物宪兵"直接听命于文化部部长[①],这在文化遗产保护的立法历史上又树立了一座里程碑[②]。

在法国和意大利的带动下,与其毗邻的欧洲国家纷纷开始了可移动文化遗产保护的立法历程,此后是世界其他国家,由此掀起了可移动文化遗产保护国内立法的高潮,见表3-2。

[①] 邹健. 借鉴攻略[N/OL]. [2011-04-29]//假日100天. 2004-09-03(8). http://past.tianjindaily.com.cn/docroot/200409/03/jra/03080101.htm.

[②] Virgil Stefan Nitulescu. Notes Concerning the Movable Cultural Heritage Legislation in Romania (1946-1989) [EB/OL]. [2011-05-02]. http://www.mnir.ro/publicat/anuar/11/virgil.html.

表 3-2　　　　代表性国家可移动文化遗产保护法律①

序号	国家	加入国际/地区公约情况	主要法律名录
1	法国	《关于武装冲突情况下保护文化财产公约》（1957年9月17日生效）	1913年12月31日关于历史文化遗产的法律（至1970年12月23日历经15次修订）；1924年5月18日的法令；1941年6月23日的法令涉及艺术品的进出口问题（1958年11月7日修改）；1941年9月27日的法律包含了考古发掘规则；第45—2098号法令包含了法律的行政实施规则（1945年9月13日）；第64—203号法令对文化事务部部长领导下的、负责编制国家文化遗产和艺术财产总清单的国家委员会做了规定（1964年5月4日）；第68—786号法令关于可移动文化遗产交易人的规定（1968年8月29日）；1968年12月31日的法律旨在推进国家艺术遗产的保护；第71—858号法令关于历史遗迹的法律（1971年10月19日）；第77—1524号法令关于"历史文化遗产高级委员会"的法令（1977年12月28日）；第78—1063号法令关于"考古最高委员会"的法令（1978年11月7日）；第80—532号法令关于保护公共文化财产以防其被蓄意破坏的特别法（1980年7月15日）；第81 255号法令关于制裁故意买卖艺术品及收藏品行为的法令（1981年5月3日）
2	意大利	—	1939年6月1日制定1089号关于保护艺术品和历史文化财产的法律；1947年12月27日将可移动文化遗产保护写进意大利共和国宪法；1961年12月21日制定关于保护具有艺术和历史价值的物品的规定的1552号法律；1975年3月13日众议院和参议院颁布《关于保护国家考古、艺术和历史财产的措施》

---

① 表中各国均没有将图书馆法、档案法以及《保护世界文化与自然遗产公约》列入其中。

续表

序号	国家	加入国际/地区公约情况	主要法律名录
3	原联邦德国	《关于武装冲突情况下保护文化财产公约》(1967年11月11日生效);《保护考古遗产的欧洲公约》(1975年4月21日生效)	《保护德国文化财产以防其出口法》(1955年8月6日);除了联邦立法外,有关包括柏林在内的11个州的立法,特别是保护纪念物法保护着可移动文化财产和纪念建筑
4	加拿大	《关于禁止和防止非法进出口文化财产和非法转让其所有权的方法的公约》(1978年6月28日生效)	关于从加拿大出口文化财产和向加拿大进口非法从外国出口的文化财产法(1975年6月19日)
5	澳大利亚	—	1976年的《历史性古船保护法》和《土著居民托雷斯海峡岛民遗产保护法》;1979年发布的澳大利亚《ICOMOS文化遗产宪章(巴拉宪章)》(1981年、1988年修订);1986年制定的《可移动文化遗产保护法案》(1999年修订)
6	日本	—	1950年5月30日在《古寺庙保护法》《史迹、名胜、自然纪念物保护法》《国宝保护法》的基础上通过《文化财产保护法》(1975年7月1日修订,此后不断完善)
7	奥地利	《关于武装冲突情况下保护文化财产公约》(1964年6月25日生效);《保护考古遗产的欧洲公约》(1975年2月27日生效)	1918年12月5日通过关于禁止出口具有历史、艺术、文化价值物品的法律(1958年修订);1921年12月23日法律公报第1922/1号有关公开拍卖销售权法;1923年9月25日颁布《纪念物保护法》(1959年3月25日修正);1931年1月19日颁布《文献保护法》(法律公报1959年第52号)(1959年5月18日)

续表

序号	国家	加入国际/地区公约情况	主要法律名录
8	斯洛伐克	—	1987年颁布文化遗产保护法；1994年制定独立修复者及其修复活动的法案；1998年保护博物馆和艺术廊物品的法律；2001年由议院修订了文化遗产法
9	智利	—	第17288号法律关于国家纪念物的法律（1970年1月27日；1970年9月9日的第17341号法律、1970年12月14日的第17577号法律以及1979年5月5日的《法令法》修正）；第52号最高法令对考古学、人类学、古生物学意义的物品作了限制（1961年1月13日）；16441号法律第43条涉及具有历史价值的物品的出口问题（1966年2月22日）；17236号法律关于促进国家文化艺术遗产的实际运用和传播（1969年11月12日，1979年5月5日的《法令法》修正）；3858号法律关于17236号法律的实施细则（1970年10月29日）
10	阿尔及利亚	《关于禁止和防止非法进出口文化财产和非法转让其所有权的方法的公约》（1974年9月24日生效）	《关于发掘并保护历史及天然遗址纪念物的法令》（1967年12月20日）
11	巴基斯坦	《关于武装冲突情况下保护文化财产公约》（1959年6月27日生效）；《关于禁止和防止非法进出口文化财产和非法转让其所有权的方法的公约》（1981年7月30日生效）	《印度地财法》（1878年，1891年修订）；《古物出口规则》（1979年）；《考古发掘及出口规则》（1977年）；《古物法》（1975年，1977年、1978年予以修订）

续表

序号	国家	加入国际/地区公约情况	主要法律名录
12	印度	《关于武装冲突情况下保护文化财产公约》(1958年9月16日生效);《关于禁止和防止非法进出口文化财产和非法转让其所有权的方法的公约》(1977年1月24日生效)	《古纪念物和考古遗址遗迹法案》(1958年);《古物和艺术财富法案》(1972年, 1976年修订);《印度地财法》(1878年, 1949年修订); 1976年7月2日的通告、1976年12月1日的通告, 两通告与1972年的《古物和艺术财富法案》有关; 2002年颁布的《生物多样性法》
13	埃及	《保护世界文化与自然文化遗产公约》	1983年8月12日第117号法令颁布《中华人民共和国文物保护法》

注：据相关资料整理①。

上述国家法中，无论其名称如何界定，都是针对可移动文化遗产自身或其组成部分进行保护的法律法规，因此，归属于可移动文化遗产保护国家法。

3.1.2 可移动文化遗产保护专门法律法规的现状

目前，关于可移动文化遗产保护专门法律法规主要体现在以下层面。

第一，国际法层面上的可移动文化遗产保护。

最早的关于可移动文化遗产保护的法律是法国1913年关于历史文化遗产的法律。该法律不仅规定可移动文化遗产的范畴是指"具有历史、艺术、科学、技术价值的财产"，而且提出了保护的措施。专门的可移动文化遗产保护法律则追溯到1978年11月28日UNESCO第20届大会会议通过《关于保护可移动文化遗产的建议》，是目前唯一的可移动文化遗产保护专门法律②。

---

① 国家文物局. 文物保护工程管理法规选编[M]. 北京：文物出版社, 2003.

② Protection of Movable Cultural Heritage Act 1986[EB/OL]. [2014-07-20]. http://www.comlaw.gov.au/Details/C2004C00170.

上述《关于保护可移动文化遗产的建议》共分四章，即定义、总则、建议之措施和国际合作。

《关于保护可移动文化遗产的建议》在"定义"部分，对"可移动文化财产"和"保护"的定义做了界定。认为"可移动文化财产"为人类创造或自然进化的表现和明证，并具有考古、历史、艺术、科学或技术价值和意义的一切可移动物。而"保护"是指如下所述风险的预防和保险："风险的预防"系指为在一综合保护体系内护卫可移动文化财产免受该等财产所可能遭受的每一风险，包括起因于武装冲突、骚乱或其他公共秩序混乱的风险所需的一切措施；"风险的保险"系指在由于任何风险，包括产生自武装冲突、骚乱或其他公共秩序混乱的风险而造成的可移动文化财产的损坏、退化、变形或丢失情况下的赔偿担保，而不问此种保险的实现系通过政府担保与赔偿制度，或是通过由国家以可减或超额损失的安排部分承担风险，或是通过商业或国家保险，或是通过相互保险安排。

《关于保护可移动文化遗产的建议》在"总则"部分，提出虽然可移动文化财产既包括属于国家或公共机构的也包括属于私人机构或个人的物品。但是这些财产均构成各有关国家文化遗产的要素，因此对于诸如损坏、退化和丢失的各种风险的预防和保险，应被视为一个整体。另外，还指出了可移动文化遗产保护所涉及的相关问题，如可移动文化遗产保护的相关责任者作用的发挥，公众的合作，适宜的存放、展览、运输及环境条件，保护技术与修复工厂的发展，有关艺术品和其他文化遗产的犯罪，保护和风险预防等。

《关于保护可移动文化遗产的建议》还从风险预防措施、控制措施、改进风险保险的资金来源的措施、博物馆及类似机构一级的措施四个方面提出了建议之措施，并就各成员国加强国际合作方面提出建议。

第二，国家法层面上的可移动文化遗产保护。

澳大利亚、中国等国家对可移动文化遗产保护进行专门的立法，或者相关条款中涉及可移动文化遗产的保护。

1986年，澳大利亚联邦司法部颁布针对可移动文化遗产保护的专门法律

The Protection of Movable Cultural Heritage Act 1986（PMCH Act），即《可移动文化遗产保护法案》。该法律的宗旨是保护澳大利亚可移动文化遗产并支持其他国家的可移动文化遗产保护，共包括总则、进出口控制、管理、实施细则和其他条款六个部分①。

澳大利亚《可移动文化遗产保护法案》关于可移动文化遗产的定义，该法第二章"进出口控制"中明确指出"澳大利亚可移动文化遗产"是指对澳大利亚具有重要意义的或者作为澳大利亚特殊组成部分的，具有重要民族、人类、历史、文学、艺术、科学或者技术价值的文化遗产，具体包括以下类别：①从澳大利亚的土地和内陆水资源、沿海和大陆架水域、海床、海底土壤等挖掘发现的文物；②与澳大利亚的原始部族和托雷斯海峡群岛土著居民后代相关的文物；③民族艺术文物或民族史志；④军事文化遗产；⑤装饰艺术品；⑥美术作品；⑦科学技术遗产；⑧图书、文件、档案、照片、图像、影片、电视带、录音带等文化遗产；⑨其他规定的遗产类型。可见，澳大利亚对可移动文化遗产的界定更为宽泛具体。

澳大利亚《可移动文化遗产保护法案》第二章严格规定了澳大利亚可移动文化遗产的进出口要求，分别列举了进口和出口的违法操作和行为，并进一步详细阐释了特定可移动文化遗产出口和特定机构出口可移动文化遗产的授权许可问题。第三章详细说明了澳大利亚国家文化遗产委员会的组成、功能、辞退辞职、报酬津贴、公开权益、会议、专家、谈判等方面的规定。第四章则对国家文化遗产基金委的信用、目的、税务等问题进行了详细说明，值得注意的是，澳大利亚赋予国家文化遗产基金委的收入和交易可以免于任何国家、州或地区的税务。第五章从海关检查员的任命与职责、海关检查员的身份认证、搜查令的使用与操作、紧急搜寻、逮捕权限、遗产没收与保留、没收告知、法律程序、没收后的处理结果、外国的遗产召回请求处理、罪行起诉与判决等方面对本法如何实施进行了详细说明和规定。此外，该法

---

① Australian Government ComLaw. Protection of Movable Cultural Heritage Act 1986[S/OL]. [2014-08-08]. http：//www.comlaw.gov.au/Details/C2014C00244.

3.1 可移动文化遗产保护法律法规的进展

案还在附注部分给出了该法的立法过程与历次修订情况。

在我国,1982年11月19日第五届全国人民代表大会常务委员会第二十五次会议通过《中华人民共和国文物保护法》,2013年6月29日,第十二届全国人民代表大会常务委员会第三次会议通过《关于修改〈中华人民共和国文物保护法〉的决定》,并自公布之日起施行①。这是目前国内涉及可移动文化遗产保护问题的重要国家法律,是国内可移动文化遗产保护立法工作的重要基础。

《中华人民共和国文物保护法》总则第三条明确指出了可移动文化遗产的范畴及等级划分方法:历史上各时代重要实物、艺术品、文献、手稿、图书资料、代表性实物等可移动文物,分为珍贵文物和一般文物;珍贵文物分为一级文物、二级文物、三级文物。这样清晰的界定概念范围和价值等级为可移动文化遗产的鉴定和保护提供了法律依据。

《中华人民共和国文物保护法》在总则第五条中还明确指出了可移动文化遗产的所有权问题,"下列可移动文物,属于国家所有:①中国境内出土的文物,国家另有规定的除外;②国有文物收藏单位以及其他国家机关、部队和国有企业、事业组织等收藏、保管的文物;③国家征集、购买的文物;④公民、法人和其他组织捐赠给国家的文物;⑤法律规定属于国家所有的其他文物"。此外,还强调属于国家所有的可移动文物的所有权不因其保管、收藏单位的终止或者变更而改变。这些规定为可移动文化遗产的所有权问题提供了法律依据。该法第七章还对个人及有关单位蓄意破坏、不正当使用、非法买卖文物等行为的判定与处罚措施等进行了说明,这些都适用于可移动文化遗产法律问题。

除了《中华人民共和国文物保护法》外,我国一直高度重视与可移动文化遗产保护相关的立法工作,在积极加入已有的国际可移动文化遗产国际法的同时,还制定了一系列可移动文化遗产国内法律法规,见表3-3。

---

① 国务院法制办公室. 中华人民共和国文物保护法[S/OL]. [2014-08-08]. http://www.chinalaw.gov.cn/article/fgkd/xfg/fl/200804/20080400045339.shtml.

表 3-3　　　　　中国代表性可移动文化遗产保护法律

序号	法律、法规名称	制定时间与组织	与可移动文化遗产保护相关的内容
1	《文物复制拓印管理办法》	2011年1月27日国家文物局发布	为加强文物复制、拓印管理，根据《中华人民共和国文物保护法》《中华人民共和国文物保护法实施条例》和国务院有关行政审批的决定制定
2	《关于加强田野文物安全工作的紧急通知》	2010年12月1日国家文物局发布	为坚决遏制盗窃盗掘古遗址、古墓葬和石窟寺、石刻案件高发势头，确保田野文物安全的规定
3	《国家文物局关于进一步发挥文化遗产保护志愿者作用的意见》	2010年7月20日国家文物局发布	加强宣传普及工作，广泛介绍文化遗产知识，增强公民依法保护意识，积极培养文化遗产保护志愿者。营造保护文化遗产人人有责、文化遗产保护成果人人共享的社会环境，形成有利于文化遗产保护的舆论氛围
4	《文物认定管理暂行办法》	经2009年8月5日文化部2009年第3次部务会议审议通过，由文化部于2009年10月1日颁布施行	为规范文物认定管理工作，根据《中华人民共和国文物保护法》制定
5	《中华人民共和国文物保护法》	根据2007年12月29日第十届全国人民代表大会常务委员会第31次会议《关于修改〈中华人民共和国文物保护法〉的决定》第二次修正	第一章　总则；第二章　不可移动文物；第三章　考古发掘；第四章　馆藏文物；第五章　民间收藏文物；第六章　文物出境进境；第七章　法律责任；第八章　附则
6	《博物馆管理办法》	中华人民共和国文化部令第35号，经2005年12月22日文化部部务会议审议通过，自2006年1月1日起施行	第一章　总则；第二章　博物馆设立、年检与终止；第三章　藏品管理；第四章　展示与服务；第五章　附则

续表

序号	法律、法规名称	制定时间与组织	与可移动文化遗产保护相关的内容
7	《文物进出境审核管理办法》	2007年7月3日文化部部务会议审议通过，自2007年7月13日起施行	为加强为文物进出境审核管理而制定
8	《文物出境审核标准》	2007年4月3日国家文物局第4次局务会议审议通过	我国文物处境审核参照标准
9	《世界文化遗产保护管理办法》	2006年11月14日文化部部务会议审议通过并予以施行	共22条，确立了文化遗产保护的方针、主体以及其他相关问题
10	《国家级非物质文化遗产保护与管理暂行办法》	2006年10月25日文化部部务会议审议通过，自2006年12月1日起施行	国家出台的关于非物质文化遗产的收集、保护、传承的法律法规
11	《文物行政处罚程序暂行规定》	2004年12月16日文化部部务会议审议通过，自2005年1月24日起施行	规范文物行政部门的行政处罚行为，国务院文物行政部门以及县级以上地方各级文物行政部门，对违反中华人民共和国文物保护法律、法规的行为实施行政处罚的，适用本规定
12	《国家文物局文物保护科学和技术创新奖励办法（试行）》	2004年7月6日国家文物局发布	鼓励和表彰在文物保护科学和技术方面有重要发明创造或者其他重要贡献的单位或者个人
13	《文物保护科学和技术研究课题管理办法》	2003年8月8日经国家文物局第26次局长办公会议审议通过	为加强对文物保护科学和技术研究课题的管理而制定，共7章40条
14	《中华人民共和国文物保护法实施条例》	经国务院第8次常务会议通过，2003年7月1日起开始实施	条例共8章64条，包括总则、不可移动文物、考古发掘、馆藏文物、民间收藏文物、文物出境进境、法律责任和附则

续表

序号	法律、法规名称	制定时间与组织	与可移动文化遗产保护相关的内容
15	《文物出国(境)展览管理规定》	1997年7月1日，国家文物局	为加强文物出国(境)展览的统一管理，严格审批程序和权限，确定保护出国(境)展览的文物安全，使文物出国(境)展览更好地弘扬中华民族优秀文化，为我国改革开放事业和总体外交路线服务，取得最佳社会效益和经济效益而制定
16	《中华人民共和国考古涉外工作管理办法》	1990年12月31日国务院批准，1991年2月22日国家文物局令第一号发布施行	为了加强考古涉外工作管理，保护我国的古代文化遗产，促进我国与外国考古学术交流而制定，适用于在中国境内陆地、内水和领海以及由中国管辖的其他海域，中国有关单位同外国组织和国际组织所进行的考古调查、勘探、发掘和与之有关的研究、科技保护及其他活动
17	《全国文物事业统计报表制度》	1991年1月5日国家文物局发布	文物事业统计报表制度是文物事业统计工作的重要组成部分。文物事业统计年报是通过定期全面调查的方式，对文物事业发展的规模、水平、质量和速度进行全面的考核和监督，及时准确地向各级领导机关和有关职能部门提供反映全国文物事业发展现状的、准确的统计数据和分析资料，为研究文物事业方针、政策，制定文物事业发展战略、规划和计划服务，为各级领导机关决策提供依据
18	《中华人民共和国档案法》	1987年9月5日第六届全国人民代表大会常务委员会第22次会议通过；根据1996年7月5日第八届全国人民代表大会常务委员会第20次会议《关于修改〈中华人民共和国档案法〉的决定》修正	共6章27条，内容涉及档案机构及其职责、档案管理、档案的利用与公布、法律责任等

续表

序号	法律、法规名称	制定时间与组织	与可移动文化遗产保护相关的内容
19	《禁止珍贵文物图书出口暂行办法》	1950年5月24日	为保护我国文化遗产，防止有关革命的、历史的、文化的、艺术的珍贵文物及图书流出国外而制定，并规定了禁止出口的文物图书具体类别

注：据相关资料整理。

通过法国、意大利等国的可移动文化遗产保护国内法可以看出，各国基本上是在遵照可移动文化遗产国际法的前提下，制定本国的可移动文化遗产专门法律或者与之相关的法律法规，其理念和宗旨是一致的，即保护和传承人类的可移动文化遗产。归纳起来，可移动文化遗产保护的国际立法与国内立法存在差异，需要进一步加以分析。

(1) 国际法与国内法的比较分析

通过上述分析可知，目前可移动文化遗产保护法律主要包括国际法和国内法两部分，二者有机结合、互为补充，共同构成可移动文化遗产保护法律法规体系。从法律性质和功能上看，二者尚未形成明确的分工和差异，呈现一种复合状态。

第一，无论是国际法还是国内法，都已出现可移动文化遗产保护的单行法。国际法中有联合国教科文组织的《关于保护可移动文化遗产的建议》；国内法中有澳大利亚、立陶宛和意大利等国的《可移动文化遗产保护法》。虽都是单行法，但是从内容条文上看，规定也不尽相同。

第二，无论是国际法还是国内法，绝大多数是与其他法律相结合。国际法中，《保护世界文化与自然遗产公约》《关于在武装冲突下保护文化财产的海牙公约》《关于蓄意破坏文化遗产问题的宣言》等是针对整个文化遗产保护而言的，包含了保护可移动文化遗产的成分。国内法中，希腊于1932年8月9日生效的《希腊共和国5351号古物法》是针对所有"普通古物"而言的，包括不可移动文化遗产(如建筑物)、可移动文化遗产(如书画、刻印艺术等)两大类。此外,还有《中华人民共和国文物保护法》也包含了不可移动与可移动文物(文化遗产)的保护。

第三,无论是国际法还是国内法,从有关可移动文化遗产保护的法律条文与内容上看,都有其侧重点,对可移动文化遗产保护全面完整的立法并不多见。如国际法中的《关于武装冲突情况下保护文化财产公约》《关于禁止和防止非法进出口文化财产和非法转让其所有权的方法的公约》《关于国家对国家财产、档案和债务的继承的维也纳公约》等;国内法中,我国1950年的《禁止珍贵文物图书出口暂行办法》、巴基斯坦1979年的《古物出口规则》(1979年)等,这些法律法规都具有较强的针对性,不能包括可移动文化遗产保护的全部内容。

(2)不同国家间比较分析

由上述分析可知,目前世界很多国家都制定了自己的可移动文化遗产法律,对这些国家的可移动文化遗产法律法规进行比较,可以发现其间的联系与区别。

第一,大多数国家将可移动文化遗产立法纳入相关专门法律。例如,奥地利1931年出台的《文献保护法》;美国(1848)、英国(1850)、日本(1899)、瑞士(1905)、苏联(1920)、前捷克斯洛伐克(1919)、比利时(1921)、丹麦(1920)、芬兰(1928)、挪威(1935)、韩国(1955)、匈牙利(1956)、伊朗(1964)、波兰(1968)、前民主德国(1968)、保加利亚(1970)等国制定的图书馆法①;美国、法国、中国等国制定了档案法等,都是包含在可移动文化遗产保护立法的范围内。

第二,各国可移动文化遗产保护法律的内容纲要大同小异,见表3-4。

---

① 绝大多数国家制定有多种图书馆法,如挪威的《图书馆法》(1935)、《学校公共图书馆法》(1971)等。笔者只列举了其中最早的图书馆法(多为公共图书馆法)的制定时间。关于法律制定的时间,也有不尽一致的表达。例如,美国新罕布什尔州第一个州图书馆法制定的时间就有三种说法:1847年(传子《各国图书馆门槛一览》)、1848年(黄宗忠《图书馆法》)、1849年(于丽英《试论中国图书馆立法的条件、障碍及对策》)。

表 3-4　　代表性国家可移动文化遗产保护法律内容纲要

序号	国　家	法律条文内容纲要
1	法　国	受保护的可移动文化遗产的定义、保护的范围、考古发掘和意外发现、犯罪和刑罚、负责保护的机构和部门
2	原联邦德国	受保护财产的定义、保护的规定、负责和刑罚、负责保护的机构和部门
3	奥地利	受保护文化财产的定义、意外发现和考古发掘、犯罪和刑罚、负责保护的机构和部门
4	加拿大	受保护财产的定义、保护的范围、制裁与惩罚
5	智　利	受保护财产的定义、所有权及其使用制度、保护的范围、考古发掘和意外发现、奖罚、负责保护的机构和部门
6	澳大利亚	定义的解释、进出口控制、管理、国家文化遗产账目、法律的执行
7	阿尔及利亚	受保护财产的定义、所有权及其使用制度、保护的范围、考古发掘和意外发现、犯罪和刑罚、犯罪保护的机构和部门
8	印　度	受保护的可移动文化遗产的定义、保护的范围、考古发掘和意外发现、犯罪和刑罚
9	巴基斯坦	受保护的财产的定义、保护的范围、考古发掘和意外发现、犯罪和刑罚、负责保护的机构和部门
10	日　本	所有权的概念、制度以及使用受保护文化财产的条件、保护的范围、意外发现和考古发掘、起诉和刑罚、负责保护的机构和部门

注：据国家文物局法制处《外国保护文化遗产法律文件选编》改写。

第三，各国可移动文化遗产保护法律中关于可移动文化遗产的界定存在着明显的区别，见表 3-5①。

① 本书第 2 章罗列了近十种可移动文化遗产的定义，尽管并不全是从有关法律条款中摘录的，但仍可略见定义方面的分歧。

表 3-5　　　　代表性国家可移动文化遗产概念的法律界定

序号	国　家	关于可移动文化遗产的界定
1	法　国	法国 1913 年关于历史文化遗产的法律则规定：可移动文化遗产是指"具有历史、艺术、科学、技术价值的财产，保护它们是为了公共利益"（第 14 条）。
2	前联邦德国	前联邦德国 1955 年《保护德国文化财产以防其出口法》中则将可移动文化遗产的定义是指"艺术品及其他文化财产，包括图书资料。"（第 1 条）
3	印　度	印度的《古物和艺术财富法》规定："古物"和"艺术财富"归属于可移动文化遗产。其中，"'古物'包括：(a)(1)钱币、雕刻品、油画、碑文、其他艺术品和技艺；(2)从建筑物和墓穴中分离出来的物品；(3)科学图解、艺术实例、技艺、文学作品、宗教信条、风俗习惯、道德规范及昔日的政治制度；(4)具有历史价值的物品；(5)被中央政府在政府公报上公布为古物的 100 年艺术的文章和物品。(第 1 条)(b)具有历史、科学、文学、美学价值的，75 年以上的手稿、笔录和其他文献。"（第 32 条）
4	日　本	日本的《文化财产保护法》则将可移动文化遗产包含在"有形文化财产"中，即"建筑物、图片、雕塑品、实用美术品、手迹、经典著作、古文献及其他在日本或对日本具有极高历史价值并有艺术价值的有形文化产品（包括土地和其他物品，它们组合在一起就具有此种价值）、考古标本及其他具有相当高科学价值的历史材料。"（第 2 条第 1 款）

由表 3-5 可见，各国有关可移动文化遗产保护的法律在可移动文化遗产的范围界定上各有侧重，印度部分地包括了无形遗产，日本等则囊括了可移动自然遗产，即具有考古学、人类学、古生物学意义的自然物品的进出口保护。

(3) 形成国家与时间比较分析

从可移动文化遗产保护法律的形成国家和形成时间上看，文明的、发达的地区或国家的法律产生和发展得早些，也相对成熟一些，而欠发达或不发达地区或国家的法律演进得晚些。这是因为法律是人类社会发展到一定水平的产物，各个国家和区域的文明发展程度不同，国家的整体生产力水平和综合实力不同，可移动文化遗产保护法律的发展水平可能不同；各国接受、采用可移动文化遗产这一概念有早有晚，国民的可移动文化遗产保护意识有高有低，各国可移动文化遗产保护法律的产生和发展自然就存在着时间上的差别。这主要表现在两个方面。

一方面，制定可移动文化遗产保护法的国家分布具有相对不平衡性。目前，澳大利亚、立陶宛、意大利等国家制定了可移动文化遗产保护的法律，而绝大多数国家并没有建立类似的法律。从单行法的角度上看，意大利最早提出了保护可移动文化遗产的方法；从可移动文化遗产及其组分保护的角度上看，法国于1913年提出了保护艺术品等可移动文化遗产保护的法律，2002年修订的《中华人民共和国文物保护法》将"可移动文物"列入法律的范围。这都说明目前全球范围内关于可移动文化遗产保护的法律法规体系并不是十分完善，需要加强建设。

另一方面，国际公约的缔约国数量及国家分布具有相对不平衡性。从缔约国数量上看，1972年通过的《保护世界文化与自然遗产公约》则是目前加入缔约国最多的国际公约之一，现有178个缔约国[①]；1954年通过的《海牙公约》现有108个缔约国；而同年通过的《第一议定书》目前为止只有87个缔约国[②]，这从一个侧面反映了各国加入国际公约的时间差异。从参与国际公约的国家分布看，澳大利亚、立陶宛、意大利不仅加入了《保护世界文化与自然遗产公约》，而且制定了可移动文化遗产保护方面的专门法律；而日本等大多数国家并没有加入国际可移动文化遗产保护公约，这反映了国际公约缔约国分布的不均衡性，但是这并不影响国家可移动文化遗产保护法律的

---

① 世界遗产缔约国[EB/OL].[2011-04-12]. http://www.guwh.com/u/u013.htm.
② 关于保护文化财产的《海牙公约》第二议定书生效[EB/OL].[2011-02-13]. http://www.un.org/chinese/News/fullstorynews.hasp?news newsID=1259.

制定。

上述比较分析表明，可移动文化遗产保护法律的形成和发展并不是单一的模式，不可能寻找到一种超越于不同民族、地域、国家和时代的完全统一的演进历史，其内容、形式、分布等极其复杂多样，由此导致可移动文化遗产在形成、演变、传播和发展过程中都呈现出复杂性和多样性。

首先，可移动文化遗产保护法律的产生具有复杂性和多样性。可移动文化遗产保护法律不是超越社会、孤立存在的本体，而是一个时代自然环境和社会环境综合作用下的产物，其产生与社会的政治、经济、文化、法律和自然条件等密不可分。法国启蒙思想家、资产阶级国家学说和法学理论的创始人和奠基者孟德斯鸠(Charles Montesquieu，1689—1755)在其名著《论法的精神》开篇中指出："从最广泛的意义来说，法是由事物的性质产生出来的必然关系。"①他认为法律的产生和诸多因素有关，并把所有这些关系的总和叫做"法的精神"。一般认为，法律演变的过程中存在两类可变因素：一类是环境因素，分为地理因素(气候、地理位置、土壤等)、社会、经济因素(生产方式、人口、财富和贸易等)、文化因素(宗教、传统和习惯等)；另一类是"纯粹政治因素(如政体的性质和原则)"②。正是由于这些可变因素的影响，法的演进在不同的地域才会有不规则的变化，呈现出局部有序而整体无序的复杂性状态。

其次，可移动文化遗产保护法律的演变具有复杂性和不确定性。"法不是从来就有的，也不是一开始就具有完全成熟的形态，它经历了一个长期渐进的形成和发展过程。"③法律一经产生，需要经历由低级形态向高级形态、由简单形态到复杂形态的演进过程。可移动文化遗产保护法同样需要遵循这个规律，其中最明显的特征是随着遗产保护概念的变化而不断予以修订。在

---

① 孟德斯鸠. 论法的精神[M/OL]. [2011-01-18]. http://courseware.imu.edu.cn.
② 舒国滢. 法的演进：过程、式样和趋势[EB/OL]. [2011-01-30]. 法制日报，2010-04-12. http://www.civillaw.com.cn/weizhang/default.asp?id=18665.
③ 舒国滢. 法的演进：过程、式样和趋势[EB/OL]. [2011-01-30]. 法制日报，2010-04-12. http://www.civillaw.com.cn/weizhang/default.asp?id=18665.

遗产保护的早期，主要是针对古建筑物和纪念碑的保护；20世纪30年代扩大到包含艺术品的保护；到20世纪60年代末又包含了自然遗产的保护；再到20世纪末扩大到"人类口头和无形文化遗产"的保护。在这个过程中，很多国际公约和可移动文化遗产国内法都经历了多次修订：法国关于历史文化遗产保护和关于艺术品的进出口法案的修订达15次之多；印度的《古物和艺术财富法案》分别于1972年和1976年两次修订；巴基斯坦的《古物法》分别于1977年和1978年予以修订；智利的关于国家纪念物的法律分别于1970年9月9日的第17341号法律、1970年12月14日的第17577号法律以及1979年5月5日的《法令法》3次修正等。修订是为了使可移动文化遗产保护法日臻完善，但是其演变没有特定的规律，且有可能遇到阻碍，并因此呈现出不确定性。

最后，可移动文化遗产保护法律的传播也具有复杂性的一面。随着社会经济、政治等可变因素的发展，会逐渐产生区域或国家法律上的差异，形成发达的"轴心文明"①。"轴心文明"利用文化势能，引导、推动、传播自己的文化，使得其他国家依靠地域之便主动接受，或者是在强权之下被迫接受，最终使得非轴心文明和轴心文明的文化产生了冲击并逐渐融合为一体。从欧洲对文化遗产保护的历史来看，也存在类似于"轴心文明"的发展历程。

可移动文化遗产保护法律的复杂性和多样性表明，可移动文化遗产保护法律只有在实践活动中不断发展和完善，才可以真正成为人类可移动文化遗

---

① 根据香港中文大学中国文化研究所所长陈方正博士的观点，"轴心文明"于公元前8世纪至2世纪在以色列、希腊、波斯、印度和中国各地几乎"同时"出现，以具有"超越"意识为特征的宗教与哲学运动，包括西方的希腊哲学、犹太教（和随后的基督教），印度的耆那教与佛教以及中国的儒教等。它们具有对现在政治、社会秩序与文化观念的强烈反省与批判意识，以及更高理想境界的追求，从而获得超越地域、种族局限的普世性。在过去两千余年间，轴心文明所赋予的精神力量一直是人类历史发展的基本动力，甚至是"人"这一历史文化观念的塑造者，人之所以为"人"的价值与思想根源。轴心文明出现最令人感到惊讶之处，就是其"同时性"，亦即在原始交通情况下，相距万里之遥的不同地区，竟然在短短数百年间，同时出现相类的"超越突破"（陈方正. 全球未来文明展望：憧憬与疑惑[J]. 21世纪，2000）。

产的守护神。

3.2 可移动文化遗产保护法律法规体系的健全

"国际法的国内化，国内法的国际化，国际法与国内法的互动，都是全球化时代立法发展的一个特点和主要内容，加入或者卷入全球化过程的各个国家，概莫能外地要受到影响。"①因此，要完善可移动文化遗产保护法律体系，不仅需要各国法律与国际法的有效对接，而且需要健全各国可移动文化遗产保护法律体系。

3.2.1 国际法的融合与完善

《关于保护可移动文化遗产的建议》《关于保护公共或私人工程危及的文化财产的建议》《关于禁止和防止非法进出口文化财产和非法转让其所有权的方法的公约》等国际条约从不同侧面对可移动文化遗产保护作出了规定。但从法律内容上看，这些法律的焦点集中在可移动文化遗产进出口方面的控制，并非完整意义上的保护，例如缺乏技术层面的应用原则和方法等。因此，从保护的要求上看，需要从广义的范围制定一部包括可移动文化遗产保护的完整意义的国际法，从技术、管理、教育、培训、合作等方面作一个总体的规定。

3.2.2 国际法与国内法的对接

经济和信息的全球化对法律产生了前所未有的影响。国际上，国际商贸、市场准入、证券期货、商务税务、信息交流、环境和公害、人口和移民、国际犯罪等，使得越来越多的法律现象进入全球化过程。可移动文化遗

---

① 李林.全球化与中国立法发展[EB/OL].[2011-01-05].http://www.jcrb.com/zyw/n111/ca62039.htm.

产保护的立法也莫不如此。表3-1表明，自1913年法国制定可移动文化遗产保护法律之后，全球可移动文化遗产保护的国际立法在近半个世纪内发展得非常缓慢。从20世纪60年代末至今，有关国际公约数量则平稳地增长，在20世纪末21世纪初表现得尤为明显。

在加强可移动文化遗产保护国际立法的同时，各国立法也开始学习、借鉴、吸收甚至移植国际立法的成功经验，注重同国家立法接轨。与此同时，国际法也受到国内法的影响。由此可见，国际法在国内法中的适用是一个比较复杂的问题，这首先表现为国际法对这个问题并没有明确的、统一的规定，通常由各国宪法自行规定。各国法律体系的差异导致了国际法在各国发生的效力千差万别。综述各国实践，国际法在国内的适用，往往是吸收国际法的精华，或者采取个别转换、自动纳入的模式①，如图3-1所示。其中，个别转换是指国际条约在国内法发生效力的前提是国际条约在本质上是不能直接在国内适用的，必须由国家通过个别立法来实施条约。采用这一方式的国家有英国、英联邦国家、爱尔兰及北欧国家等。自动纳入方式是国家一旦缔结或加入某一国际条约，该国际条约便自动地成为国内法的一部分，无需经过转化即可在国内法中直接适用。采用这一方式的国家有美国、奥地利、法国、荷兰、日本、俄罗斯、乌克兰、阿塞拜疆、吉尔吉斯斯坦等。

由于自动纳入方式既简便易行，又减少了中间环节，因此，应该成为可移动文化遗产保护国内法与国际法对接的主要方式。

尽管国际立法和国家立法都是非常复杂的，但对于可移动文化遗产而言，由于这些遗产本身是民族的，同时也是组成世界多样性的不可缺少的部分，任何遗产的损失和破坏都是世界各国的损失，因此，和贸易、经济方面的法律相比较，全球可移动文化遗产保护方面的法律更容易达成共识，这为国际法在国内的适用奠定了基础。即使如此，两者也并非没有矛盾。一旦发生冲突，国际上有两种解决方法：国际法优先（如德国、意大利等）和国内法

---

① 唐颖侠. 国际法与国内法的关系及国际条约在中国国内法中的适用[J]. 社会科学战线，2003，121(1)：178.

3 可移动文化遗产保护法律法规体系

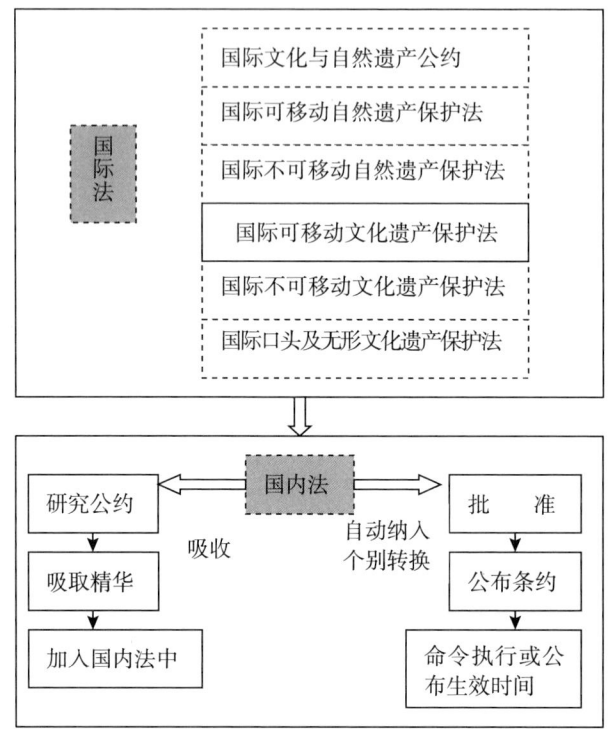

图 3-1 遗产保护国际法与国内法的关联

优先(如英国、美国、法国、荷兰等)。对于文化遗产保护法而言,需要采取国际法优先的原则,这与国际法自动纳入方式并不矛盾。只有这样,国内法和国际法才能实现有效的对接,两者逐渐形成一种开放式的态势,达到和谐统一。

3.2.3 国内法体系的构建与完善

仅仅将国内法和国际法进行对接还是远远不够的,各国需要根据自己国家的法律体系结构制定和完善可移动文化遗产保护法律。

(1)立足国家特色制定可移动文化遗产保护法律

"不论是哪一个国际宣言、宪章、公约都没有也不可能排除根据本国、本民族、本地区的实际情况和它们的特色来制定保护文化遗产的法律法规和具体的办法。"[①]直接纳入国际法固然值得称道,但也不能无视国情,千篇一律地用同一尺度进行衡量。制定本国的可移动文化遗产保护法律时,需要从本国的实际出发,强调本国的特色。"外来的东西""在本土得到发展必须适合与适应本国的土壤,和本国的条件相结合,这是一个再生的过程。"[②]例如,智利、加拿大的可移动文化遗产保护法中,对违法行为都制定有处罚措施,但这些处罚措施并不相同:智利有罚有奖,而加拿大则只罚不奖;智利要负民事、刑事责任,并予以经济制裁,而加拿大则以罚款和监禁为主,也可能被起诉,见表3-6。造成这种差异的原因是多方面的,例如有政治、文化、经济条件等方面的差异,但从客观上又形成了特色。

(2) 营造"金字塔"式可移动文化遗产保护国内法

目前,全球可移动文化遗产立法存在三种现象:其一,除了法国、智利、加拿大、澳大利亚等国制定有专门的法律外,许多国家并没有制定这样的单行法,无法同国际法接轨;其二,有些国家将可移动文化遗产立法与国内的《遗产法》(如埃及)或《文物法保护》(如中国)相结合,即《遗产法》或《文物法保护》中将可移动文化遗产及其保护单独列为条款加以规定;其三,很多国家制定有保护艺术品的法律及(或)图书馆法、档案法、文献法,即对可移动文化遗产的组成成分(详见本书第1章)进行了立法,但缺乏总体上的立法。从总体上看,可移动文化遗产保护国内立法是欠缺的,因此,各国需要建立和完善本国可移动文化遗产保护的法律体系。

第一,从宪法上规定对遗产(包括可移动文化遗产或其组成成分)的保护。

第二,明确国际法在国内的适用方式。尽管这是一个复杂的问题,但全球化背景对这种要求越来越强烈,逐渐成为一个不可忽视的问题。美国、奥地利、法国、荷兰、日本等国从宪法上规定了对国际法的自动纳入,为全球可移动文化遗产保护提供了范例。

---

① 罗哲文.中国文化遗产的特色[J].中国文化遗产,2004(1):9.
② 李文儒.全球化下的中国博物馆[M].北京:文物出版社,2002:16.

3 可移动文化遗产保护法律法规体系

表 3-6　智利、加拿大关于可移动文化遗产保护的处罚条款

国别	智　利	加　拿　大
依据	1970 年 1 月 27 日第 17288 号法律	1975 年 6 月 19 日法
具体条款	第 38 条 任何人毁灭、损坏国土上的图字遗迹、残片或存放在博物馆内的这类物品，都将按刑法典第 485 条和第 486 条的规定予以处罚，并应承担相应的民事责任。 第 39 条 公务员违反本法的规定，或帮助他人违反本法的规定，将被给予行政纪律处分，还应承担相应的民事刑事责任。 第 40 条 从事违反本法的规定的，亦将按本法的规定予以处罚。 第 41 条 非故意违反本法的规定的，将被处以行为人最低工资额的 1 倍至 5 倍的罚款；同时违反普通法的，按普通法的规定论处。 第 42 条 举报违反本法规定的行为的举报人，将获得罚款额的 20%的奖金。 第 43 条 本法提及的最低工资额，应理解为圣地亚哥的有关部门中的 A 类最低月工资	第 34 条 除非根据按本法发放的许可证，否则任何人不得从加拿大出口或试图出口包括在文化财产控制清单之内的任何物品。 第 35 条 根据本法获得许可证被授权从加拿大出口物品的人，都不得转让或允许未经此授权的其他人使用其许可证。 第 36 条 任何人都不得故意提供伪造的或误导性的信息资料，也不得(a)在根据本法申请许可证时，(b)为了达到根据本法获得许可证之目的或(c)在根据本法使用出口许可证或者处置与此类许可证有关的任何物品时故意作出误述。 第 37 条 任何人都不得从加拿大出口或企图进口根据第 31 款属非法进口加拿大的任何物品。 第 38 条 (1)任何人都不得从加拿大出口或企图出口根据第 31 款(3)已被提起诉讼且诉讼正在进行中的任何物品；(2)任何人都不得从加拿大出口或企图出口根据第(1)小款(5)已作出决定的任何物品，除非根据第 31 款(8)由通信部长发放的许可证。 第 39 条 (1)违反第 34~38 款规定的行为都是犯罪行为并有可能：(a)立即被处以5 000元①以下的罚款或者被判处 12 个月以下的监禁或并处罚款和监禁。(b)判处25 000元以下的罚款或判处 5 年以下的监禁或并处罚和监禁。(2)自愿提出主要犯罪事实起诉后 3 年内随时都可根据第(1)段提起新的诉讼的。 第 40 条 当一个团体犯下本法所述罪行时，该团体中任何指挥、授权、批准、默许或参与了此次犯罪的官员、领导和代理人均属有罪并集团犯罪，应立即或经起诉予以制裁，不管这个团体是否被提起诉讼或是已被处罚过。 第 41 条 根据本法犯罪案件中的诉讼应确认，审理或设立在加拿大国境内的犯罪地或者在诉讼时被指控的犯罪人有居所、办公地或商业场所等地方进行。 第 42 条 如果从正本或副本提货单、海关文件、商业发票或其他文件(下文称为"运输文件")中可以看出：(a)物品是被运出或送出加拿大或者运入加拿大的；(b)物品是由运货人、发货人或收货人从加拿大运出或送出的或是由其带入加拿大的；(c)物品被运到指定的目的地或个人，在根据本法起诉运送此物品时，运输文件可以接受的证据，并在缺少反证的情况下，是(a)(b)或(c)段所述事实的证据

资料来源：国家文物局《外国保护文化遗产法律文件选编》。

---

① 加拿大法中所提及的"元"指加元。

第三，形成可移动文化遗产保护专门法律。各个国家都需要制定一部可移动文化遗产保护的专门法。

第四，需要建立相应的地方法规，以适应地方法律体系，并便于操作。

第五，专门针对档案、图书等可移动文化遗产组分保护的立法没有必要，但在修订《中华人民共和国档案法》、出台新的《中华人民共和国图书馆法》时，其中有关保护的条款需要站在遗产保护的高度进行分析，这是非常必要的。

第六，相关法如《继承法》《领海法》等法律也需要有与可移动文化遗产保护法相匹配的规定。

这样，各种法律组成一个"金字塔"式的结构，使得保护可移动文化遗产有法可依，便于实践过程的操作。

(3) 根据实践不断修正可移动文化遗产法律条文

法律在实践中产生，也在实践中不断完善，其完善是一个过程。"法律体系的形成本身就是一个不断发展、日积月累、动态严谨的过程，在法律体系进化的生命停止之前，都可以根据某种相对的标准来宣告它'形成'或者'达到'了境界。"[①]随着本国可移动文化遗产保护实践活动的发展，新情况、新问题将不断出现，可移动文化遗产保护法律的条文和内容也需要不断地进行修正，以适应和满足实践发展的需要。如法国的《保护历史古迹法》产生于1913年12月31日，此后随着法国遗产保护事业的发展，先后经过1921年12月31日、1927年7月23日、1941年8月27日、1941年9月29日、1943年2月25日、1951年5月24日的法律，以及1958年10月23日、1959年1月7日、1961年4月18日的法令，和1962年7月21日、1966年12月30日的法律，1969年2月6日、1969年8月28日、1970年9月10日的法令，1970年12月23日的法律修订，成为目前可移动文化遗产保护法律中修订最多的一部法律，也由此奠定了其权威性。此外，可移动文化遗产概

---

① 李林. 全球化与中国立法发展 [EB/OL]. [2011-01-05]. http://www.jcrb.com/zyw/n111/ca62039.htm.

念的变化、发展也是可移动文化遗产保护法律的主要原因之一，前文已有论述。

总之，可移动文化遗产保护法律法规体系是可移动文化遗产保护事业可持续发展的坚实基础和重要保障，各个国家应该和相关国际组织一道，积极参与和支持可移动文化遗产保护国际法的制定与推广实施，同时立足国情认真制定本国的可移动文化遗产保护法律法规，促进本国和全世界可移动文化遗产保护事业在良好的法制环境下取得长足发展。

4 可移动文化遗产保护技术体系

技术是可移动文化遗产保护的主要手段,也是档案保护、图书保护和馆藏文物保护的重点。在档案遗产保护相关的活动中,技术性保护占据主导地位[1]。在文物保护领域,技术性保护也起着非常重要的作用,并形成了技术性保护的传统[2]。从可移动文化遗产保护涉及的各个领域的实践看,技术都起着不可替代的作用,因此,本书将技术体系作为可移动文化遗产保护各子体系之重要部分进行研究。

以《保护数字遗产宪章》[3](Charter on the Preservation of Digital Heritage)为依据,可移动文化遗产可以通过其载体进行分类,即将可移动文化遗产分为实物性的和数字化两大类,由此形成了实物型可移动文化遗产和数字型可移动文化遗产两大阵列。二者都是亟待保护的对象,但采取的技术手段有所不同。实物型可移动文化遗产的保护需要采取的技术手段很多,包括环境控制、杀虫、去酸、去酸等,广为我国档案、图书、文物部门所运用。数字化可移动文化遗产的保护则需要利用数字化技术、信息存取技术、数据库技术等现代技术,开始在我国可移动文化遗产保护机构应用。

---

[1] 周耀林.基于层次分析法的档案遗产保护策略研究[J].档案学研究,2005(6):21.

[2] 康忠镕.文物保护学基础[M].成都:四川大学出版社,1995:5.

[3] Charter on the Preservation of Digital Heritage [EB/OL]. [2014-02-06]. http://portal.unesco.org/en/ev.php-URL_ID=17721&URL_DO=DO_TOPIC&URL_SECTION=201.html.

4.1 实物型可移动文化遗产保护技术

正如前文所言,技术手段的运用一直是我国档案、图书、馆藏文物保护的重中之重,这一直是我国可移动文化遗产保护的传统。

可移动文化遗产保护技术可以根据技术实施的对象、环节以及技术本身的特性等进行分类。不仅如此,基于上述特性,仍可以进一步划分子类。例如,从实施对象的制作机理上看,档案文献遗产一般由有机质地、无机质地、复合材料类构成①,因此其保护技术可以分为纸质保护技术、瓷器保护技术、简竹保护技术、铁器保护技术、铜器保护技术、磁带保护技术、光盘保护技术等;依据实施对象所处的领域,可移动文化遗产保护技术可以分为档案保护技术、图书保护技术、文物保护技术等;从实施对象所处的状态上看,可移动文化遗产作为一个整体,是由部分和个体构成,因此,其保护技术可以分为整体的保护技术、部分的保护技术和个体的保护技术。由此可见,全面地认识实物可移动文化遗产的保护技术是一个比较复杂的问题。

目前,国内外均倾向于从技术环节角度来认识实物可移动文化遗产保护技术,但尚未达成一致意见。例如,我国通常将保护技术分为保护和修复两个部分②,也存在物理性保护和修复③、延缓性保护和再生性保护④的划分方法。我国台湾地区文化资产维护系暨研究所庄兴业将文物保存(文化遗产保护)专业分成保存科学(Conservation Science)、文物的维护(Collection Conservation)与修复(Restoration)⑤。菲律宾将保护技术分成预防性保护

---

① 康忠镕. 文物保护学基础[M]. 成都:四川大学出版社,1995:7.
② 郭莉珠. 档案保护技术教程[M]. 北京:中国人民大学出版社,2000:1.
③ 国家档案局教育处. 档案保护技术学概要[M]. 北京:档案出版社,1987:1.
④ 冯惠芬,李景仁. 图书档案保护技术手册[M]. 北京:档案出版社,1992:1.
⑤ 庄兴业. 文物保存概论[EB/OL]. [2011-06-07]. http://www.chc.yuntech.edu.tw/essay/000159.html.

(Preventive Conservation)和治理性保护(Curative Conservation)两大环节,前者包括控制区域环境的存储条件,例如温度、湿度和光线;后者包括现行的处理,例如去酸、消毒等①。欧美地区近年来通行的划分方法是将保护技术分为预防性保护(Preventive Conservation)、治理性保护(Curative Conservation)和修复(Restoration)三个相互衔接的环节②,这是本书展开论述的依据。

4.1.1 预防性保护技术

(1)预防性保护的界定

"Preventive Conservation"(英语)或"Conservation Préventive"(法语)是近十年来国际文化遗产保护界使用频率非常高的专业词汇。邢素萍将其译为"预防性保护"③,庄兴业则将其译为"预防性维护"④。

预防性保护最早是在1930年罗马的国际会议上提出的,当时仅限于对博物馆温、湿度的控制。20世纪70年代,国际文化财产保护与修复研究中心(ICCROM)在11个国家的26个博物馆推广了预防性保护理念;到了90年代,这一理念逐渐成熟了起来。目前,预防性保护的代表性观点如下。

国际图联(IFLA)认为,预防性保护是"采取措施防止藏书损坏或减缓其损坏速度,如:制定长期保护计划;建立并维护适于资料储存、使用与陈列的环境;开发适当的管理与入藏程序;采用文献批量处理(脱酸处理)及其他图书保护与处理的专门技术;装订易损资料;开展对工作人员、用户及图书保护人员的培训与教育工作;制定标准与非损坏处理程序;研制并使用'永

---

① Conservation Archives [EB/OL]. [2011-01-12]. http://www.aam-rcam.org/conserve.htm.
② 周耀林. 法国图书馆的图书保护[J]. 中国图书馆学报,2003(2).
③ [印]凯思帕利亚,著. 邢素萍,译. 档案的保护技术[M]//[美]彼得·瓦尔纳,主编. 孙钢,等,译. 现代档案与文件管理必读. 北京:档案出版社,1992:454.
④ 庄兴业. 文物保存概论[EB/OL]. [2011-04-07]. http://www.chc.yuntech.edu.tw/essay/000159.html.

久性'材料等。"①

国际文化财产保护与修复研究中心(ICCROM)指导的"第二预防性保护合作小组"(Teamwork for Preventive Conservation 2)于 1999 年 2 月达成共识:"预防性保护是在不危及物品真实性的前提下,延迟任何形式的、可以避免的损害所采取的必要的措施和行动。"②

加拿大文化财产保护协会和专业保护者协会职业准则提出:"预防性保护是所有的减缓文化遗产恶化和损毁的行为的总称,即通过一定范围内的策略和过程的确认与执行,包括照度、环境条件、空气质量、害虫综合管理、处理、包装、运输、展览、储存、维护、利用、安全、防火、突发事件的准备和应答。预防是一个正在进行的过程,该过程贯穿文化财产的始终,即使是在人为的介入下,也不会终止。"③

美国历史和艺术作品保护研究所(AIC)认为,预防性保护是通过对下列政策和程序的明确表达和执行来减轻文化财产的恶化和损毁:适当的环境条件;藏品储存、展览、包装、运输和利用的处理和维护过程;综合的害虫管理;危机的准备和应答;重定格式/复制④。

Eléonore Kissel 认为,预防性保护是一门科学,其目标是减少物品降解

---

① 丘东江,等. 国际图联(IFLA)与中国图书馆事业(上)[M]. 北京:华艺出版社,2002:241-242.

② McGreevy J P. Preventive Conservation and the Néprajzi Múzeum — A View from Abroad[EB/OL]. [2011-07-07]. http://www.neprajz.hu/preventiv/publikaciok/hirlev_e_3.shtml.

③ CODE OF ETHICS of the Canadian Association for Conservation of Cultural Property and of the Canadian Association of Professional Conservators[EB/OL]. [2011-03-07]. http://www.capc-acrp.ca/code%20of%20ethics%20and%20glossary.htm.

④ AIC Definitions of Conservation Terminology CODE OF ETHICS of the Canadian Association for Conservation of Cultural Property and of the Canadian Association of Professional Conservators [EB/OL]. [2011-07-17]. http://www.colorado.gov/dpa/doit/archives/cpa/articles/genera/aic.htm.

的危险①。这一观点秉承了巴黎第一大学文化遗产保护-修复部（Section des Conservation-restauration, Université de Paris 1）的理论传统。

仔细研究欧美预防理论和欧洲国家预防性保护策略后可以发现，预防性保护的目的和核心是尊重遗产的真实性，它对于变化的物品的保护"至关重要"，"有助于确保所有的文化财产物品的安全"。② 因此，预防性保护是施加于可移动文化遗产保管环境的整体性、综合性行为，以减缓藏品的恶化和损毁。

（2）预防性保护的因子

可移动文化遗产的预防性保护侧重其外部的整体性、综合性。可移动文化遗产的损毁是内因和外因共同作用的结果，其中，外因是指外部环境，是可移动文化遗产损毁的主要条件，并通过内因而发生作用；内因是指可移动文化遗产损坏的根本动力，是由其自身老化变质的内在规律决定的。正如美国盖蒂保护研究所（GCI）的 Jim Druzik 所言："由于内在的和外界的影响，藏品降解了。"③这反映了可移动文化遗产在内因和外因作用下的必然趋势。

然而，可移动文化遗产一旦形成，正常条件下，其内因（结构与成分）相对不变或者变化甚慢，而外因则对其保管具有相对重要的影响。因此，为了保持可移动文化遗产的真实性和完整性，需要重点加强对其外部环境的控制。Jim Druzik 认为："（内因和外因）这两个因素中，外因的影响比遗产内在的不稳定性要大得多。已经流传了五百年的藏品，其内部结构颇为稳定。

---

① Eléonore Kissel. De l'usage du Restaurateur en Conservation Preventive CODE OF ETHICS of the Canadian Association for Conservation of Cultural Property and of the Canadian Association of Professional Conservators[EB/OL]. [2011-07-18]. http://www.ifrance.com/ffcr/pdevue/ kissel.htm.

② SFIIC. Préserver les Objets de son Patrimoine：précise de Conservation Preventive[M]. Belgique：Pierre éditeur, 2001：11.

③ Jeffrey Levin. Preventive Conservation CODE OF ETHICS of the Canadian Association for Conservation of Cultural Property and of the Canadian Association of Professional Conservators [EB/OL]. [2011-07-17]. http://www.getty.edu/conservation/publications/newsletters/7_1/preventive.html.

因此,当其发生降解时,完全是环境的作用。"①庄兴业也持有相同的观点,他认为:"环境是导致文物劣化的主要因素,它包括光线、温度、湿度和空气污染物等。"②这些研究一致表明,环境是造成可移动文化遗产劣化与毁灭的主要原因。因此,预防性保护行为在很大程度上取决于对可移动文化遗产保存环境的了解与控制。

"环境"有两重含义:①周围的地方;②周围的情况和条件③。本书第3章第1节中详述了研究机构和学者对可移动文化遗产环境的不同认识。这些分析方法都具有一定的合理性。如果进一步对其进行归纳,可以将其分为人为因素和自然因素两大部分,而后者可以进一步划分为物理因子、化学因子、机械因子、生物因子等。

1) 人为因素

战争、盗窃、损毁、非法盗卖是可移动文化遗产保护的大敌。不恰当的处置或疏失,如搬运不慎、包装不当、持拿失衡、倒置、放置不稳等,都可能造成遗产的损毁。从古代遗产被掠夺、近代圆明园劫后被焚到2003年伊拉克国家博物馆被抢,战争对于可移动文化遗产的破坏罄竹难书。中外的"图书劫""文物劫"不少是由战争带来的。近年来,由于人为因素造成的可移动文化遗产损失屡屡发生。2002年,俄罗斯圣彼得堡一家图书馆馆藏牛顿撰写的珍藏首印本《力学原理》被盗④。再如,2004年1月5日,一群人聚众闹事,闯入印度郊外的布汗达科东方研究所(BORI),破坏与盗窃了数以百

---

① Jeffrey Levin. Preventive Conservation CODE OF ETHICS of the Canadian Association for Conservation of Cultural Property and of the Canadian Association of Professional Conservators [EB/OL]. [2011-08-27]. http://www.getty.edu/conservation/publications/newsletters/7_1/preventive.html.

② 庄兴业. 文物保存概论[EB/OL]. [2011-02-19]. http://www.chc.yuntech.edu.tw/essay/000159.html.

③ 中国社会科学院语言研究所词典编辑室,编. 现代汉语词典[M]. 北京:商务印书馆,1988:490.

④ 牛顿的"苹果"被盗[EB/OL]. [2011-06-11]. http://www.xhby.net/x小时bw/gb/content/2002-11/14/content_152879.htm.

计的书籍、手稿(包括棕榈叶手稿)和珍贵的工艺品①。

2) 自然灾害

由于洪水、地震、火灾(如雷电起火、电器火灾、吸烟引发火灾、易燃药品起火)等自然灾害引发的遗产破坏更是触目惊心。2001年6月的热带风暴中,美国休斯敦大学法律图书馆的17.5万册法律图书、120万张缩微胶片、4千立方英尺档案文件被毁②。2002年的捷克和德国洪灾中,大量的可移动文化遗产被洪水淹没。2004年底的印度洋海啸对文化遗产的破坏更是无从统计。

- 物理因子

物理因子主要指环境的温湿度和光线。

热带国家和地区常常面临温湿度的问题。温度对可移动文化遗产的破坏作用主要是通过促使可移动文化遗产制成材料"大分子相转变"和"改变化学反应活化能"两种途径实现的③。前者发生的是物理变化,后者导致化学反应速度的改变。温度与反应速度之间的这种关系可以表达为:

$$K=\lg A+Ea/RT$$

式中,K 为速度常数,Ea 为反应活化能,A 为特征常数,R 为 8.134J/mol·K,T 为绝对温度。一般可将 Ea 看成常数。这样,K 值随着温度的升高而增加是显而易见的。

湿度对于遗产的破坏作用体现在直接和间接两个方面④。直接破坏作用

---

① Vasantha Surya. Heritage Destroyed CODE OF ETHICS of the Canadian Association for Conservation of Cultural Property and of the Canadian Association of Professional Conservators [EB/OL]. [2011-05-19]. http://www.hindu.com/thehindu/mag/2011/02/01/stories/2011020100200300.htm.

② Master of Disaster Web Site CODE OF ETHICS of the Canadian Association for Conservation of Cultural Property and of the Canadian Association of Professional Conservators [EB/OL]. [2011-05-27]. http://palimpsest.stanford.edu/byorg/abbey/an/an26/an26-6/an26-602.html.

③ 金波. 档案保护技术学[M]. 北京:高等教育出版社,2000:15.

④ 金波. 档案保护技术学[M]. 北京:高等教育出版社,2000:17.

表现在促使藏品含水量的增加或减少,使得藏品的正常含水量不能维持,从而使得材料发生反复的皱缩或膨胀,长此以往会破坏其内部结构,例如,纸张脆化、装订散落、木质干枯等。间接的破坏作用是,水分参与了不同的化学反应,导致遗产载体材料的降解。例如,对于含有纤维素成分的遗产材料而言,水分通过水解反应,促使材料所含纤维素水解,生成水解纤维素甚至降解为葡萄糖,导致了材料结构的破坏。再如,水分可以与环境中的有害气体(二氧化硫、硫化氢等)相结合,产生对遗产载体材料有破坏作用的酸性成分亚硫酸、硫酸等。

不论是自然光线还是人工光线,对可移动文化遗产都可以产生一定危害,"对含磨木浆的纸张(如新闻纸)和含微量铁、不很纯的纤维素,或大量树脂的纸张的影响最为显著"①。事实上,光辐射具有潜伏性、积累性和热效应,对各种遗产都会产生破坏,对有机质地的遗产(丝织品、竹简、纸张、磁带等)的破坏作用更甚。以磁性材料为例,光的热效应使磁记录档案的分子运动加快,磁分子的原有排列遭到破坏,必然会影响到它的耐久性。胶片感光层中明胶的熔点较低,受热效应的作用影响,明胶容易软化,胶片发生粘连,影像失真。这种破坏与光的种类、强度、曝光量等因素有关。各类光线中,紫外线的危害最大,是预防的重点。

- 化学因子

化学因子是危害遗产的化学物质,如空气污染、酸性成分、添加剂、外在物质的影响等。

"空气污染通常只是大城市和使用含硫燃料的工业区的问题。"②随着酸雨范围的扩大以及全球气候的恶化,空气污染越来越严重,也越来越普遍。

---

① [马来西亚]约翰·戴威斯,著,杜梅,译. 从马来西亚的特殊情况看文件的保护工作[M]//[美]彼得·瓦尔纳,主编,孙钢,等,译. 现代档案与文件管理必读. 北京:档案出版社,1992:422.
② [马来西亚]约翰·戴威斯,著,杜梅,译. 从马来西亚的特殊情况看文件的保护工作[M]//彼得·瓦尔纳,主编,孙钢,等,译. 现代档案与文件管理必读. 北京:档案出版社,1992:423.

据统计，空气中含有的有害成分有 100 多种，其中对可移动文化遗产危害最大的有二氧化硫、硫化氢、二氧化氮、氯气、臭氧等。尤其是二氧化硫，当纸张中含有微量的铁或铜时，即使是低浓度的二氧化硫，也会转变为破坏性很强的硫酸。

早在 20 世纪初，科学家就发现酸是纸张变黄发脆的"种子"。事实上，除了纸张以外，其他类型的遗产（不论是有机的还是无机的）都不同程度地遭受到酸的危害。通常认为，酸可以加速多种化学反应，是化学反应的催化剂。研究表明，一旦纸张中产生了硫酸，它就会不断地积累，直到达到 1%左右。此时，它会迅速地破坏纸张结构，使纸张脆化。

灰尘是飘浮在空气中的固体杂质的总称。它来源于自然界的变化、变迁，也产生于人类的生产、生活。灰尘（例如沙土、煤烟等的微粒）被风带入博物馆、图书馆或档案馆库内，污染可移动文化遗产不仅影响藏品的外观，而且磨损藏品，影响某些记录性载体（纸质文件、磁带等）的阅读，对遗产的寿命造成了一定的影响。有时候，灰尘本身往往带有一定的酸碱性，一旦落到遗产上，就给遗产本身带来了酸碱性，造成了酸性或碱性危害。

- 机械因子

机械因子主要是在可移动文化遗产的动态保管过程中发生的，例如在包装和展览过程中造成的磨损，在开启包装的过程中不小心污染或划伤遗产，在剧烈震动等放置或存取过程中造成的机械性破坏等。

- 生物因子

生物因子主要包括微生物、害虫和啮齿动物。

全世界已知的微生物有 30 多万种。其中，能够降解可移动文化遗产的微生物就有 100 多种。微生物对可移动文化遗产的破坏在热带地区表现得特别严重。一般地，环境相对湿度越高，微生物越容易滋生和繁殖。危害遗产的微生物除了肉眼可见的污染外，还通过生命活动分泌出各种酶或产生各种分解物，催化生物化学反应，从而促使遗产载体发生降解。

昆虫约占动物种类的 2/3，有"永不衰落的家族"之称。害虫是变温动物，这使得其适应能力强，呈世界性分布。害虫的最适生长发育温度一般为 22℃~37℃，但可以在 4℃~40℃ 的温度范围内生长，这给害虫控制带来了困难。

总之，以上各种人为的、自然的因素对可移动文化遗产都能够造成一定的破坏。这些破坏既有可见的破坏(Visible Destroying)(洪灾、火灾、盗窃等)，也有看不见的破坏(Invisible Destroying)(温湿度、光线、灰尘的破坏等)，而后者容易被忽视，需要引起足够的重视和警觉。

(3) 预防性保护技术

从内容上看，可移动文化遗产的预防性保护技术主要包括防高温高湿技术、防光技术、防有害气体技术、防尘技术、防火技术、防盗技术等①。

• 防高温高湿技术

鉴于高温高湿对可移动文化遗产的破坏作用，温、湿度控制已经成为各国可移动文化遗产保护的日常工作之一。简易的通风(机械通风和自然通风)即可以调节温湿度，专用的调湿剂可以调节环境的湿度。欧美国家以焓湿图为依据调控温湿度，热带国家往往结合国情设计了温湿度自动、半自动控制系统。盖蒂保护研究所(GCI)针对北美和欧洲设计的环境控制方法花费过高以及建筑不当的情况，设计了机械系统。目前，空调、除湿机或增湿机与计算机相结合的自动控制系统在大型图书馆、档案馆和博物馆得到了应用。瑞士等国家开发了楼层控制系统(Building Automation，BA)，提供了解决包括温湿度在内的环境控制的良好途径。

• 防光技术

不同国家对照度的要求并不相同。从保护遗产的角度看，光照度越低越好。为达此目的，一方面要控制库房建筑(包括地下洞库)的窗户数量和大

---

① 系统介绍预防性保护技术的内容详见：国家档案局档案科学技术研究所，《新档案保护技术实用手册》编委会，编著. 新档案保护技术实用手册[M]. 北京：中国文史出版社，2013.

小，同时，还可以采用紫外线吸收剂或薄膜处理照具，或者使用长寿命无紫外荧光灯或白炽灯。日本滤紫外薄膜、美国滤紫外有机玻璃、西德滤紫外有机玻璃、中国研制的 KH-1 型滤紫薄膜材料等，均有较好的滤除紫外线的效果。当然，建设地下洞库或用箱柜保管、采用无害材料包装藏品也是防光的有效手段。

- 防有害气体与灰尘技术

首先需要控制有害气体的发生源。对于可移动文化遗产收藏机构来说，需要从库内外两个方面着手：库房外围需要加强绿化，形成良性发展的外部微环境；库房内需要提高其密闭程度，这是防有害气体和灰尘的有效方法。从技术方面看，可以采用活性炭过滤器吸附空气中的有害气体，所采用的滤料主要包括玻璃纤维、石棉、金属丝、膨胀金属、金属箔片、成卷的滤网等，都可以达到预防的目的。此外，铁器、银器、铜器缓释剂对于保护金属遗产也有很好的作用。

- 防微生物技术

微生物可以借助于空气传播，因此，通过净化空气可以达到预防微生物的目的。国外使用高效空气过滤器 HEPA（内装孔径为 $0.3\mu m$ 的醋酸纤维素），过滤后的空气无菌度达 99.97%。科学地控制空气的温湿度、空气中氧气和氮气的浓度以及合理地使用药物（邻苯基苯酚、对硝基苯酚等）可以达到预防的目的。

- 防虫技术

防虫首先需要加强对库房的管理，包括定期清洁、检查等。从技术上看，需要调控库房的温湿度，并辅以适当的药物。传统中药（植物药）的防虫驱虫功能仍然具有重要的开发价值。目前，天然和人工合成樟脑是国内外普遍使用的防虫药剂。

需要说明的是，可移动文化遗产预防性保护技术的内容非常丰富，限于篇幅，只能摘其部分进行简要说明。

4.1.2 治理性保护技术

(1) 治理性保护的界定

同"Preventive Conservation"一样,"Curative Conservation"(英语)、"Conservation Curative"(法语)也是国际保护界使用频率很高的专业词汇。庄兴业将其译为治疗性维护①。从字面意义上理解,可以译为"治理性保护"。治理性保护一直以来都是可移动文化遗产保护的重要内容,其代表性的论点如下。

治理性保护是"采取措施对已损坏的藏书进行补救性的控制与处理,如:对现存馆藏进行重新装订、移库、修复等维护工作,对图书进行个别保护处理与熏蒸、强化等批量保护处理的工作,对文献信息进行同样载体的转换(照相复制、磁带、照相底片)与不同载体的转换(缩微胶卷、缩微平片)等。"②尽管这是针对图书的治理而言的,但对于其他类型的可移动文化遗产同样适用。

治理性保护是"所有的在被损坏物品上进行的工作,以便将遗产从危险中拯救出来"③。

治理性保护主要指"直接着手处理艺术、文化物品,其目的是要断定(注:原文为"当机",疑为"断定")损坏来源,消除毁坏处,并保存原料成分"④。

因此,"治理性保护"是通过外界的干预直接作用于可移动遗产(整体、部分、一组或单个遗产)的保护行为,以消除正在损毁遗产的外界因素,从

---

① 文化资产维护系暨研究所.文物保存概论[EB/OL].[2011-03-27]. http://www.chc.yuntech.edu.tw/essay/000159.html.

② 丘东江,等.国际图联(IFLA)与中国图书馆事业(上)[M].北京:华艺出版社,2002:242.

③ Eléonore Kissel. The Restorer:Key Player in Preventive Conservation[J]. Museum International, 1999, 51(1):35.

④ 简介彩绘木雕的检视[EB/OL].[2011-02-26]. http://www.cca.gov.tw/ancient/ch2/paper2.htm.

而使遗产恢复到健康的状态。

(2)治理性保护技术

简言之,凡是将可移动文化遗产从"病痛"中解救出来的技术都属于治理方面的内容。根据可移动文化遗产遭受"病痛"情形的差异,治理性保护技术往往分为不同的类型:杀虫、除微、去酸、脱水、清洁、去污、加固等①。

- 杀虫技术

库房环境为害虫提供了一个稳定的适于生存的条件。库内一旦有害虫生存,在橱柜或遗产表面会留下虫皮、虫孔或排泄物,甚至可见幼虫、成虫。而可移动文化遗产一旦遭受虫害,需要进行杀虫处理。

中国古代经院有"扫经"的习惯,其优点之一便是查虫、除虫。当代,杀虫更多地采用物理和化学方法。例如,高温(50℃以上、8小时)、低温(-15℃~-22℃环境中,96~190小时)、远红外线辐照(50℃、辐照30分钟)、微波辐照(3.8~4.8千瓦、处理时间60~90秒)、气调(FX-B型铁系脱氧剂)、射线辐照(钴-60)等物理方法杀虫,也可以使用胃毒剂(砷素剂、含氟物)、触杀机(滴滴涕)、熏蒸剂(溴烷、磷化氢、硫酰氟)等化学杀虫法。国外有人采用15种保幼激素类似物试验防治黑皮蠹、烟草甲、花斑皮蠹等10多种仓库害虫,取得了一定的成效,但在库房实践方面目前还只停留在试验阶段。

- 除微技术

微生物常常借助于空气传播,库房的温湿度条件往往比较适合于微生物的生长和繁殖。库房内一旦有了微生物,对可移动文化遗产就构成威胁,因此,需要进行除微处理。

化学灭菌法包括拭抹法、喷雾法、浸渍法、熏蒸法等多种方法。其中,应用得最为广泛的是熏蒸法。甲醛、环氧乙烷是最常用的熏蒸剂。各种物理

---

① 系统介绍治理性保护技术的内容详见:国家档案局档案科学技术研究所,《新档案保护技术实用手册》编委会,编著. 新档案保护技术实用手册[M]. 北京:中国文史出版社,2013.

方法中，真空灭菌(700mm 汞柱以下大气压强)、冷冻灭菌(如低于-20℃温度下维持一段时间)、干燥灭菌(低湿环境下)、微波辐照灭菌(50 万伦琴辐照剂量)、射线辐照(钴-60 或铯-137)等，都可以达到杀灭微生物的目的。

- 去酸技术

19 世纪中叶以来，机械造纸法开始得到推广应用。和手工纸相比，机械纸呈酸性，更易于老化。因此，去酸成为纸质类实物型可移动文化遗产(主要是档案文献遗产)保护的一项紧迫任务。

纸张去酸技术经历了湿法技术、干法技术和气相技术的发展历程。目前，世界范围内既有小规模的手工去酸法，也有大规模的工业化去酸法。

- 脱水技术

经历过水灾或者长期保存于潮湿环境中的可移动文化遗产通常需要采用脱水技术予以处理。半个世纪以来，佛罗伦萨博物馆、柯柏斯基督图书馆、柯尼琉璃博物馆附设图书馆、牛津大学泰勒图书馆等都历经水洗，大量珍贵的书籍、档案和文物遭受水患。此外，长期处于地下水位较高的墓葬的墓葬品也易遭受水害；长期保存于地下室的档案文献和图书古籍等都容易遭受水灾。因此，脱水处理显得十分必要。

目前，脱水的方法主要包括空气干燥法、插页空气干燥法、真空加热干燥法、真空-热空气循环干燥法、冷冻融解真空干燥法、冷冻干燥法、微波干燥法、电介质能量干燥法、溶剂萃取干燥法、真空干燥法、冷冻真空干燥法等。我国对饱水简牍(木器)进行脱水处理取得了成功。2002 年的捷克和德国洪灾中，美国东北文件保护中心(Northeast Document Conservation Center, NEDCC)和英国保护专家对遭受水害的文献遗产进行了脱水处理，取得了良好的效果。

- 去污技术

古籍图书、古代瓷器、古老公文上因年代久远而有时附着一些污点，近代的档案、图书在形成、利用过程中也会形成蜡斑、霉斑、墨水斑等污斑，这都严重影响可移动文化遗产的保护和使用，需要使用去污技术进行处理。

去污时需要根据不同的情况区别对待。例如,油斑、蜡斑在机械方法无法解决时,可以采用苯、四氯化碳、丙酮、酒精除去;色素斑等顽固污斑则可以使用氯胺T、高锰酸钾、过氧化氢、二氧化氯等强氧化剂进行处理。总之,需要针对不同的污斑,因地制宜地制定处理方案。

- 清洁技术

清洁是确保各项治理性保护技术达到效果的基础,通常分为干法和湿法两种。前者主要指机械清理,例如用掸子清扫灰尘;后者往往借助于水、有机溶剂等介质进行。清洁时需要区分可移动文化遗产的状况,尤其是鉴别其水溶性和油溶性状况,有针对性地进行清洁。清洁往往也结合消毒(例如使用低浓度的甲醛溶液)进行。

同样的,可移动文化遗产治理性保护技术的内容也非常丰富,限于篇幅,只摘其部分进行简要说明。

4.1.3 修复技术

(1)修复的定义

"Restoration"(英语)、"Restauration"(法语)的中文意义均为"恢复""修复",并没有什么歧义①②。修复,既可以作为动词使用,也可以作为名词使用。作为名词使用时,其含义是:①修复的行为或被修复的状态,以达到先前的位置或状态;重构;修复到无可匹比的没有损害的或改善的条件;失落牙齿或王冠的重新替代;②修复的东西,特别是原有形式(化石或建筑)的代表或重建;③1660年英国查理二世时修道院的重建;经常和查理二世统治时期相巧合的英国历史阶段,但有时又延伸到詹姆士二世③。一旦应用到文化

---

① 艾迪生·维斯理·朗文出版公司辞典部,编. 朗文当代高级英语辞典[M]. 朱原,等,译. 北京:商务印书馆,1998:1288.

② Dictionaire de l'informatique et d'internet [EB/OL]. [2011-10-19]. http://www.dicofr.com/cgi-bin/n.pl/dicofr/find/restauration.

③ Merriam-Webster Online Dictionary [EB/OL]. [2011-10-26]. http://www.m-w.com/cgi-bin/dictionary?book=Dictionary&va=restoration&x=12&y=16.

4 可移动文化遗产保护技术体系

遗产领域，针对不同的载体，例如纸质①、照片②和雕塑③，其含义不尽一致。

美国历史与艺术作品保护研究所(AIC)认为，"修复是处理的过程，即通过非原始材料的追加使文化遗产回归到一个为人熟知的或假设的状态"④。

在法国，"修复"一词在1992年以前被描述成"施加于文化遗产之上的工作，以提高对遗产的理解力"。自1992年始，它被定义为"所有的直接作用于物品上的行为"⑤。

加拿大文化财产保护协会和专业保护者协会职业道德章程认为，修复是"所有的用来修改文化遗产现存材料与结构的行为，以再现其为人所知的早期的状态。修复的目的是，基于对遗留的原始材料的尊重和藏品的早期状态的明显迹象，揭示文化财产的文化意义方面的特性"⑥。

国际文化财产保护与修复研究中心(ICCROM)前任主任Cesare Brand指出，"修复是确认艺术方法的时机，维持其物理的坚韧性和美学、历史价值，以便流传未来"⑦。

资深保护专家Gaêl De Guichen提出，"修复指任何旨在确保遭受损害的

---

① John N DePew, C Lee Jones. A Library, Media and Archival Preservation Glossary [M]. Oxford: ABC-CLIO, Inc. 1992: 50.

② John N DePew, C Lee Jones. A Library, Media and Archival Preservation Glossary [M]. Oxford: ABC-CLIO, Inc. 1992: 50.

③ CORPUS. Encyclopedia Universalis[M]. Paris: France S. A., 1992: 964.

④ AIC Definitions of Conservation Terminology [EB/OL]. [2011-10-26]. http://www.colorado.gov/dpa/doit/archives/cpa/articles/general/aic.htm.

⑤ Eléonore Kissel. De l'usage du Restaurateur en Conservation Preventive[EB/OL]. [2011-09-13]. http://www.ifrance.com/ffcr/pdevue/kissel.htm.

⑥ CODE OF ETHICS of the Canadian Association for Conservation of Cultural Property and of the Canadian Association of Professional Conservators[EB/OL]. [2011-02-26]. http://www.capc-acrp.ca/code%20of%20ethics%20and%20glossary.htm.

⑦ Cesare Brandi. Théorie de la Restauration[J]. Recherche POÏETIQUES, 1995, 12 (3): 128.

物品重新获得其美学的、历史性意义的直接的人类活动"①。

可见，修复是对已经发生变形或变性的遗产进行处理，使之恢复到原有的形态或性质，并通过这种"还原"活动获得其原始的史学、美学、科学及社会学价值。修复在可移动文化遗产保护中起着非常重要的作用。

(2) 修复技术

从质地上看，可移动文化遗产有金属器物、陶器、瓷器、漆器、木器、石器、玉器、纺织品、纸质文物等类型。由于保存不当，或者由于其自身降解的原因，金属藏品锈蚀，陶器、瓷器破碎，石雕残崩，木器和竹器干裂、皱缩，出土的纺织品、纸张文物腐朽等情况时有发生。这部分遭受严重破坏的可移动文化遗产需要进行修复才能长期地保存下去。修复的内容非常丰富，概括起来分为两个方面："一是清除文物和标本上的一切附着物；二是修补文物和标本的残缺部分。"②根据可移动文化遗产残损情况的不同，修复的技术与方法也存在差别，主要包括③：

- 除锈技术

金属质地实物型可移动文化遗产(铜器、铁器等)在长期保存(地下或地上)过程中易于生锈，现代档案、图书也会因为机械装订的原因带来锈迹。尤其是古代青铜器，易于产生有害碱化氯化铜成分，形成"青铜病"或"粉状锈"，需要除去。除锈时，可以采用机械方法或者化学方法(醋酸、盐酸、硝酸、D26去锈剂)。

- 残缺补全技术

陶器、瓷器、铜器、铁器等实物型可移动文化遗产在使用不当时，会出现划伤、裂口、断裂等情况，有机质的遗产(木器、纸张、缣帛、磁带等)在遭受霉害或虫蛀后，藏品上往往留下洞、槽或沟痕。为了保证遗产的完整

---

① Gaêl De Guichen. Preventive Conservation: A Mere Fad or Far-reaching Change? [J]. Museum International, 1999, 5(1): 4.
② 文化部文物局主编. 中国博物馆学概论[M]. 北京：文物出版社，1985：108.
③ 系统介绍修复技术的内容详见：国家档案局档案科学技术研究所，《新档案保护技术实用手册》编委会编著. 新档案保护技术实用手册[M]. 北京：中国文史出版社，2013.

性，需要将破损部分补全。例如，采用纸浆补洞机对纸质可移动文化遗产进行修复，用 502 粘剂或环氧树脂黏合剂黏结瓷器，用计算机图像恢复的方法修复照片和影片的划伤等。

- 加固技术

纸张类实物型可移动文化遗产在长期保存和利用过程中会逐渐发脆，字迹材料也容易发生水渗或油渗现象。缣帛类可移动文化遗产天长日久也会变得脆弱不堪。因此，有必要对这些脆弱的遗产进行加固。例如，其中丝网加固是目前常用的技术之一，通过丝网可以实施双面加固，对于文献遗产非常实用。此外，陕西省档案保护研究所研制的 DH-B 型等系列加固剂对于字迹的保护卓有成效。

- 揭"砖"技术

有机质类实物型可移动文化遗产在灰尘、弱碱性物质的积累、真菌分泌物等的长期作用下，有时会粘连成"砖"，必须采用相应的技术安全揭开这些"砖"，这也是可移动文化遗产修复工作的重要内容。目前常采用的揭"砖"技术有常压加湿法、真空加湿法和蒸汽揭帖法等，操作难度较大，需要在专门的实验室中进行。除了机械、蒸汽方法外，国外有人研究用酶的方法进行处理①。

与前两个环节一样，修复技术也无法穷举。早在 20 年前，遗产保护界就意识到，文物载体"质地复杂，残损情况各异，修复方法各不相同"②。到了现代，随着科学技术的迅速发展，已经传统的手工修复技术发展到现代的计算机辅助修复技术、纳米修复技术等，这使得修复技术内容越来越丰富。

4.2 数字型可移动文化遗产保护技术

1995 年，美国麻省理工学院教授及媒体试验室的创办人尼葛洛庞帝

---

① Sandrine Decoux. Enzymes Used for Adhesive Removal in Paper Conservation: A Literature View[J]. Journal of the Society of Archivists, 2002, 23(2): 187-194.
② 文化部文物局主编. 中国博物馆学概论[M]. 北京：文物出版社，1985：108.

(Nicholas Negroponte)在《数字化生存》一书前言中写道"计算不再只和计算机有关,它决定我们的生存",书中为人们展示了一种崭新的生活方式,一个数字化和网络化的未来。事实上,2003年联合国教科文组织实施《保护数字遗产宪章》后,保护数字遗产遂成为国际国内重要的内容。如今,随着数字化技术运用于可移动文化遗产的保护,可移动文化遗产正在演绎"不死"的神话。事实证明,数字保存技术不仅可以更好地防御可移动文化遗产遭受破坏,实现实物型可移动文化遗产的长期存取,而且可以在原始可移动文化遗产损坏之前及时恢复,并提供超越可移动文化遗产实物的服务。

4.2.1 实物型可移动文化遗产的数字化保护

信息技术在文化遗产保护领域的应用和发展,尤其是数字化技术、网络技术等的发展,更是为档案馆、图书馆、博物馆等可移动文化遗产保护机构的合作共享提供了新的历史机遇。可移动文化遗产数字化是使用数字化技术将可移动文化遗产的平面与立体信息、图像与符号信息、声音与颜色信息、文字与语义信息等,表示成数字量,并方便地存储、再现和利用。

数字化技术最早源于数字化图书馆技术。建立数字图书馆的设想首先由美国人提出,1994年9月,美国开展了为期四年的《数字图书馆启动计划》(DLI);同年10月,美国国会图书馆推出数字化项目,领导与协调全国的公共图书馆、研究图书馆,将其收藏的图书、绘画、手稿、照片等转换成高清晰度的数字化图像并存储起来,通过互联网供公众利用。继美国之后,英国、法国、日本、德国等西方发达国家以及亚洲的新加坡、韩国也先后提出各自的数字图书馆计划,投入巨额实施资金[1]。

在数字图书馆的示范作用下,博物馆、档案馆也开始了数字化项目实践。卢浮宫博物馆、大英博物馆、大都会博物馆、东京国立博物馆或者建立了自己网站,或者建立了藏品数据库,或者实现了虚拟实景。

---

[1] 王志轩. 古代史料数字化诸问题初步研究[EB/OL]. [2011-09-19]. http://xiangyata.net/data/articles/f03/355.html.

4 可移动文化遗产保护技术体系

1998年,联合国教科文组织旗帜鲜明地提出,数字化是"图书馆、博物馆和档案馆"等可移动文化遗产保护部门的"共同挑战"①。这对可移动文化遗产的数字化发展起到推波助澜的作用。此后,不少可移动文化遗产收藏机构掀起了数字化的高潮。

在欧洲,《数字遗产与文化内容》(*DigiCult*, *Digital Heritage and Cultural Content*)已经成为可移动文化遗产交流的平台。2002年底,欧洲数字文化遗产网络与项目的代表们会师欧盟总部斯特拉斯堡,紧急商讨文化遗产数字化问题。欧洲遗产数字化为图书馆、博物馆和档案馆搭建了一个共同的平台,是2002—2006年欧盟第六次框架项目中的优先项目,也使得文化遗产第一次在欧盟RTD项目中有了一个"永久的家"②。《数字遗产与文化内容》是欧盟关键行动3(Key Action Ⅲ)的主要领域,项目期间的投入超过了7000万欧元,旨在"从数量(例如,更易于利用)和质量(例如,通过用户间的互动,挑战其创造性,提供与人们生活相关的有意义的背景资源)两个方面改善对遗产的利用"。

在我国,数字化工程建设始于1997年,原国家计委批准国家图书馆建立了"中国试验型数字图书馆"项目。继超星数字图书馆后,国家实施了"中国数字图书馆工程"等重要工程,国内各大图书馆和高校纷纷跟进,掀起了一股数字化潮流。据不完全统计,目前国内的中文数字图书馆已达数百家之多,以学术专业书籍为主要内容的超星数字图书馆的数字图书已超过40万种,这为保护各个图书馆所藏的可移动文化遗产起到了一定的作用,带动了博物馆和档案馆数字化技术的发展。第十个五年计划期间,财政部和国家文物局启动了"文物调查及数据库管理系统建设"项目,博物馆部门与国内外专

---

① Convergence in the Digital Age: Challenges for Libraries, Museums and Archives[EB/OL]. [2011-11-16]. http://www.ifla.org/IV/ifla64/64pre.htm.

② Andrea Mulrenin, Mark Markus, Birgit Retsch. Digital Cultural Heritage Networks, Survey conducted by Salzburg Research for the Council of Europe[EB/OL]. [2011-09-26]. http://www.salzburgresearch.at/contact/team_detail_e.php?person=65.

业部门合作,采用国际先进技术进行数字化建设,尤其是在"数字故宫"①和"数字敦煌"的建设方面取得了显著的成效。国家档案局正在启动"金档工程",以全面实现档案的数字化。在我国台湾地区,2002年启动了数字博物馆项目(Digital Museum Project)②。同年1月,台湾地区开始了"数字档案馆项目"(NDAP)的五年规划项目,仅2002年就投资1100万美元,这些措施和方法对于保护我国可移动文化遗产起到了非常重要的作用。

尽管可移动文化遗产数字化资源有待整合,也还存在诸多问题,但是其在保护、传播可移动文化遗产方面所起的作用已为实践所证实。法国对于那些易脆的、易损的档案文件、地图、缩微胶片等优先进行了数字化,提供数字化产品的利用,同时将原件保存在合适的条件下,从而有利于这些遗产的保护③。梁广寒总结了其优先数字化的原则④:具备高价值的文献遗产,利用率持续处于中高水平、濒危的或高龄的文献遗产,已经进入共有领域、不受知识产权保护的文献遗产,易于进行模数转换的文献遗产。在可移动文化遗产数字化实践中,往往要考虑到本机构所藏遗产的价值,结合藏品的质量及其环境评估结果,制定优先的数字化顺序。通过数字化技术,可移动文化遗产得以长期保存,同时通过数字化可移动文化遗产的利用,又可以有效地保护可移动文化遗产。

4.2.2 可移动文化遗产的数字化技术

数字化技术在"数字敦煌"等文化遗产保护项目中得到了很好的应用。在可移动文化遗产保护领域,数字化技术应用于档案保护、古籍保护,也是学

---

① 百年工程世界瞩目,中日合造"数字故宫"[EB/OL].[2011-01-15]. http://www.huaxia.com/wh/whxx/00253847.html.
② 谢清俊. Digital Media, Informatics, and Cultural Heritage[EB/OL].[2011-02-23]. http://www.sinica.edu.tw/~cdp/paper/200220020328_3.htm.
③ 周耀林. 法国档案文件数字化实践[J]. 北京档案,2002,136(4):36.
④ 梁广寒. 中国记忆工程文献遗产整合研究[D]. 武汉:武汉大学信息管理学院博士学位论文,2011:123-127.

界探讨的一个重点，业界也做出了不少成绩。可移动文化遗产数字化技术涵盖的内容很多，综合起来，目前所用的可移动文化遗产数字化技术主要包括：

- 信息获取技术：数码照相、三维扫描、信息采集技术等；
- 图像处理技术：图像处理软件与硬件、三维重建技术、数字水印与信息隐藏技术、视频处理技术、多媒体信息融合技术等；
- 网络技术：网络平台、动态链接等；
- 显示技术：快速检索技术、快速显示、数据可视化等；
- 海量存储技术：元数据格式与模型、数据压缩技术、图像检索等；
- 虚拟现实技术：多媒体技术、可视化技术、三维动画技术等；
- 相关技术：网站技术、数据挖掘技术、可视化技术等。

通过数字化技术的运用，可以在不接触可移动文化遗产原物的情况下提供其数字化产品利用，这使得原物得到有效的保护。对于图书馆部门而言，在数字化的各种作用中，"有利于保护馆藏文献"被列在首位，"通过馆藏文献的数字化可以减低原件丢失和损坏的风险"①。这充分表明了数字化对于保护原件所起的重要作用。当然，数字化的作用远不止于此，还包括可以跨时空传播和提供利用珍贵可移动文化遗产、永久保存和展现可移动文化遗产原貌以及恢复和辅助修复受损可移动文化遗产等。

从技术原理上看，可移动文化遗产数字化主要是一个从模拟信号向数字信号转换的过程，该转换过程通常用模数转换器执行。

模数转换（ADC）原称"模拟-数字转换"，是将连续的模拟量（如像元的灰阶、电压、电流等）通过取样转换成离散的数字量。例如，对图像扫描后，形成像元列阵，把每个像元的亮度（灰阶）转换成相应的数字表示，即经模—数转换后，构成数字图像。通常有电子式的模—数转换和机电式模—数转换两种。

模数转换包括采样、保持、量化和编码四个过程。在某些特定的时刻对

---

① 吴慰慈.图书馆学基础[M].北京：高等教育出版社，2004：240.

这种模拟信号进行测量叫作采样。量化噪声及接收机噪声等因素的影响，采样速率一般取 $f_S = 2.5 f_{max}$。通常采样脉冲的宽度 tw（脉冲所能达到最大值所持续的周期）是很短的，故采样输出是断续的窄脉冲。要把一个采样输出信号数字化，需要将采样输出所得的瞬时模拟信号保持一段时间，就是保持过程。量化是将连续幅度的抽样信号转换成离散时间、离散幅度的数字信号，量化的主要问题就是量化误差。假设噪声信号在量化电平中是均匀分布的，则量化噪声均方值与量化间隔和模数转换器的输入阻抗值有关。编码是将量化后的信号编码成二进制代码输出。这些过程有些是合并进行的，例如，采样和保持就利用一个电路连续完成，量化和编码也是在转换过程中同时实现的，且所用时间又是保持时间的一部分。

以保护与长期保存为目的的可移动文化遗产数字化技术，是利用多媒体技术、数据库技术、数据压缩技术、光盘存储技术、网络技术等技术手段，将馆藏纸质、缩微、音像等传统介质的可移动文化遗产转化为数字可移动文化遗产或网络信息的一种手段。由于载体的多元性以及需求的多样性，在进行可移动文化遗产数字化时需要考虑各方面的因素，对于不同载体的可移动文化遗产采用不同的、适当的数字化方法。以纸质可移动文化遗产为例，其数字化方法通常有四种。

一是键盘输入，但是这种方法仅能转移文献的信息内容，无法反映文献原件的其他方面，且转换速度慢，容易出错，校对工作量大，对于大量文献的数字化转换工作来说，不够经济。

二是扫描转换，先转换成图像文件后再通过 OCR 文字识别软件将其变为文本格式，进行编辑加工。

三是数码翻拍，翻拍后也可以通过识别软件转为文本格式。

四是全息数字化技术，即利用某些光学晶体的光折效应记录全息图形图像，由于全息图像对空间位置的敏感性，这种方法可以得到极高的存储容量。其特点是完整保留原媒体的全部信息，包括全部文字版面信息，支持多种检索方式。

国家档案局2005年4月发布了《纸质档案数字化技术规范》(DA/T31—2005)，对纸质可移动文化遗产的数字化工作进行规范和指导，该标准将纸质可移动文化遗产数字化的基本环节划分为档案整理、档案扫描、图像处理、图像存储、目录建库、数据挂接、数据验收、数据备份和成果管理九个环节，提出应成立纸质可移动文化遗产数字化小组，由分管领导任组长，统一管理数字化工作，如图4-1所示。这样的工作方式不仅有利于纸质可移动文化遗产数字化的组织，也通过流程管理的思想，有利于保障纸质可移动文化遗产数字化的质量。

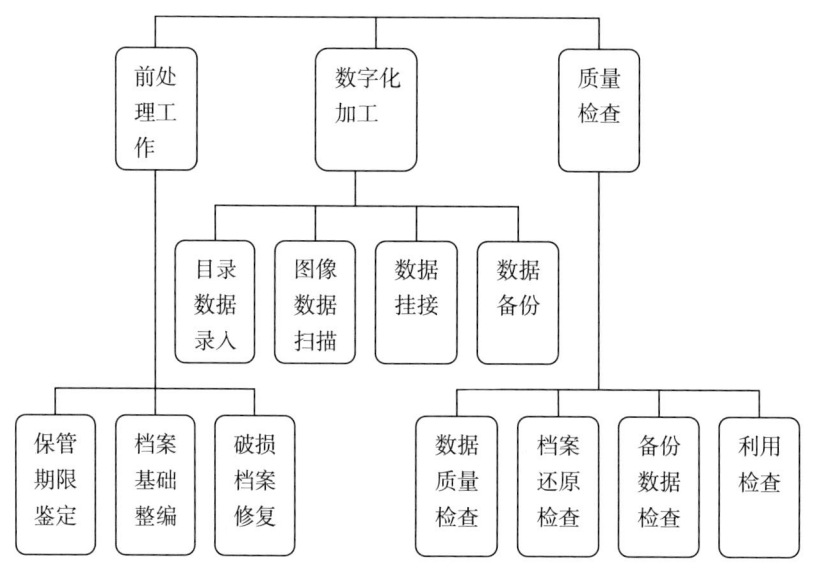

图4-1　纸质可移动文化遗产数字化的基本流程

（注：根据湖北省、陕西省等省级档案馆工作经验绘制）

此外，图书、古籍、馆藏文物等可移动文化遗产的数字化也有类似的规范和标准。限于篇幅，不再一一详细介绍。不可否认，数字化技术在促进档案馆、图书馆、博物馆等文化事业机构将其馆藏的档案、古籍、文物等可移动文化遗产进行数字化的同时，还可以充分发挥这些可移动文化遗产信息资源在计算机和网络环境下的使用和共享的优势,为文化事业机构开展特色信息服务创造条件。馆藏可移动文化遗产数字化可以降低原件丢失与损坏的风险,保护受到损伤的可移动文化遗产,更有效率地管理馆藏与提供服务,满足用户多样化和个性化的需求,提高可移动文化遗产利用率。

然而,数字化技术应用于可移动文化遗产保护领域在拥有上述优势的同时,其长期保存以及安全性等方面也存在着巨大的隐患。例如,数字化可移动文化遗产信息在保存过程中,自然的、人为的因素可能会引起数据的丢失。即使是排除恶意的人为破坏与不可预测的灾难,存储载体寿命短暂、失效或损坏等因素也会影响可移动文化遗产数字化信息的安全,带来数据丢失的高风险。因此,如何根据可移动文化遗产信息化的特点,借鉴相关学科领域的成果,采取先进的防范技术、安全管理制度,保障可移动文化遗产信息安全,是可移动文化遗产数字化领域需要关注的重要问题。

4.3 可移动文化遗产保护技术体系的构架与实施

由上述分析可见,构建可移动文化遗产保护的技术体系是一项复杂而又艰巨的任务,传统保护技术和现代保护技术的共存,使其内容将涉及实体安全、数字化载体安全及其信息安全三个方面。

进一步分析发现,数字化可移动文化遗产最终仍然需要物化在一定的载体上存在。按照相关标准,可移动文化遗产数字化后,其存储载体可以按照国家标准《电子文件归档与管理规范》所推荐的,"按只读光盘、一次写光盘、磁带、可擦写光盘、硬磁盘等的先后次序用作存档载体"[①]。一旦存储在上述载体上,数字化可移动文化遗产也就形成了一种新的载体形式。这种新的载体形式仍然是一种物理结构的材料,同可移动文化遗产实物一样,仍然可以采取技术手段进行保护。从这个角度上讲,对于可移动文化遗产保护

---

① 国家档案局.GB/T18894—2002 电子文件归档与管理规范[S],2002.

而言，实物、载体的安全需要放在首位进行考虑。

4.3.1 前端控制技术

可移动文化遗产一旦形成质量就无法改变，否则就会破坏遗产的真实性。从这个角度看，在可移动文化遗产形成后开展的保护活动往往是被动的。要想使保护具有主动性，必须在可移动文化遗产形成之前采取相应的保护措施，对具有遗产潜力的制品的质量进行前端控制。

前端控制是针对那些具有一定价值和意义、具有成为遗产潜力的人工制品，在制作过程中把握好其质量、以减少日后保护的负担的行为。制作过程中把握质量，包括选择优质原料、精心制作等。例如，在图书档案界，对那些具有美学、科学、历史、艺术、社会价值的图书采用碱性纸张制造（欧美国家通常在这种碱性图书的版权页上标有鲜明的"碱性"（Alkali、Alcalin）标志，通过保存时间更久的纸质达到保护图书的目的，也就是一种前端控制的做法。

通过前端控制，可以增加可移动文化遗产自身对恶劣环境的抗性、耐久性，从而延长可移动文化遗产的寿命。但是，其实施需要依靠一定的技术标准。国际上已经出台了类似的标准。例如，对于纸质载体，国际上已制定了耐久性纸张的质量标准[1]。研究表明，"文件用纸，需要这种碱性纸张"[2]。

4.3.2 整体性预防技术

Gaël De Guichen 早在十余年前就说过，"昨天我们看到的是物品，今天应该看到藏品"[3]。这表明了可移动文化遗产的保护不能再局限于单个物品

---

[1] Standards for Permanent Paper[EB/OL].[2011-03-02]. http://www.ifla.org/IV/ifla64/115-114e.htm.

[2] ISO Permanence Standard Closer to Completion[EB/OL].[2011-11-09]. http://palimpsest.stanford.edu/byorg/abbey/ap/ap05/ap05-3/ap05-303.html.

[3] Gaël De Guichen. Preventive Conservation: A Mere Fad or Far-reaching Change?[J]. Museum International, 1999, 51(1): 4.

4.3 可移动文化遗产保护技术体系的构架与实施

上,而需要从整体上采取措施,这便构成了整体性预防策略。

随着可移动文化遗产概念外延的拓展,可移动文化遗产的数量越来越多,层次也越来越丰富。以单个物品为对象进行保护势必会降低效率,甚至会因小失大,降低整个可移动文化遗产保护工作的质量和成效。"如果藏品的主要部分需要拯救,那它必须作为一个整体而非单个物品进行保护。这意味着,对于保护工作者来说,焦点需要集中在通过控制藏品的环境条件来预防或降低物品的降解速度。"[1]

一般而言,绝大部分可移动文化遗产是完好的,但是如果不采用整体性预防措施,仅仅关注已经损毁的部分,而忽视尚未受损的部分,则随着时间推移必然会增加治理的范围和难度,造成更多的可移动文化遗产遭受损坏。因此,从总体上把握可移动文化遗产的现状,采取整体性预防是最为积极的、主动的措施,也是制订技术策略的首选。这和我国档案部门倡导的"以防为主,防治结合"、文物部门倡导的"保护为主,抢救第一,合理利用,加强管理"的原则和方针是完全一致的。

可移动文化遗产的预防策略有着丰富的内容。早在2000年,欧盟在芬兰万塔市制定了《面向欧洲的预防策略》。该策略分为基本原理、策略主题、行动纲领和欧洲水平上的建议四个部分。在此框架下,捷克从培训、信息利用、大众参与、方法、政府规定等方面制定了相应的预防策略[2]。《计划发展指南》将预防策略的整个过程分为四个阶段:①保护诊断,识别问题及其解决的必要行动;②开发和执行干预项目;③开发"技术维护计划",在上一阶段所列行动的指导下,管理藏品进一步退化的危险;④训练博物馆维护人

---

[1] Jeffrey Levin. Preventive Conservation [EB/OL]. [2011-10-02]. http://www.getty.edu/conservation/publications/newsletters/7_1/preventive.html.

[2] Dagmar Šefcíková, Petra Štefcová. Czech Republic European Preventive Conservation Strategy (PC Strat) [EB/OL]. [2011-02-03]. http://www.pc-strat.com/proposals/czechproposal.rtf.

员,并与其他感兴趣的组织分享结果。① 美国盖蒂保护研究所(GCI)的 Jim Druzik 推荐了一种预防策略:预防科学的研究框架包含识别藏品的威胁、证实危险、确定经济合算的方法来检测危险、开发降低或消除危险的方法四个发展阶段②。巴黎市照片修复与保护工作室(ARCP)通过评估各项研究的特性和需要,制定保护政策,建立保护的优先权③。

Gaêl De Guichen 曾经提出一个综合性的可移动文化遗产预防保护计划,即组织的每个人都参与,对可移动文化遗产实施明确的、直接或间接的保护措施,旨在降低自然的和人为的降解,增加藏品的预期寿命,并确保他们所载信息的传播④。他还预言,这种综合性的预防计划将会逐渐在每个博物馆得到实施。这显然是对以环境因素为主的预防措施的高度认识,不论是可移动文化遗产还是不可移动文化遗产的保护,都毫无例外地得到相似的结论。因此,正如美国历史与艺术作品保护研究所(AIC)所言:"预防是一个正在进行的过程,该过程贯穿文化财产的终身,即使是在人为的介入下,也不会终止。"⑤

整体性预防贯穿藏品终身,预防不局限于技术的使用。然而,单从技术层面上看,整体预防技术则主要表现为对环境的全面控制技术。正如我国台湾地区"故宫博物院"岩素芬所言:"还是要从环境改善着手,才是釜底抽薪

---

① Claudia S. Rodrigues de Carvalho, Maria Cristina Joly, Lais Lopes Tavares. House of Rui Barbosa Museum: A Preventive Conservation Plan Based on an Environmental Control Strategy[J]. Icom Committee for Conservation, 2002:87.

② Jeffrey Levin. Preventive Conservation [EB/OL]. [2011-01-26]. http://www.getty.edu/conservation/publications/newsletters/7_1/preventive.html.

③ ARCP. The Preventive Conservation Strategies [EB/OL]. [2011-03-26]. http://www.paris.fr/musees/arcp/english/la_conservat_prev_english.htm.

④ Gaêl De Guichen. Preventive Conservation: A Mere Fad or Far-reaching Change? [J]. Museum International, 1999, 51(1):6.

⑤ AIC Definitions of Conservation Terminology [EB/OL]. [2011-02-20]. http://www.colorado.gov/dpa/doit/archives/cpa/articles/general/aic.htm.

之道"。① "在欧洲，所有的博物馆、历史建筑和档案馆的藏品要么受到陈列的影响，要么受到储藏条件的影响。不合适的环境条件是藏品腐败变质的重要原因。因为这种破坏的效果在相当长的时间内是不可见的，这经常使得藏品变得更为恶劣。当这种损害被注意到的时候，该藏品的组织结构可能已经脆弱不堪了。""因此，拯救这些藏品的主要方法是营造一个合适的室内环境。要达此目的，就需要对文化遗产实施可持续管理，包括更好的预防策略，这是非常重要的。"②这些都进一步表明了环境控制对于整体预防的重要性。

可移动文化遗产的保存环境可以分为动态环境和静态环境，需要针对不同的环境采取相应的保护技术策略。美国历史与艺术作品保护研究所(AIC)认为，预防是通过对下列政策和程序的明确表达和执行来减轻文化财产的恶化和损毁：适当的环境条件；藏品储存、展览、包装、运输和利用的处理和维护过程；综合的害虫管理；危机的准备和应答；重定格式或复制。③ 据此，静态性预防侧重库房环境条件的控制，包括库房温湿度、光照度、灰尘度等因子的控制。目前，自动控制系统(如BAS)能够有效地对这些静态因素进行控制。动态性预防则侧重包装、展览、存取、利用过程中等遗产实体发生位移的情况下所采取的保护措施，包括防盗、防火、防蓄意破坏等技术。因此，整体性预防是动态防护与静态预防的有机结合，如图4-2所示。

4.3.3 重点控制技术

"凡是管理对象众多又存在不均匀分布规律的地方，为了抓住主要因素，

---

① 岩素芬. 虫害防治问题之探讨[EB/OL]. [2011-10-25]. http：//www.nstm. gov.tw/conservation/img/8.pdf.

② Preventive Conservation Strategies for Protection of Organic Objects in Museums, Historic Buildings and Archives[EB/OL]. [2011-09-16]. http：//www.heritage.xtd.pl/pdf/full_dahlin.pdf.

③ AIC Definitions of Conservation Terminology[EB/OL]. [2011-02-06]. http：//www.colorado.gov/dpa/doit/archives/cpa/articles/general/aic.htm.

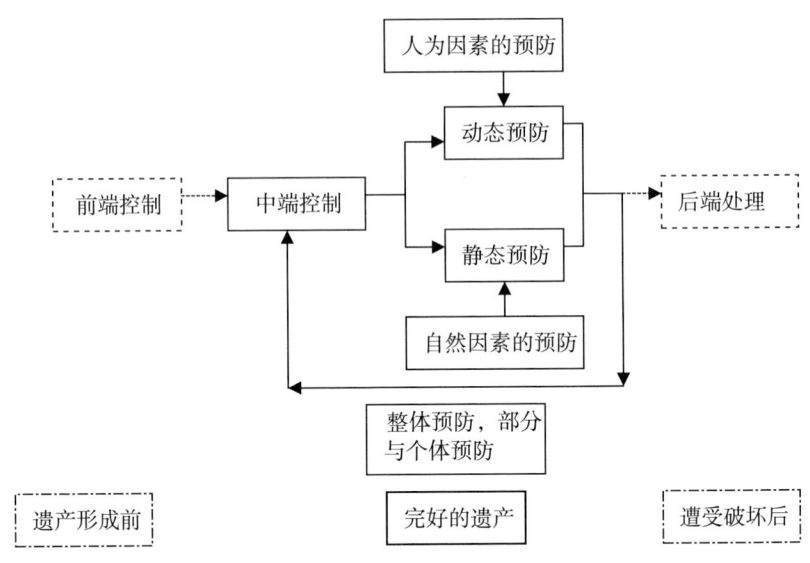

图 4-2 保护体系中整体预防策略

突出管理重点,均可应用 ABC 管理法。"① ABC 管理法必须按照一定的程序实施,确定分类标准、收集有关资料进行因素排序、计算有关数据填入 ABC 分析表、绘制 ABC 分析图、根据研究对象具体拟定分类标准、划分因素类别、制定分类管理方案组织实施。② 对于可移动文化遗产保护而言,运用 ABC 管理法是针对少量藏品以及藏品个体的保护策略,是一种重点控制技术方法,它有两层含义:一是为某些或某个具有特殊意义的珍贵可移动文化遗产提供特殊的保护条件;二是针对某一部分或者某个遭受损毁的可移动文化遗产重点实施治理或修复技术,即后端优先处理。

---

① 孟昭芳.ABC 管理法及其在石油企业的应用[M].北京:中国科学技术出版社,1992:7.

② 孟昭芳.ABC 管理法及其在石油企业的应用[M].北京:中国科学技术出版社,1992:8-13.

(1) 重点优先保护

随着时间的推移，可移动文化遗产的数量会不断增加。从世界博物馆的发展趋势来看，欧美博物馆的发展是一种"加法动物"①。至20世纪末，全世界博物馆总量已经接近4万余座，珍藏无以数计。各馆都有自己的珍藏，在不具备整体性保护条件时，往往优先对本馆的珍藏或"镇馆之宝"进行优先保护，而这就是ABC管理法的重要保护策略，也就是重点优先保护方法。对于经济条件不是很好的馆藏机构，这是一种十分有效的保护策略。在图书馆，除了提供优先的保护手段外，常常通过限制借阅以加强保护。例如，奥地利国家图书馆拥有大量珍籍，包括20万册埃及古文书、200万幅画像、贝多芬和莫扎特等大音乐家的乐谱、手稿等十类特藏。其中，作为重点保护的对象往往不提供给普通读者阅览。法国国家图书馆的1100万册呈缴本和声像资料只能就室阅览，开架外借的书只有30万册，藏书往往通过限制使用进行优先保护。

为了实施优先保护技术，国际上研究了不少方法。其中，简便易行的方法是微气候(Microclimate)法。微气候是直接围绕人工制品的环境，它可以在一个密封的陈列橱、橱柜或档案室内进行创造。一些国际组织关注于这方面的研究。哥本哈根的室内空气污染工作组(Indoor Air Pollution Working Group, IAP)就是这样的组织之一，其兴趣专注在博物馆、档案馆、图书馆和历史建筑等的空气污染和空气质量问题，并就其控制提出建议②。在2001年的年会上，意大利国家研究委员会(National Research Council)的Dario Camuffo等在《微气候：博物馆困难的变量》一文中就微气候控制的实践问题和与会代表交换了意见③。

---

① ［美］道格拉斯·戴维斯. 增加, 改造, 修正：不断成长的博物馆[EB/OL]. [2011-11-10]. http：//wamp. far2000. com/worldarch/2001/7/spacefor- arts. asp.

② IAQ in Museums and Archives[EB/OL]. [2011-08-15]. http：//iaq. dk/iap. htm.

③ Dario Camuffo, Giovanni Sturaro, Adriana Bernardi, Emanuela Pagan, Francesca Becherini. Microc-Limate：A Difficult Variable in Museums[EB/OL]. [2011-05-15]. http：//www. iaq. dk/iap/iap2001/2001_01. htm.

其实，人们早就注意到了微气候对于保护物品方面的作用。19世纪40年代，欧美和日本的妇女用袋装除氧剂保管药材、衣物非常风行，欧美一些博物馆目前仍然采用这种方法保存珍贵的油画作品，其实质便是微气候控制方法。"对人工制品提供微气候，比建筑的一部分或整体更为经济和节能。"①美国东北文件保护中心(NEDCC)认为，它适合于保护"任何大小和形状"的可移动文化遗产②。

通过微气候营造小环境一直是加拿大保护研究所(CCI)开发的项目。该所开发了开罗博物馆皇家木乃伊陈列室、以色列博物馆死海画卷(Dead Sea Scrolls)的优化储存环境等，它们成为有机材料部分控制的成功案例③。博物馆展览或储藏箱进行湿度方面的安全和有效的控制，就采用了MCG30微气候控制系统(The Jacobs MCG30 Microclimate Control System)④。加利福尼亚大学成功地开发了一个害虫控制的微环境研究项目，通过纯氮控制替代有害的化学杀虫剂，取得了良好的防治效果。我国国家图书馆保护专家建议，通过氮气库技术保护《四库全书》在实践上是可行的。显然，对于某些馆藏的重要可移动文化遗产而言，微气候的控制可以提供合适的保护条件，从而有效地延长这部分遗产的寿命。

在我国，针对"……那些珍贵、重要的档案，并没有'享受'到其应有的保管环境和保护措施"的情况，国家档案局有关部门在2001年对建立特藏室问题进行了专题调研，以便确立珍贵档案的保护策略⑤。事实上，不论是档

---

① Microclimate Technologies International Inc. Our Active Microclimate Control Devices are Trusted by Museums, Archives, and Laboratories around the World for Precise Control of Humidity, Temperature, and Pollution[EB/OL]. [2011-05-16]. http：//www.keepsafe.ca/mcgabout.html.

② Creating a Microclimate for Oversized Museum Objects[J]. Conserve Gram, 1993(4)：1.

③ CODE OF ETHICS of the Canadian Association for Conservation of Cultural Property and of the Canadian Association of Professional Conservators[EB/OL]. [2011-05-15]. http：//www.capc-acrp.ca/code%20of%20ethics%20and%20glossary.htm.

④ The Jacobs MCG30 Microclimate Control System[EB/OL]. [2011-06-05]. http：//www.microclimate.ca/articles/mcg30%20specs.pdf.

⑤ 任仲. 来自特藏室建设的调研报告[J]. 中国档案, 2003, 356(6)：12.

案、图书还是文物,在可移动文化遗产的背景下,在有限的投资无法进行整体性保护的条件下,可以通过建立特藏室或控制小环境,对珍贵濒危的可移动文化遗产加以优先保护。通过部分优先保护的方法,在经济条件逐步好转、技术条件逐渐成熟时,循序渐进地过渡到整体性保护技术。因此,从一定意义上看,微气候控制、特藏室等重点可移动文化遗产优先保护的手段只是一种过渡措施,最终必将走向整体性保护。

(2)后端优先处理

如前文所述,在自然和人为因素的作用下,可移动文化遗产有时会遭受外界的侵害而招致这样或那样的损坏,这时,保护策略就需要进入后端处理阶段,即当博物馆的一部分藏品(不论它们是否处于整体性保护之中)一旦遭遇特殊情况而面临损毁,必须通过治理技术或修复技术进行处理,从而恢复其原貌。例如,在遭遇水灾时,对遭遇水浸的可移动文化遗产(水浸善本、地图、手稿以及饱水木器等)进行除湿、脱水处理;或者,当遭遇虫害或霉害时,利用环氧乙烷或溴甲烷等进行消毒、杀虫;或者,针对酸碱度低于5.6的珍贵的、易碎的纸质文献遗产进行脱酸处理。这些处理措施往往不涉及整个藏品,只是对部分受"灾"的可移动文化遗产进行"治病"处理,使之恢复到健康的状态。

可移动文化遗产的后端处理技术可以分为三类:①机械方法,如去掉灰尘、泥斑、蜡斑等;②物理方法,如荧光照相、热压加膜等;③化学方法,如利用氧化剂去掉藏品的霉斑等。从保护的角度出发,需要优先使用机械和物理方法,尽量避免化学方法的使用。

不论采用哪种后端处理方法,必须坚持一些基本的原则,例如可逆性(Reversibility)、真实性(Authenticity)等。其中,维护藏品的真实性是最为根本和重要的,也是实践工作中必须遵守的。

5 可移动文化遗产保护管理体系

现代可移动文化遗产保护活动表明,可移动文化遗产保护越来越与组织、计划、领导、控制等管理手段密切相关。如果离开协调与控制,可移动文化遗产技术性保护将可能成为空谈。因此,认识可移动文化遗产保护管理与保护技术的关系并构建可移动文化遗产保护管理体系具有很重要的意义。

5.1 可移动文化遗产保护管理体系概述

5.1.1 可移动文化遗产保护管理与技术关系

目前,在我国可移动文化遗产保护领域,技术与管理的关系存在三种观点:"以技术为龙头;三分技术,七分管理;管理与技术并重。"[1]因此,管理手段在可移动文化遗产保护中的作用以及如何运用是需要认真研究的内容。

一般来说,当可移动文化遗产保护技术处于较低水平时,过分强调管理会偏废可移动文化遗产保护技术体系的建设和完善;当可移动文化遗产保护技术管理水平达到一定阶段,具有良好的基础时,则需要通过技术才能进一步提高全面管理的实效。

---

[1] 张美芳,张松明.文献遗产保护技术管理理论与实践[M].长春:吉林文史出版社,2009:13.

技术应用发展到一定阶段时，往往会带来仅依靠技术自身难以解决的问题，这时便需要管理的介入。尤其针对一些复杂问题，例如，国家珍贵可移动文化遗产保存状况的调查就是一个复杂的问题，它涉及调查方法、经费预算、人员组织、部门协调、数据收集和整理等，单靠技术是远远不能解决的。再如，受灾可移动文化遗产的抢救，包括风险管理、应急管理、文献安全管理体系、全程抢救方法、效果评估、人员组织和管理等，无不与管理有密切的关联。解决类似的复杂问题，一个重要方法就是依靠管理科学理论与方法，例如工程方法、项目管理方法等，通过抓住主要矛盾，用有限的人力、物力、财力，高效、科学、规范地实施可移动文化遗产保护技术。

管理驱动技术，技术实现管理，二者相辅相成。实施可移动文化遗产保护技术措施时，要尊重文献保护技术科学规律，充分发挥文献保护技术以及技术人员的作用。同时，科学的管理也是保护技术实施的前提和保证，是转化为安全保管的必要条件，在我国关键设备和核心技术较为单一的情况下，切实加强可移动文化遗产保护技术管理工作，努力从预防、监控、应急处理入手，在治理、法律、管理、技术、人才等方面采取多种技术和管理措施，全面提升可移动文化遗产保护技术的能力。

可移动文化遗产保护技术是管理的根基，之所以强调管理的重要性，是因为有时候即使是很好的技术，仍不能解决技术实施的效果问题。但是在现阶段，对可移动文化遗产保护单位而言，不能忽略技术的重要性。因为到目前为止，国内的保护技术如纸张去酸、纸张加固等还不够先进，掌握保护技术的人才还非常匮乏。技术发展到一定阶段，自然而然就会寻求管理和服务，而在此过程中，国家如果有完善的政策和标准作保证，就能确保技术的完整实施。保护技术应坚持技术与管理并重，实现无缝衔接，管理的总体原则是前端控制、全程管理。保护技术管理先于保护技术的开展，是技术开展的前提和保证，保护技术管理除了前端控制外，要渗透技术的全过程，如评估、检查、监督技术的实施、调整技术方案等。

对于可移动文化遗产保护技术的执行，一般包括三个层次：实施层、运营层、决策层。实施层包含各种各样的技术措施、设备、技术人员等；运营层包括各种可移动文化遗产技术管理和运作平台，以及一些体系的管理要素等；决策层主要是高级顾问分析咨询，以及领导的决策和指挥等，它处于顶尖处，规定了整个机构的使命。

5.1.2 可移动文化遗产保护管理体系建设的原则

(1) 技术有效性原则

在我国，可移动文化遗产保护已经基本形成"以防为主、防治结合"的指导方针和基本思想。实践表明，这是符合实践工作需要的。可移动文化遗产保护过程是一个技术实施的过程，需要注重技术，这是历史经验的总结，表明了当代可移动文化遗产保护管理的重点。

可移动文化遗产的物质性决定了其寿命的有限性，这导致了三类相互衔接的预防性保护、治理性保护和修复性保护的运用。其中，"预防性保护"是积极的"保健"活动，是保护过程的主导；"治理性保护"是给可移动文化遗产"治病"的方法；"修复"则是给可移动文化遗产"美容"的手段。可移动文化遗产保护管理中需要辨识这三个方面的关系，搞好预防工作、抓紧治理工作、重点放在修复工作上，从可移动文化遗产整体、部分、个体三个层次，通过前端控制、中端预防、后端处理三个阶段进行处置。无论从何种角度，可移动文化遗产保护的目的都是保障可移动文化遗产载体及其所含信息的完整性、真实性、安全性，而要确保和实现可移动文化遗产的安全，其最终和必然要通过各种技术来实现。

(2) 技术与管理协调性原则

在可移动文化遗产保护实践中，作为核心要素的技术和管理是相辅相成的关系。特别是在电子文件时代，注重技术并不能忽视管理，技术只是保护的必要手段，管理才是确定保护顺利和有效实施的根本途径。只有秉承技术与管理的协调性原则，才能使"技术"和"管理"双管齐下；要实现和维持技术的有效性，也必须坚持技术和管理共同推进，相互促进。具体而言，即在对可移动文化遗产保护管理中贯彻协调性原则，有效保护，合理利用；主次有别，重点优先；统筹兼顾、共谋发展。

1）有效保护、合理利用原则

在可移动文化遗产的保护与利用上，必须意识到没有保护就没有利用，拒绝利用就失去了可移动文化遗产保存的价值，也失去了支持可移动文化遗产保护工作的基础。因而"有效保护，合理利用"是保护可移动文化遗产的基本原则，应正确处理可移动文化遗产保存与利用的关系。有效保护，合理利用，要求在可移动文化遗产利用中应当处理好长远利益与眼前利益的关系，对于利用率高的可移动文化遗产或是具有较高价值的可移动文化遗产更应如此。不能只顾眼前利益滥用可移动文化遗产，致使可移动文化遗产载体过早劣化。对于重要的可移动文化遗产与珍稀可移动文化遗产应以保护为主，抢救第一，使这类跨世保存的可移动文化遗产能一代一代地发挥永续的作用，使它们尽可能完整地传于子孙后代。因而，对于传世的珍贵可移动文化遗产，原则上要以藏为主，限制其原件的使用。在流通中，只使用这类可移动文化遗产的复制品而将其原件保存起来，只是在核实复制品的准确性或在复制品不能解决问题时才使用原件。

2）主次有别、重点优先原则

在我国，仅国家综合档案馆、图书馆、博物馆就保存有海量的可移动文化遗产，要将这海量可移动文化遗产全部予以最佳保护，在人力、物力、财力上都难以承担。同时，保护可移动文化遗产的方法很多，不同的方法所需投入的资金与人力也不相同。在资源有限的情况下，要有效地保护好可移动文化遗产，必须根据可移动文化遗产的不同价值，分别采取不同的保护方法。实施主次有别、重点优先的分级管理，可使那些重要的、珍贵的可移动文化遗产处在更好的监护之下。

国家重点可移动文化遗产、珍藏可移动文化遗产的入选标准应该由国家层面提出。目前，国家重点可移动文化遗产数量因为统计口径不一，报道的数量不统一。在进行国家重点可移动文化遗产抢救之前，应在全国范围内对国家重点可移动文化遗产的现状、数量等情况进行摸底调查。全国重点可移动文化遗产的范围还是比较大的，如果能将入选标准再进一步细化，范围、界限更为清楚，基层操作起来也更加容易。珍藏可移动文化遗产属于国家特有的极其重要的文化遗产，它的入选标准可以参照《中国可移动文化遗产工程》入选标准，也即能入选名录的可移动文化遗产应该属于国家珍藏。特藏可移动文化遗产入选标准有地方特色，但也要确定范围、标准。特藏入选标准针对每个单位的馆藏情况，要制定较为详细、具有可操作性的入选标准，如辽宁省档案局对入选特藏室的可移动文化遗产做了12条具体规定。国家档案局可在一些档案馆、图书馆等实践经验的基础上探索、制定国家、省、市(县)不同等次的馆藏可移动文化遗产等级判定标准。而这一标准应当与可移动文化遗产分级鉴定和分级管理相结合，在对馆藏进行必要的价值鉴定后，对最有价值的极少部分珍藏可移动文化遗产进行特殊的管理和保护。

3) 统筹兼顾、共同发展原则

强调技术性保护是可移动文化遗产保护的传统和重点，这是无可厚非的；强调管理性措施是国内外实践的教训总结及历史必然，这是水到渠成的。在当代可移动文化遗产保护法治化、全球化的背景下可移动文化遗产保护任务艰巨，文献遗产存在状况时间紧迫，仅仅只强调管理流程中对可移动文化遗产的保护措施是远远不够的，可移动文化遗产保护法律建设、保护组织、保护科研、经费投入、保护政策、保护信息管理、专业教育、社会意识都直接或间接影响可移动文化遗产保护的效果。因此，需要树立多方兼顾的"大管理"基本思想，在技术、标准、法律、顶层规划、人才建设等多方面共同推进，并将保护的科学研究、经费投入、组织管理以及专业教育等纳入制定可移动文化遗产保护策略的范围。

可移动文化遗产保护系统的关联性表明，可移动文化遗产保护系统的总体目标并不等于被分解的各个因素目标的简单相加。因此，在强调各个因素优先发展次序的同时，不可忽视同一层次以及不同层次的因素之间的协同作用。以大众教育与社会意识为例，大众受教育程度低，保护可移动文化遗产的意识就弱。因此需要通过改变环境的控制参量，促使系统内部的各个因素之间产生关联力，从而推动系统向"正效益"方向发展。

尽管可移动文化遗产保护的各个因素具有一定的顺序，但全球可移动文化遗产保护实践的丰富性、与外界联系的复杂性决定了各个地区、国家和机构不可能千篇一律地执行同一标准。关于这个问题，国外的文化遗产保护策略提供了佐证。欧盟将文化遗产的预防性保护策略分为领导、机构规划、培训、信息利用、公众角色五个方面。如捷克从培训、信息利用、方法论、公众参与、政府框架的建立、特别建议六个方面进行了构建。澳大利亚提出，保护策略是"一系列方法的变化和结合"，包括"教育津贴和通报项目；研究；适宜储藏和展览环境的津贴；脆化材料的处理；复制"。美国国会图书馆保护专家迪亚纳将纸质文献的保护策略分为藏品行政管理、文物拷贝及复制、藏品环境控制、纸质藏品保护、纸质文献修复、纸质文物保护科学、保护人才培训七大板块。这些例子表明，作为纲要和指南，国际文化遗产保护的总体策略可以指导本地区、国家或机构的行动，但各个地区、国家和机构仍需要根据自己的实践进行局部的调整。

5.1.3 可移动文化遗产保护管理体系的主要内容

可移动文化遗产保护管理体系的内容非常丰富，本书针对当前可移动文化遗产保护实践中突出的问题，包括可移动文化遗产保护的管理体制、组织方法、日常管理、灾害管理、绩效评价等方面进行论述。本书在简要论述管理体制、组织方法、绩效评价的基础上，重点讨论可移动文化遗产保护日常管理、灾害管理两个方面。

（1）可移动文化遗产保护的管理体制

目前，由于濒危的珍贵可移动文化遗产分散在档案馆、图书馆、博物馆、文献馆、科技馆等不同组织、个人手中，因此其保护工作也呈现出高度的分散性。为此，许多专家建议建立一个全国性机构，作为可移动文化遗产保护工作组织、管理和协调的中心，或者借鉴法国等国家的经验，走大部制发展道路，由文化部统管档案馆、图书馆、博物馆、文物部门等可移动文化遗产保管机构，这不仅是解决目前政出多门、条块分割的良好途径，而且还可以进行统筹安排、统一核算，促进不同部门可移动文化遗产保护工作的协调发展和共建共享①。

然而，在当前条件下，建立一个高度统一的可移动文化遗产管理与保护机构具有较大的难度。一方面，由于可移动文化遗产分布极其广泛，没有任何一个管理机构有能力全面负担起保护管理工作的重任；另一方面，由于历史的原因，各地区整体的差异、社会制度的不同、对可移动文化遗产态度上的差异等，造成了可移动文化遗产分散管理的客观事实，已经形成了利益化的部门管理方式。尽管在当前我国大部制改革形势下，建立一个"大文化部"统一管理档案事业、图书馆事业和博物馆事业等是完全有必要的，但是建立和实行集中管理模式，统一管理各种类型、不同领域可移动文化遗产的保护工作更多的还是停留在理论层面，在实践上存在着诸多困难。

针对上述问题，当前比较可行的办法是成立部际协调委员会，即在现有的管理体制下，建立部门间的保护协调组织，理顺部门间的可移动文化遗产保护管理组织，建立合作、协调的管理机制。可移动文化遗产部际协调委员会类似于"部际间图书情报协调委员会"，其主要功能是：与国际性、地区性的可移动文化遗产保护组织直接接轨，负责国际可移动文化遗产保护信息的输入和国内信息的输出；负责全国可移动文化遗产收藏机构之间保护工作的协调；整合中国文物学会、档案保护技术委员会、古籍整理与文献保护专业委员会等保护专业委员会，成立统一的可移动文化遗产保护委员会；开发可移动文化遗产保护信息平台；开发多载体保护信息管理系统软件；汇集我国可移动文化遗产保护例会的组织；与科研部门一起为各个馆藏机构组建流程型保护小组提供指导等。

一旦建立了统一协调的可移动文化遗产保护管理与领导机构，就可以突

---

① 周耀林. 可移动文化遗产保护策略[M]. 北京：北京图书馆出版社，2006：247-248.

破部门化管理的桎梏,实现保护资源的共建与共享。仅从技术性保护的角度看,站在统一管理的平台上,就可以进行有效的规划,避免重复开发,节约资金,减少浪费,并提高馆藏文物、可移动文化遗产、图书的技术成果共享率。因此,将可移动文化遗产保护、图书保护与馆藏文物保护建立在统一的可移动文化遗产保护平台上采取统筹规划、分享保护技术研究成果、合理使用保护经费、共享保护教育和培训项目等措施,整合部门化的保护工作,减少人、财、物的浪费,有利于馆藏遗产保护事业的可持续发展,也能为馆藏文物、可移动文化遗产和图书的保护提供保障。

(2)可移动文化遗产保护的组织方式

可移动文化遗产保护的组织方式需要更侧重微观层面,可以直接指导各个机构的实践工作。中华人民共和国成立后,各级可移动文化遗产行政管理机构和综合性档案馆、图书馆、博物馆等部门大多设立了保管处或管理处,负责可移动文化遗产的保护工作。然而,除中国国家图书馆、中央档案馆等为数不多的国家级可移动文化遗产收藏机构外,专门设立可移动文化遗产保护机构的却很少。保护机构没有建立,开展可移动文化遗产保护工作谈何容易,为此必须对当前的可移动文化遗产管理机构实行组织优化和组织再造。但是,再造并不以建立新的组织或合并现有组织为代价,而是在不打破现有的、与可移动文化遗产保护有关管理体制的前提下,建立可移动文化遗产保护的虚拟组织——抛开传统部门分工的思想,强调按照自然的工作流程重新整合为面向"保护需求"的完整流程。

可移动文化遗产保护虚拟组织并非永久性的组织机构,某个流程完成了其历史使命,该组织也就自然解散,小组成员非终身制。这种灵活的组织形式与《联合国教科文组织关于蓄意破坏文化遗产问题的宣言》所提出的组织合作的需要正好吻合。在可移动文化遗产保护组织再造时,需要考虑管理层次和作业层次的组织。事实上,管理层次可以是行政的,也可以是附属于某一大型或国家级科研机构或馆藏机构,以可移动文化遗产的质地为中心进行流程重组的管理活动。在作业层次,则由各个馆藏机构根据保护的需求,提出保护的任务,通过任命再造负责人及组建流程小组完成。

各个馆藏机构可以根据工作实践的需要组建保护工作小组。小组成员既可以来自馆内,也可以来自馆外。从广泛的范围内选择并组建可移动文化遗产保护队伍,这样,虚拟保护工作小组可打破行业之间的隔阂,加强馆内外、国内外保护同行之间的合作,使得保护成为一项可供分享的国际性工作,适应可移动文化遗产国家性和国际性的要求。同时,组织结构灵活,组织权力大,组织凝聚力高,组织协调和谐,具有非常明显的优势。正因为如此,可移动文化遗产虚拟保护小组可以在没有改变现有的管理体制的情况下,大大地提高保护的效率。国际文化财产保护与修复研究中心(International Centre for the Study of the Preservation and Restoration of Cultural Property,简称ICCROM)组织的团队活动以及欧洲的研究日活动、专题研究活动等,大多采用了这种模式。例如,研究日活动中,该主题的专家可以来自档案馆、博物馆、图书馆甚至私营公司,他们组成了一个临时的、跨行业的、和谐的、富有弹性的组织。

(3)可移动文化遗产保护管理的主要方面

从内容上看,可移动文化遗产保护管理涉及的方面很多,包括温湿度管理、光照管理、有害气体管理等,涉及保护的各个方面。例如,纸质可移动文化遗产的保护应当采取预防性保护为主的方法。但是纸质可移动文化遗产数量庞大,全部采用特殊方法加以保护代价太高,因此在全球的档案馆、图书馆和博物馆中,大多采取特藏室与微环境控制的方法对馆藏重要或特殊的可移动文化遗产进行良好保护。

特藏室与微环境控制的实质是为部分可移动文化遗产(纸质的可移动文化遗产居多)创造一个最佳的保存环境,最大限度地保护纸质可移动文化遗产免受自然和人为因素的破坏,延长纸质可移动文化遗产的寿命。气候控制是延缓可移动文化遗产藏品老化的首要工作,可移动文化遗产保管机构应常年将微环境中的温度控制在20℃以下,相对湿度保持在60%以下。与此同时,必须保持特藏室和微环境的持续稳定状态,因为经常性的环境变化很容易给可移动文化遗产的保存造成负面影响,因此,在任何情况下,甚至是夜晚、周末或其他设施不运作的时候,也不应关闭微环境中的气候控制装备或改变其设置,以保证微环境中的温度变化范围控制在±2℃内,相对湿度的变化幅度不超过3%[①]。

可移动文化遗产保护管理涉及的方面很多,大致上可以从以下三个方面进行着手。

第一,可移动文化遗产日常管理,即在日常的可移动文化遗产保护工作中,以保护可移动文化遗产免受自然或人为因素影响,尽量延长可移动文化遗产寿命为目的,运用可移动文化遗产保护的基础理论和技术手段,管理与可移动文化遗产保护相关的各项活动。可移动文化遗产保护的日常管理是一项既平凡又不可或缺的工作,也是可移动文化遗产保护的基础性工作,是运用技术手段保护可移动文化遗产的先导,直接关系着可移动文化遗产保护的成败。从内容上看,可移动文化遗产保护的日常管理包括诸多方面,如库房温湿度的日常监测、评估与调控,库房内的除尘、通风、防光、去霉及其他各种检查工作等,相关内容请参见论著[②]。从现有的研究成果看,可移动文化遗产保护日常管理是以往各种论著中得以强调的,主要是针对日常的保护

---

① 马翀,郭莉珠.档案特藏室环境探究[J].中国档案,2008(1):29.
② 相关著作包括但不限于:
冯乐耘,李鸿健.档案保护技术学[M].北京:中国人民大学出版社,1991.
郭丽珠.档案保护技术学教程[M].北京:中国人民大学出版社,2007.
金波.档案保护技术学[M].北京:高等教育出版社,2000.
罗茂斌.档案保护技术学[M].昆明:云南科技出版社,2001.
彭远明.档案保护技术[M].北京:解放军出版社,2004.
王成兴,尹慧道.文物保护技术[M].合肥:安徽大学出版社,2005.
王惠贞.文物保护学[M].北京:文物出版社,2009.
张美芳,张松道.文献遗产保护技术管理理论与实践[M].长春:吉林文史出版社,2009.
赵淑梅,侯希文.档案物理管理与保护[M].沈阳:辽宁大学出版社,2012.
国家档案局档案科学技术研究所,《新档案保护技术实用手册》编委会编著.新档案保护技术实用手册[M].北京:中国文史出版社,2013.
周耀林,戴旸,林明.档案文献遗产保护[M].武汉:武汉大学出版社,2013.

工作而言，包括静态、动态状态下的保护。前者是主要的，后者是阶段性的，也是可移动文化遗产接收、保管、转移、利用过程中需要特别注意的，包括各种工具和方法的运用。

第二，可移动文化遗产应急管理。随着自然灾害和人为灾害的发生，档案馆、图书馆、博物馆等文化事业机构需要从应急管理的角度出发，着力解决各种可移动文化遗产（尤其是实物型可移动文化遗产）保护中发生的突发事件。

第三，可移动文化遗产项目管理。无论是可移动文化遗产的日常管理还是应急管理，都需要从项目管理的理念出发，通过发现问题、分析问题、解决问题的思路，解决各种可移动文化遗产保护的问题。

(4) 可移动文化遗产保护的成果评价

可移动文化遗产保护成果评价的基本步骤包括：审视保护计划实施的内外因素—分析保护目标因素的变化差异—衡量实际成果与预期目标的差异—确定是否继续实施现行保护计划—及时采取优化措施。其中关键环节如下。

审视可移动文化遗产保护计划实施的内外因素。操作技术人员和技术实施环境是影响可移动文化遗产保护计划实施效果的重要因素。评估者要了解档案保护技术的方案，观察操作人员操作的全过程、注意细节的变化，考虑环境因素的影响，考虑设备的影响因素和费用投入等，由此得出评价的结果。如果操作人员的操作水平和技术环境远离了操作规范，评估工作就一定要指出问题的关键所在，及时采取纠正措施，对于有效地制定及执行纠偏方案，准确地发现问题十分关键。评估人员需要发现计划实施后是否存在潜在的隐患，这种隐患大多从表面上观察不到，但仔细分析就会发现一些问题。如破损的纸质可移动文化遗产修裱后感染了真菌，其在短时间内不会出现真菌滋生的现象，一旦环境条件有利于真菌生长，真菌便会在可移动文化遗产上滋生泛滥。

考量可移动文化遗产保护计划的预期目标和实际效果。可移动文化遗产保护的评估者首先是这一领域的专家，又是合格的管理者，他们能透过表面看到实质,即能真正观察到保护计划实施的实际成效,能客观地评价原有保护计划的优点和缺陷。考察完成情况时要考虑到:目标值完成情况、目标完成进度、承担项目人员之间的配合情况、实现目标的手段和采取的技术、目标完成的困难程度、完成项目的努力程度,其中目标值的实现分析是重点。目标的困难程度是指实现目标所付出的代价多少,完成项目的努力程度是指执行过程中部门或技术人员发挥主观能动性的程度,它们综合起来可以判断档案保护技术实施部门的工作成绩。目标值的估计可以依据定性和定量两种标准。定性一般为主观判断,根据多方面的意见给出一定性的结论。定量判断则是根据保护计划实施的具体参数如修复的数量、大小、温湿度值、人员工作的时间、人员解决问题的难度系数等来定量地估计目标值。

可移动文化遗产保护的成果评价可以参考一些相对较为成熟的标准,如《图书馆绩效评价指标》《中国文物古迹保护标准》《档案修裱技术规范》《挥发性档案防霉剂防霉效果测定法》《档案防虫剂防虫效果测定法》《纸质档案数字化技术规范》《档案虫霉防治一般规则》等。这些标准为客观评估找到了合适的依据,对可移动文化遗产保护评估标准的制定和执行具有重要意义。同时,在一般评估标准的基础上,各单位还应立足于自身发展的特殊条件及战略发展重点,制定适合的评估指标,以保证评估标准实施的可行性、针对性。

具体实施可移动文化遗产保护效果评价时,既可以采取定量方法,也可以采取定性赋值的方法,还可以采取结果组合评估方法。其中,结果组合评估方法将结果和原因联系在一起,是一种综合评估方法,在战略评估过程中,把整个层次目标值都考虑进来进行综合评分。结果组合评估方法的关键在于建立评估指标体系,综合应用定量和定性指标相结合的方法,对那些不易定量分析的问题用定性方法进行处理,而对那些可以量化的指标尽量采用量化指标加以评估。对于各过程的指标体系按照经验法、比较法、专家评价法等方式给以权重处理,通过业务数据的归纳获得评分,最后计算每一个过程结果,组合评估方法可将可移动文化遗产保护技术评估体系进行加权处理。例如，首先将整个过程分解为 5 个过程，以及方案、技术人员技能和工作态度、设备与环境、操作过程 1、操作过程 2、操作过程 3 等六个级别，根据不同的情况赋予不同的权重阈值。如果评估指标设为五级，每一级指标可采用 100 分为满分值，用每一级所得的分值，再乘以权重阈值得到各级所得值，各级值的总和即是总效果的评估值。

对可移动文化遗产保护进行科学评估可避免保护计划的制订不周、实施不力、控制不严、监管不善、验收标准缺乏等问题。同时，为保证在变化的条件下实现既定目标，按照事先拟定的计划和标准，通过采用各种方法，对被控对象实施中发生的各种实际效果与计划目标进行对比、检查、监督、引导和纠正，以保证计划目标得以实现。保护成果评估是全方位、多角度的，涉及成本评估、进度评估、质量评估、风险评估等方面，具体的评估可通过会议、报告、过程检查、风险跟踪、测试和同行评审等开展。

评估应该是由可移动文化遗产部际协调委员会统一管理和执行，要观察并定期保护计划的成效，以便识别保护计划在执行中的偏差，及时找出潜在的问题，必要时采取纠正措施，以保证保护计划的各个过程顺利进行。为此，需要成立专门的组织机构，聘请专门人才进行可移动文化遗产保护的成果评估，也可以通过组建国家可移动文化遗产保护管理办公室或专家团，发挥主管部门和专业人士的作用，及时了解保护计划特别是重大项目的实施情况，避免偏离计划情况的发生，为技术管理提供技术培训、标准方针与程序制度等方面的支持，以确保可移动文化遗产保护任务正常有序地进行。

5.2 可移动文化遗产保护动态管理

可移动文化遗产一般是保存在静态环境中，但也存在转移、移动和运输等动态过程。这些过程可能对可移动文化遗产造成伤害，因为即使在最好的条件下，使用普通运输工具运输可移动文化遗产也会存在风险。例如，可能因为暴露而造成珍贵可移动文化遗产的撞击、振动甚至破碎，或因温度和相对湿度的剧变造成可移动文化遗产的损害，因此应尽量避免可移动文化遗产处于动态过程。但是，移交、展览、交换可移动文化遗产时的移动和运输是必需的，为此需要从包装、装具和运输等方面为动态过程中的可移动文化遗产创造最佳保护条件①。

5.2.1　可移动文化遗产的包装

使用合适的材料仔细进行包装是保护动态可移动文化遗产的关键。如果包装材料不是直接接触可移动文化遗产，并且可以马上解开，则不需要使用非酸性的包装材料；如果可移动文化遗产加有外框，而且将其从外框中移出是安全的，则需要将可移动文化遗产取出，然后按照以下步骤进行包装。

第一层包装。用干净平滑的纸，如非酸性的薄玻璃纸或者面纸对每一件可移动文化遗产进行包装。通常可以在易碎的可移动文化遗产下面垫上一块硬的、非酸性的纸片或者纸板。

第二层包装。把可移动文化遗产放在坚硬的纸板之间，用护角将其固定在其中一块纸板上，然后按照尺寸大小，用坚实的材料，如牛皮纸等把这些纸板绑在一起。也可以使用一块防水的薄片，如聚乙烯。需要注意的是，使用不排气、不渗透的材料时，因为包裹突然遭遇温度骤降会导致包裹里面的水分发生凝结，因此这并不是一个明智的做法。

包装的作用，除了保护外，还能缓冲。填料可以帮助减少振动并且防止可移动文化遗产的移位，也可以提供隔热和湿度变化的缓冲区。对于易碎物体，缓冲剂是需要的。缓冲材料通常都是塑料制品。另一种方法是用缓冲气泡包进行包装。由于缓冲气泡包是一层不透气的薄片，不能用其将可移动文化遗产密封起来。另外，缓冲气泡包会造成污染，不应将其与可移动文化遗产的封面直接接触。

---

① 　金波. 档案保护技术学[M]. 北京：高等教育出版社，2000：176.

5.2.2 可移动文化遗产的转运

(1) 转运装具的选择

包装之后需要选择适当的运输工具转运，板条箱是最常用的运输装具。如果选择自制板条箱，要使用平头螺丝而不是钉子，因为钉子没有螺丝牢固，而且在拆箱时，钉子难以撬开，可能会对物品造成冲击，同时也会损坏箱子，使其不能重复使用；大的板条箱应该装配手柄或者延长的木材，没有任何东西可以握住的板条箱容易掉落、移动或者翻倒。此外，需要固定好可移动文化遗产，不让其滑动。每一个物品都要先包装好，并把所有装箱物品，连同承运单位负责人的名字、地址、电话或者其他特别的说明列一张清单，然后放入包装内①。

(2) 转运过程的控制

转运时应从运输方式、运输时间、天气条件和风险规避等几个方面注意：选择安全的包装和可靠的运输工具，减少可移动文化遗产在动态过程中受到损害的可能性；为可移动文化遗产购买运输保险，确保可移动文化遗产在运输过程中能够得到细心的处理；选择在周一和周二等非假期的时间进行，降低包裹无人受理或者处于户外时间超过一周的风险；如果条件允许，尽量不要在非常寒冷、潮湿或者暴风雨时进行运输。

5.2.3 可移动文化遗产的展览

展览是可移动文化遗产完成其教育使命的重要途径，同时也是吸引民众注意从而获得支持的有效方法。但是，展览使可移动文化遗产完全暴露于有潜在威胁的外部环境中，增加了可移动文化遗产保护工作的复杂性。以光照为例，几乎所有的光照都或多或少地对可移动文化遗产造成破坏性影响，尤其是紫外线，其强度越高，风险就越大。

---

① [加]斯托洛.博物馆藏品保护与展览、包装、运输、存储及环境考量[M].北京：科学出版社，2010：142.

5.2.3.1 展览原则

纸质可移动文化遗产、照片、手稿和画作等对光最为敏感,如果长时间暴露,即使是强度很低的光照也会给可移动文化遗产带来巨大的破坏。为此,在展览的过程中应当遵循一定的原则,并通过光源的控制和展柜的特殊设计最大限度地降低可移动文化遗产在展览过程中的风险。

①尽可能地使用可移动文化遗产的复制品;

②不要永久展出一件有价值的可移动文化遗产;

③尽可能地调低展览环境的光照强度;

④缩短可移动文化遗产暴露在紫外线中的时间,并尽可能使用紫外线过滤器;

⑤确保展柜或者展示架关闭并密封,并确保其材料不会对展品造成伤害。

5.2.3.2 展览光照度的调控

光照度是可移动文化遗产展览过程中破坏性最强的因素,不管是自然光(日光)还是人造光,都会对可移动文化遗产造成无法挽回的伤害。

自然光光照强度大且包含大量的紫外线,因此,展览过程中应尽量避免自然光的透入。室内展览是常用的方法,在白天用不透光板或者窗帘将窗户遮挡住,并用紫外线过滤器或紫外线过滤板对投射进来的光进行充分过滤,由此去除自然光中的大量紫外线。紫外线过滤器可以是塑料薄膜或者是坚硬的隔板,其中醋酸胶片可以直接裁剪,然后贴在窗户或者展柜上;紫外线过滤板可以是玻璃或者丙烯酸板,可用在窗户、展柜和展架上,使用丙烯酸隔板时需要查看其是否违反当地的防火规定。此外,使用包含二氧化钛(TiO_2)的漆涂刷墙壁和天花板也会吸收室内大量的紫外线。

对于人工光线,虽然强度远低于自然光且可以人工调控,但也会释放大量的紫外线。为此,在纸质可移动文化遗产展览的场所应尽可能使用不释放紫外线的灯泡,并且将光照维持在较低的强度,采用分散光照而非直接光照的方式,用最少的光照营造出色的展览效果。在白炽灯尚未淘汰的地方,应将其放置在离可移动文化遗产展品较远的地方,且用罩子罩住,以保证可移动文化遗产的安全。此外,应尽可能减少光照时间,如参观者不在展览场所时,应关闭所有灯光或者用遮光布覆盖那些盛有珍贵展品或是对光异常敏感展品的展柜。

5.2.3.3 展柜(架)的设计

纸质可移动文化遗产必须放入展柜或展架中展览,这是保护纸质可移动文化遗产免受展览区环境影响的又一道防线,通过创造微环境阻挡多种空气中的危害以及来自参观者的直接接触,并在短时间展览过程中减少温度和相对湿度变化给可移动文化遗产带来的影响。展架或展柜的制作和使用需要符合相关要求,其中材料挑选、密封性能、垫圈设计和放置方式等,都是必须考虑的问题。

(1)材质选择

木头、木头密封胶、画纸、黏合剂、垫圈材料和展板布都有可能释放酸性有害气体,对银和铝等材料造成明显破坏,并以微妙的形式侵蚀纸张。为此,有些文献保护专家建议在展柜上设置通风孔,通过换气将木头释放的酸性有害气体排出,但空气交换会破坏展柜的微环境,将外部空气中的灰尘和污染物等带入展柜,同样不利于展品保存。因此,用安全的材料制造展柜是必须考虑的。

选用木料时,无论是软木还是硬木,都应选取有害气体释放量较低的品种。但在目前的可移动文化遗产保护工作中,由于既结实又便宜的胶合板和其他的一些混合板被频繁地用于展柜制作,这些材料大多由黏合剂及树脂制成,树脂中包含了甲酸的氧化物——甲醛,对可移动文化遗产的影响比实木大得多。因此,选择材质时,应优先使用实木材料。如果必须使用胶合板材料,胶合板使用的黏合剂应使用比较稳定的苯酚甲醛黏合剂,而不是尿素甲醛等很不稳定的黏合剂，且最好只在外部的黏合板中使用。

(2) 湿度控制

虽然展柜可以为可移动文化遗产提供一个微环境，但是在相对湿度较高的季节仍然无法完全阻止湿气渗入展柜，为此，需要使用硅胶作为增强或者维持指定相对湿度值的缓冲器。

硅胶是一种晶莹的材料，使用前为其设定一个相对湿度值，当相对湿度值过高时，它会吸湿；相对湿度值过低时，则可以增湿；一旦饱和就会变干燥，需要将硅胶放入300℃的炉内加热3小时再重新使用。

(3) 隔离措施

确保可移动文化遗产不直接与展柜(架)接触也是可移动文化遗产展览过程中需要考虑的问题，目前常用的方法是在展柜(架)内的所有木质表面覆盖上合适的隔离材料，尤其是用混合木或者栎木做成的展柜(架)，以减少木质材料对可移动文化遗产的破坏。隔离材料应尽可能选用化学成分稳定且相对不透明的材料，如聚酯胶片、四合板和聚乙烯泡沫板等，并在安装前将木料密封，以进一步减少气体的排放。密封剂应该选择非油质产品，防止其自身散发出有害气体，如水质的聚氨酯密封剂和双层的环氧密封剂，并在3周的干燥期内执行适当的安全预防措施。

(4) 附属设施

展览柜(架)的其他组成部分，如布衬里、黏合剂和用来使箱子密封的垫圈等，都必须谨慎选择。布衬里应当选择没有上色的棉、亚麻布、涤纶或者棉和涤纶混合物等，因为经过染色的布料容易褪色，不宜使用；丝制布料是酸性的，也不推荐使用。所有布料在使用之前都必须认真洗涤，以消除任何变形的可能，并禁止与展品直接接触。如果必须使用经过染色的布料，则应洗涤至面料不再褪色为止。垫圈应该使用丙烯酸或者聚四氟乙烯塑料，而不是橡胶，目前最好的黏合剂是丙烯酸树脂或者热熔性胶水，而不是蛋白质胶水或者硝酸纤维素。涂抹在展柜上的涂料可以使用丙烯酸或者乳胶涂料，但不能使用丙烯酸或者乳胶涂料封口，因为其密封性不佳，封口时最好使用双层的环氧涂料。

5.3 可移动文化遗产保护应急管理

国际档案理事会灾害防治委员会编制的《档案馆灾害预防指南》将"灾害"定义为：自然的、人为的或二者综合引起的不期而至并且造成严重破坏的事件。可见，灾难不是单纯的自然现象或社会现象，而是一种具有自然—社会双重属性的复杂现象。可移动文化遗产灾害是由其内部以及外部因素共同所造成的，危害可移动文化遗产的安全、影响可移动文化遗产价值形态的现象。灾害对可移动文化遗产的破坏往往是巨大的，如2004年印度洋海啸给印度尼西亚带来的档案损失，以及2008年"5·12"汶川特大地震造成数以万计的可移动文化遗产被掩埋或者水淹等。因此，做好可移动文化遗产灾难预案以及灾后恢复也是可移动文化遗产保护工作的重要内容之一。

5.3.1 可移动文化遗产常见灾难及危害

可移动文化遗产灾害的发生是一种复杂现象。按照发生的原因，灾害可以分为自然灾害和人为灾害两大类。

5.3.1.1 自然灾害

可移动文化遗产的自然灾害是指由于自然界的异常变化而造成的可移动文化遗产损毁、丢失等现象和相关事件，其对可移动文化遗产的影响通常包括直接破坏和二次破坏两部分，直接破坏主要指可移动文化遗产及保管部门的建筑设施、装具设备等受破坏等；二次破坏是指因为灾害而引起的掩埋、水灾、火灾、停电、爆炸等次生灾害对可移动文化遗产造成的第二次损害。

常见的可移动文化遗产自然灾害主要有地震、火山、滑坡、泥石流、海啸、台风、风暴潮、洪水、冻害、雹灾、森林火灾、虫害等。这些灾害大多具有不可预见性和不可控制性，常对可移动文化遗产造成大范围无法挽回的损害，因而成为可移动文化遗产灾难防治工作的重点。以汶川地震为例，这次自然灾害对当地及周边地区档案馆、图书馆、博物馆等的建筑造成巨大破坏，对其保管的可移动文化遗产造成严重损毁。以档案馆及其所藏档案文献遗产为例，四川省内阿坝、绵阳、德阳、成都、广元、雅安等6个重灾区的国家综合档案馆馆藏档案425万余卷中，有61万多卷档案处于严重受损的危房之中，全省有43 915平方米档案馆舍受到不同程度损坏。北川县档案馆在地震中完全坍塌，档案被泥石瓦砾掩埋，被雨水淹渍霉变。

5.3.1.2 人为灾害

人为灾害主要指由于人的不当行为或操作而造成的重要破坏，如火灾、爆炸、战争、核污染、计算机病毒等，其形成也应当同时具备两个条件：一是要有操作失误或者破坏性活动等作为威胁；二是要有受到损害的人、财产、资源作为承受灾害的客体。由此，可移动文化遗产人为灾害是指由于人的不当行为或者失误操作而造成的可移动文化遗产损毁、丢失等现象和相关事件，其破坏分为直接破坏和二次破坏。直接破坏主要指人为造成的可移动文化遗产被篡改、损坏或偷盗等以及对档案库房和柜架装备的破坏。二次破坏是指直接破坏对可移动文化遗产保护工作造成的影响以及所带来的国家损失和社会影响等。

常见的可移动文化遗产人为灾害主要包括操作失误、疏忽大意、故意犯罪、突发火灾、黑客攻击、战争、恐怖袭击、大气污染等，与自然灾害不同，这些灾害在某种意义上可以用人的理性和智慧控制，具有非突发性、可防范性、隐伏性、渐变性、惩罚性和目的性等特征，因此其破坏范围通常比自然灾害小，破坏程度却在大多数时候比自然灾害大。如1987年四川省某办公楼被盗窃犯行窃纵火一案，致使其档案室保存的5 923卷档案遭受不同程度的损毁。再如，2003年的美伊战争使伊拉克成千上万的档案文件、历史记录、古籍、古地图和照片永远消失。

5.3.2 可移动文化遗产应急管理流程

增强档案馆、图书馆、博物馆等可移动文化遗产保护部门抵御各种灾害的能力，确保国家可移动文化遗产资源的完整与安全是可移动文化遗产保护的重要任务和使命。欧盟理事会早在2003年5月6日关于档案的决议中强调，各成员国在灾害防治领域必须紧密合作，并在《扩大后的欧盟档案报告》中将灾害预防置于非常重要的地位。

5.3.2.1 应急预案

制定灾害应急预案是建立可移动文化遗产灾害防治与恢复工作机制的基础和依据，在国外，无论是档案馆、图书馆还是博物馆，大多由专业人员制订相应的防灾计划或者应急处置机制。

应急预案是可移动文化遗产保管部门为预防自然灾害以及人为灾难等突发事件，事先消除潜在的危险，合理安排人员，以最大限度地降低灾害对可移动文化遗产的破坏而专门设计的一套系统的应急方案。它是一份综合性的防灾计划书，从内容上看，应该包括对灾害的预防和准备措施，灾害发生后的响应机制和步骤，灾害过后的恢复措施及在这些过程中的人员配备、权责划分等；从构成上看，通常根据可移动文化遗产灾害的过程，分为灾前、灾中和灾后三个阶段分别制定的计划和措施，以确保将可移动文化遗产灾难可能波及的方面都考虑在内。

各级各类可移动文化遗产保护机构应该以《国家突发公共事件总体应急预案》为依据，具体问题具体分析，编制总体预案与专项预案相结合的可移动文化遗产灾害应急预案，明确各项可移动文化遗产救灾工作的责任与义务，具体包括：灾害预报部门发出灾情预警或工作人员发现灾情后，受灾部门应负责本行政区域内发生的重大突发性灾情报送工作，迅速组织力量赶赴现场核实灾情，在2小时内向同级政府和上级行政管理部门报告，并通报相关职能部门，灾情严重的，可同时越级上报；同级政府和上级行政管理部门接到报告后,应及时组织人员现场核实、评估灾情,对灾害发生的背景、时间、区域、影响范围,受灾的严重程度和等级,可移动文化遗产损失情况,人员和其他财产损失情况,救灾工作情况经及灾区存在的主要困难和问题等进行详细统计;受灾档案室馆在灾情稳定前执行24小时灾情报告制度,要与同级党委、政府及救灾机构保持不间断通信联络,及时掌握灾情动态,并随时上报;灾情稳定后,相关部门应组织力量全面开展灾情核定工作,保证灾情数据的完整、准确等。

5.3.2.2 防灾准备

可移动文化遗产灾害应急预案建立后,应该按照要求做好可移动文化遗产灾害防治的各项准备工作,如加强对本部门常见可移动文化遗产灾害规律的研究;购买必要的防灾器具设施;加强可移动文化遗产工作人员的防灾意识宣传、防灾技能培训与演练,明确防灾工作人员的职责和权限等,以提高部门和人员的灾害防范、预警和应对能力。

(1)把握灾害规律

灾害发生一般具有规律性,尤其是人类不可控制的自然灾害,往往都具有周期性规律,例如,沿海地带的台风、海啸等气候灾害具有周期性规律,西部多山地区的滑坡、泥石流等突发性灾害也具有频发时段和稳定时段的规律等。如果可以把握这些灾害的内在规律性,并对其特征进行研究和分析,制定科学合理的防备措施,对可移动文化遗产灾害的科学预报和防范具有重要意义。为此,各级各类可移动文化遗产保管部门应该加强与当地地质部门、气象部门等灾害预警防御部门的联系和合作,主动学习和了解相关灾害发生、发展的特征和规律,以便在灾害来临前和到来时准确地采取应对和补救措施,从而减缓灾害的破坏程度,并有效降低灾害防御的成本。

(2)应急物资储备

一定的救灾资金预算是确保可移动文化遗产防灾与恢复工作正常进行的前提和保障,各级政府应该按照"救灾工作分级负责,救灾资金分级负担"的原则，根据本地区的财力增长、物价因素、居民生活水平等实际状况，每年安排可移动文化遗产灾害防治与恢复专项资金，并将资金落到实处，以确保在灾害发生时有充足的资金用于可移动文化遗产的抢救和保护工作。此外，各级各类可移动文化遗产保管部门应该按照相应的建筑设计规范的要求，设置抗灾必要的安全防护设施；配备防火、防震、去湿、去酸、消毒、密封等必要的安全保护设备和耗材；购置紧急转移所需的装具、车辆、通信工具等；储备紧急避险场所临时保管受灾可移动文化遗产时所需的帐篷、简易房、光源等。

(3) 应急技能培训

可移动文化遗产应急管理是一项考验保护工作人员技能、知识、人品、体能等综合素质的艰巨任务，因此，需要平时对参与灾害防治的所有工作人员，包括从领导到技术骨干，再到普通员工，都进行相应层次和程度的培训，并组织编写适用于本部门的《应急管理工作指南》，作为指导可移动文化遗产应急管理工作参考材料，并可以作为可移动文化遗产应急管理教育培训的重要教材。

(4) 应急模拟演练

除了技能培训，还需要将理论知识用于实践，即进行定期或不定期的可移动文化遗产的应急模拟演练，以确保工作人员对保管可移动文化遗产的建筑结构有相当的了解；对容易出现问题的水管、电路等场所区域了如指掌；对紧急情况时发出警报准确掌握，第一时间通知相关负责的人员，并联络公安、消防、急救、抢险等部门；可以在最短时间内关闭总水源、电源，迅速找到所有库房的钥匙等，从而保证灾害发生时，有一批训练有素的专业人员能够立即投入应急行动，完成可移动文化遗产救灾任务。

(5) 权责划分

做好上述准备工作后，还需要事先明确灾害发生时的人员调配，明确灾害发生后可移动文化遗产救灾工作组的构成人员，对有限的可移动文化遗产救灾人员进行分工，确保每个人在平时预防和应急处理时都有明确的职责、义务和权力等，各司其职，以保证整个应急管理工作能够有条不紊地进行。美国温莎大学的防灾人员职责划分方法值得借鉴，即将人员分为三类，分别是"灾害预防组""灾害行动组"和"灾害恢复组"，分别针对预防、应急和灾后修复工作，每类人员职责明确，平时的训练和演习具有极强的针对性。

国际档案理事会1997年专门出版的《档案馆防灾减灾指南》、国际图联(IFLA)2006年出版的《灾害准备和规划简明手册》以及我国国家档案局2008年发布的《档案馆防治灾害工作指南》，可以作为编制可移动文化遗产防灾与恢复工作指南和手册的参考，是开展档案灾害防治与恢复工作的依据。

5.3.2.3 灾害预警

虽然可移动文化遗产灾害具有很强的不可预测性，但是通过技术手段和管理措施的综合应用，建立潜在灾害的早期检测和预警、处警机制，仍然可以在一定程度上为灾害防治工作争取更多的时间。为此，各级各类可移动文化遗产保管部门应该建立健全完善的灾害预警系统，为自然灾害的预报和人为灾害的防范提供第一道警戒线。

(1)实时监控

及时发现和报告潜在威胁是可移动文化遗产灾害预警的关键。完备的实施监控系统需要做到：一是健全值班制度，即安排专职工作人员全天24小时不间断值班，对馆内的温度、湿度、电路、水管、空气指数、各种安全设备等进行定期的和不定期的日常安全检查和监控，一旦发生灾情，能够及时发现和汇报；二是设立自动监控系统，即综合运用现代化的监控和监测技术，对馆内的防火设施、防盗设施、温度、湿度、空气质量等进行全面的不间断的测量和控制，一旦发生灾情及时自动报警；三是加强与灾害预报机构的合作，对于地震、暴雨、台风、火山、战争、计算机病毒等大型灾害的监控，仅凭本馆的设备和条件无法准确预报，必须主动实时与专门的灾害防御部门联系，以便尽早获得灾害情报。

(2)警报响应

警报响应是指可移动文化遗产保管部门发现和接到灾害警报后所采取的行动,主要包括接收警报和处置警报两部分工作。接受警报的主要任务包括接收、收集、记录灾情信息和预警信息,对灾害预警信息进行科学分析和鉴别,判断预警信息的真实性、可靠性,并确定灾害的类型、性质、程度等,为警报处置工作奠定基础。工作人员辨别和确认了灾情疑惑,要及时将可移动文化遗产灾害的发生时间、类型、位置、初步判定的原因、损失的程度等报告馆长、副馆长及职能机构负责人。处置警报的主要任务包括根据接受警报工作者的分析报告,迅速、准确地选择启动何种专项预案,判断救灾工作所需的人力、物力数量等,并及时通知各个灾害应急小组,在最短的时间内投入灾害应急处置行动。警报处置方案制定好以后,要及时向有关领导和政府应急管理机构上报,如实反映可移动文化遗产的受灾情况及处置情况,并尽快联系有关单位,寻求援助。

目前,预警技术已经相当发达,但要建立完善的预警系统,需要强大的资金作支撑,因此,应当做好充足的预算。花费在"防患于未然"中的成本远比灾害发生后造成的损失少。

5.3.2.4 现场抢救

现场抢救是可移动文化遗产灾害防治的关键环节,处理不当则有可能加重受灾可移动文化遗产的损坏程度。因此,必须根据当时的天气状况、结合具备的人力、物资、设备等条件,制定科学合理的救灾方案,采取有力措施,提高可移动文化遗产现场抢救的效率、质量和水平,最大限度地及时防止受灾可移动文化遗产继续受损。

(1)勘查现场

灾害发生后,应尽快组织有经验的人赶赴现场,查看可移动文化遗产的受损情况,检查可移动文化遗产是否被掩埋、水浸或火烧等,予以初步评估。同时需要对现场的建筑物破坏情况、抢救条件及条件等进行勘察和估测，然后一并上报灾害应急指挥中心，以便确定突发事件的等级和制定后续抢救方案。

（2）专项立案

得到现场的勘察结果后，受灾部门应该根据相关制度和专项预案，迅速成立灾害应急指挥部，统一指挥现场处置工作；对勘察结果进行研究，迅速商讨和制定受灾可移动文化遗产的转移和抢救方案；根据方案需要设置抢救工作小组，并合理配置各个小组的人力、物力，确保小组间的有机协调；及时与专家、公安、消防、武警等有关单位进行联系，第一时间请求救援；同时注意做好现场人员的防护和治安工作。

（3）紧急补救

在勘查现场和专项立案的同时，还应该派业务熟练的工作人员赶赴现场，对受灾可移动文化遗产采取一些就地补救措施，如关上破裂水管的闸门、切断电源、扑灭正在燃烧的物品、收拾已浸水的遗产等。就地补救可以最大限度地挽救灾害现场的可移动文化遗产，减少损失，但往往具有很大的风险，甚至危及抢救者的生命。

（4）快速转移

将灾害现场的可移动文化遗产尽快转移至安全的地方是接下来抢救工作的重点，因为一方面，灾害现场已经不具备存放可移动文化遗产的条件，未受损的档案随时都有可能遭受破坏；另一方面，灾害现场的条件极其恶劣，房屋倒塌、电力中断等不便于抢救工作的开展，并且灾害还有可能再次发生，如地震中的余震不断、刮风下雨等。为此，必须及时召集经过培训的抢险队，尽早把灾害现场的可移动文化遗产转移至安全的地方。

（5）简单修复

对于已经转移到安全地带的可移动文化遗产，应按照优先抢救方案分别进行紧急修复。因为很多受灾可移动文化遗产如果等有专门的修复工具后再予以修复则早就毁于一旦，如遭受水浸的纸质可移动文化遗产，如若在48小时后仍未得到合适处理，便会滋生真菌，造成更大的损坏。但是，有些时间限制性不强但技术性要求较高的受灾可移动文化遗产,则最好转移到专门的保管机构后再予修复,例如,烧焦的各种可移动文化遗产藏品碎片,只有专业的技术才可以再现。

现场抢救是一项与时间赛跑的紧张任务,紧急情况随时都可能发生,有时甚至有生命威胁,因此,整个现场抢救工作的部署必须精密、科学、有序,同时还要求参与现场救灾的工作人员具有较高的觉悟和高尚的品格,只有这样才可以避免造成更多惨痛损失。

5.3.2.5 灾后恢复

灾难发生后,有些可移动文化遗产可能遭受水浸、火烧、发霉、玷污等损坏,为此,需要利用专门的可移动文化遗产修复技术尽可能恢复这些受灾档案的原貌,以继续发挥可移动文化遗产信息资源的价值和作用。目前可移动文化遗产的修复技术已经提升到了新的高度,对各种受灾可移动文化遗产几乎都可以予以修复(详见4.1.3)。限于篇幅,本书以水浸可移动文化遗产为例简要介绍灾后恢复工作的内容。

如前文所言,水浸档案一般在48小时内会产生真菌,气温高的情况下会更快,因此必须尽快采取措施。真空冷冻干燥技术是目前修复水浸可移动文化遗产最及时、最有效、最理想的方法,其原理是将含有大量水分的材料先冻结至冰点以下(通常-10℃~-40℃),形成固体,然后在高真空条件下加热,使水蒸气直接从固体中升华出来进行干燥。使用冷冻干燥技术修复水浸可移动文化遗产的具体步骤如下。

(1)检查

检查纸张上有无明显绒毛状菌丝体,如果有则应尽快与其他实物型可移动文化遗产隔离开,然后用医用脱脂棉球蘸取75%的酒精轻轻擦除霉斑,把霉变现象消灭在萌芽状态。如果霉变现象比较严重,则应先冷冻保存,以免进一步恶化,待日后再分批进行除霉。

(2)包装

即用塑料袋将水浸可移动文化遗产分卷包装(每卷档案要单独装入塑料

袋），再放入有支撑作用的塑料箱内，以避免水浸后材料变形，同时也防止湿透的可移动文化遗产放入冷库后由于堆积而冻结在一起。如果有些可移动文化遗产已发生粘连，则可装在同一袋内，不应强行分离开而造成二次损害。

（3）冷冻

即将包装好后的水浸可移动文化遗产分格放置在真空冷冻干燥机的隔板上，然后关上机门，缓缓降温，直到温度降到-40℃以下。在此之前需先将水浸可移动文化遗产放于温度为4℃~6℃的冷藏柜内10小时左右，使可移动文化遗产的温度循序渐进地降低，这称为过渡处理。

（4）干燥

在水浸可移动文化遗产冷冻完成后，开动真空泵进行真空干燥，经过一段时间，纸页就会干燥如初。需要注意的是，经过干燥后的纸页从真空干燥机内取出时，最好用塑料布包一下，以免外界水蒸气在图书、档案等可移动文化遗产表面凝结。

使用真空冷冻干燥技术修复水浸可移动文化遗产具有以下优点：可以在不损害可移动文化遗产原貌的情况下，按保存要求去除其中的水分；可对冷冻的可移动文化遗产进行分期分批的处理，速度快、效率高；采用专业设备进行快速干燥，可以避免传统干燥法周期长、效率低、操作风险大的缺陷；效果理想，有粘连现象的纸张干燥后会自动分离开；通过冷冻可以有效防止真菌的滋生，为可移动文化遗产的抢救和恢复争取更多时间等。

5.3.3 可移动文化遗产应急管理系统

汶川、玉树地震中的各种可移动文化遗产应急管理工作表明，应对突发性灾害是需要多个部门参与、包括多项业务流程的复杂工作。如何统筹安排多个部门的各项业务流程成为可移动文化遗产应急管理必须思考的问题。为此，需要从系统论的角度出发，运用业务流程管理（Business Process Management，BPM）思想，设计一个可移动文化遗产应急管理。应急管理系统，目的在于帮助档案部门在突发性灾害发生之前科学地设计预案，以最大限度地降低突发性灾害对档案的破坏程度，维护档案遗产的完整与安全。

5.3.3.1 BPM 与可移动文化遗产应急管理系统应急管理

BPM 是 20 世纪 90 年代初美国著名企业管理大师迈克尔·汉默提出的"一种以规范化地构造端到端的卓越业务流程为中心，以持续地提高组织业务绩效为目的的系统化管理方法"[1]。它"利用先进的工作流技术，在一个存在内部事件和外部事件的环境中，由一组相互依赖的业务流程出发，对业务进行识别、描述、建模、设计、组合和维护，并对其进行持续改进"[2][3]。优化业务流程之间的组合打破了过去"重业务流程优化、轻业务流程组合"的壁垒，这是 BPM 的突出贡献。在企业管理领域，多数业务处理遵从"8/2 法则"，即处理业务时 80% 的时间花费在等待、排队或跟踪等流程上，称作"等待时间"；只有 20% 的时间用于处理业务，称作"任务时间"。传统的应用业务系统偏重"任务时间"的缩减，而 BPM 则认为要大幅提高工作效率不仅仅要注重"任务时间"，同时要优化公司的业务流程，减少"等待时间"。[4] 2008 年国际著名咨询机构 Gartner 将 BPM 评为"十大战略性技术"之一。

基于上述分析，可以将 BPM 思想应用于可移动文化遗产应急管理系统的设计中。一方面，可移动文化遗产应急管理系统是由多个业务流程组成的，不仅包括灾害来临时的灾情估测、应灾工作部署和受灾文献抢救等，还包括平时的应灾物资储备、应灾技能培训、应急预案设立以及灾后的受损文献修复、文献工作恢复、经验总结等，对这些流程进行规范和优化，可以缩短"任务时间"；另一方面，可移动文化遗产应急管理系统包含多个参与主体，如汶川地震时的可移动文化遗产应急管理工作是由受灾部门、兄弟部

---

[1] 葛星，黄鹏. 流程管理理论设计工具实践[M]. 北京：清华大学出版社，2008：5.
[2] 凤羽翚，李严峰，叶琼伟. 业务流程管理[M]. 北京：清华大学出版社，2009：33.
[3] 张意，蒋玉明，傅静涛，赫熙煦. 基于工作流的业务流程管理技术应用[J]. 计算机工程，2008(10)：88.
[4] 孙洪林. 业务流程管理是大势所趋[J]. 信息方略，2008(19)：19.

门、气象部门、地质部门、武警部队、政府部门和很多企事业单位等共同参与，不同参与主体的责任不同，统一的管理和安排是确保各主体之间各司其职的同时又相互配合的关键，只有这样才可以减少"等待时间"。可见，BPM可以应用于可移动文化遗产应急管理系统的设计，以提高可移动文化遗产应急管理工作的效率。

5.3.3.2 基于BPM的可移动文化遗产应急管理系统

结合可移动文化遗产应急管理工作的实际，应用BPM时可以分为三个阶段：一是"前期准备阶段"，包括设计目标的确立、设计原则的制定、设计方法的选取等；二是"系统设计阶段"，包括业务流程识别、业务流程描述、业务流程规范、业务流程组合、顶层架构设计以及以此为基础的系统结构图绘制；三是"试用维护阶段"，主要指系统的试用反馈和优化改进。这三个步骤相互衔接、环环相扣、循环往复形成了一个完整的生命周期。

应急管理系统，如图5-1所示。

(1) 前期准备阶段

前期准备阶段即确立合理的设计目标以保证设计工作的正确方向，制定设计原则以指导设计工作的顺利开展，选择正确的设计方法以提高设计工作的效率。

1) 设计目标确立

由于可移动文化遗产应急管理系统包括多个维度，其目标的设立需要具体分析。首先，在政策环境层面，可移动文化遗产应急管理系统是国家信息安全保障体系的组成部分，因此其设计的首要目标是符合国家信息安全保障体系建设有关政策的基本要求；其次，在系统设计层面，鉴于"如果等待时间能减少50%，那么整体业务时间就可以减少40%"，系统设计的主要目标是缩短"等待时间"[①]；再者，在具体应用层面，建立可移动文化遗产应急管理系统是为了提高其保管部门应对突发性灾害的能力，最大限度地降低突发

---

① 孙洪林. 业务流程管理是大势所趋[J]. 信息方略，2008(19): 19.

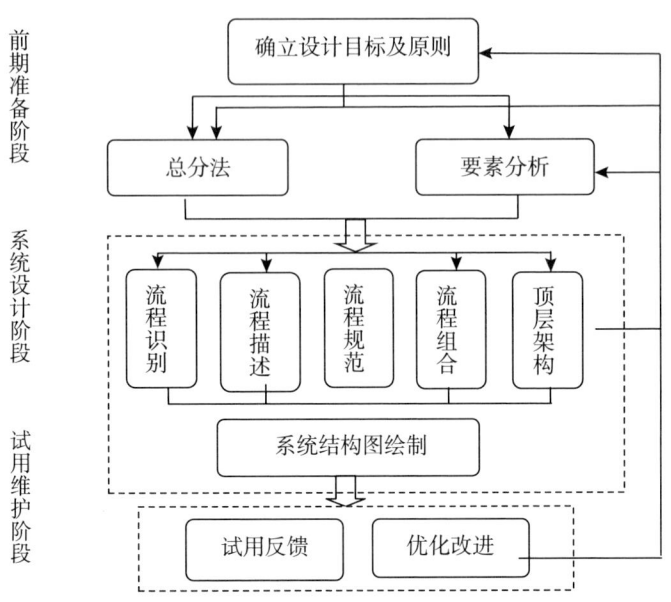

图 5-1 可移动文化遗产应急管理系统设计方案

性灾害对其破坏的程度,因此其最终目标是抵御和应对突发性灾害。设计时应同时考虑上述三个目标,以政策导向为制高点,以减少"等待时间"为要求,以应对灾害为落脚点。

2) 设计原则制定

业务流程设计需要遵循符合组织环境要求、以用户满意为中心和业务流程的资源约束三个原则。① 可移动文化遗产应急管理系统是一个特殊的管理系统,它与一般业务流程管理既有共通性又有区别,其设计原则主要包括:一是安全性原则,以国家构建信息安全保障体系的方针政策为指导,最大限度地降低突发性灾害的破坏程度;二是适用性原则,以应对不同类型的可移动文化遗产突发性灾害为目的,尽可能地适应各种突发状况;三是可行性原

---

① 左美云.CIO 必读教程:CIO 知识体系指南[M].北京:电子工业出版社,2004:211.

则,以充分考虑可支配的应灾物资和人力为前提,确保设计成果切实可用;四是综合性原则,以时间、部门、层级等为线索,进行多维立体设计。设计可移动文化遗产应急管理系统时能否遵守上述原则,直接关系到容灾流程管理能否缩短"等待时间",进而决定着能否实现系统设计的目标。

3) 设计方法选择

总分法和要素分析法是流程管理领域比较常用的两种系统分析和设计方法,前者重在把握各个业务流程之间的相互关系;后者在于规范和界定每个业务流程的内容和要求,二者结合使用才可以实现 BPM 不仅仅缩短"任务时间"还要缩减"等待时间"的目标。"企业业务流程设计是建立在系统思考分析的基础上的,采用系统一体化方法……关注的是整体最优,而不是局部最优。"①

可移动文化遗产应急管理系统设计同样采用总分与要素分析相结合的流程设计方法。使用总分法时,依据活动时间将可移动文化遗产容灾工作结构化、模块化,每个模块下按照活动主体分解成多个工作单元,每个工作单元按照职能划分为具体的工作任务,这样自顶向下层层分解,最终形成一个连贯的工作体系,如图 5-2 所示;采用要素分析法时,依据系统论的相关理论

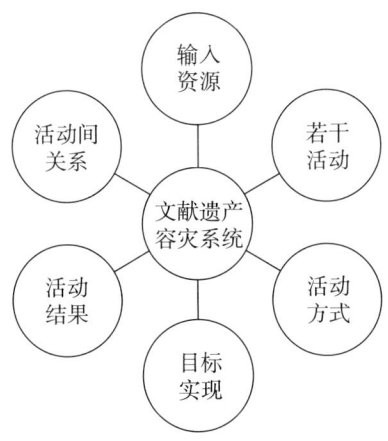

图 5-2 基于总分法的可移动文化遗产应急管理系统设计思路

---

① 蒋志青. 企业业务流程设计与管理[M]. 北京:电子工业出版社,2004:91.

将可移动文化遗产应急管理系统分为输入资源、若干活动、活动间关系、活动方式、活动结果、目标实现等组成要素，对各个要素进行分析，找出彼此之间的时间与因果关系，然后根据这些关系对每个业务流程进行开发和设计，如图5-3所示。

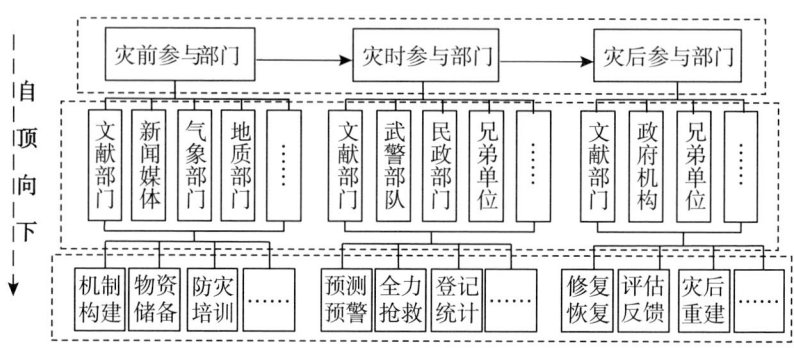

图5-3　基于要素分析法的可移动文化遗产应急管理系统设计思路

（以文献遗产为例）

(2) 设计实施阶段

设计实施阶段是依据可移动文化遗产应急管理系统的设计目标和设计原则，采用总分法与系统分析相结合的方法，具体展开可移动文化遗产应急管理系统的各项设计工作，以得到一个功能齐全、结构完整的系统结构图的过程。根据一般业务流程管理系统的设计步骤与过程，可移动文化遗产应急管理系统的设计实施主要包括以下阶段。

1) 业务流程识别

"流程"指一个或一系列有规律的行动，这些行动以确定的方式发生或执行，导致特定结果的出现。① 活动方式、活动承担者、活动结果是构成流程的三个基本要素，三者相互作用就构成了活动的结果。对流程进行识别就是

---

① 蒋志青. 企业业务流程设计与管理[M]. 北京：电子工业出版社，2004：8.

识别流程的三要素,其常用方法是"通过时间和结果逆向识别"①,即在识别流程时,首先确认预期的流程结果是什么,并判断出与该结果直接相关的事件或人,即寻找流程的终点,然后再根据输入与输出的相应关系,逆向寻找和识别相应的流程,例如将可移动文化遗产保管机构通过培训和演练提高工作人员应灾能力的活动看作一个业务流程。一般情况下,可移动文化遗产应急管理系统主要包括容灾机制建设、容灾预案设立、容灾责任制制定、容灾物资储备、容灾技能培训与演练、档案备份、灾害监测预警、灾情估测上报、应灾工作部署、受灾文献抢救、受灾文献处置、受灾文献修复、灾后工作重建、容灾档案资料收集、灾后经验总结等流程。

2)业务流程描述

业务流程描述是指用人工语言将抽象的业务流程活动主体、活动内容、活动方式、预期结果等表达出来,如《档案工作突发事件应急处置管理办法》将档案工作突发性灾害的监测预警业务流程描述为:各级档案行政管理部门、各级国家档案馆、中央和国家机关档案部门应指定专门机构或人员负责突发事件的日常监测工作,建立突发事件预警机制,及时收集有关政府机构、气象部门发出的预警信息……②这准确地表达了档案灾害监测预警业务流程的三要素,即活动主体是"各级档案行政管理部门……"活动内容和方式是"日常监测、及时收集预警信息等",活动结果是"防止危害和事故的发生"。

3)业务流程规范

"业务流程的规范主要是指对各项管理业务的范围、内容、程序和处理方法进行规定……"③其主要目的是将各项可移动文化遗产容灾工作与其相

---

① 左美云.CIO必读教程:CIO知识体系指南[M].北京:电子工业出版社,2004:212.

② 国家档案局,中央档案馆.国家档案局、中央档案馆关于印发《档案工作突发事件应急处置管理办法》的通知(档函〔2008〕207号)[S].2008.

③ 陈京民.管理信息系统[M].北京:清华大学出版社,北京交通大学出版社,2006:112.

应的参与主体联系起来,确保每项工作顺利开展,每个部门各司其职。具体内容包括:依据各业务流程的特点和作用进行命名;对各业务流程的职责范围、程序和方式等进行界定;规范活动主体和权责关系等。业务流程规范通常可以采用文字和图表两种方法,前者操作简单,但是太过抽象不易理解;后者虽然操作起来复杂,但是比较直观、表达清晰,有助于计算机识别和处理。规范的档案可移动文化遗产灾害监测与预报工作,如图5-4所示。

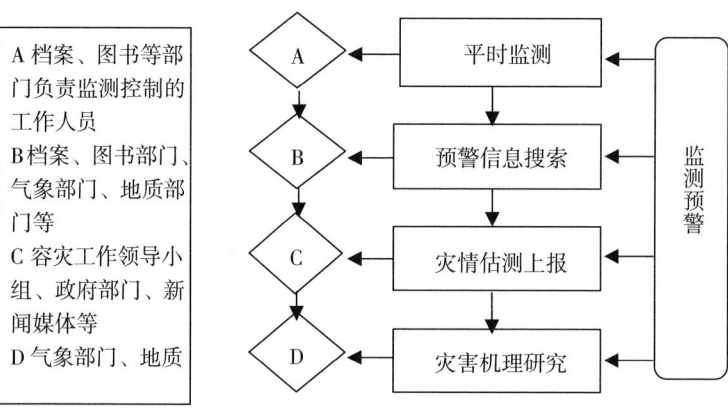

图 5-4 "监测预警"业务流程规范

4) 业务流程组合

业务流程组合是将功能相近的业务流程结合在一起构成一个相对独立的功能单元,形成系统中层架构的过程。学界对可移动文化遗产应急管理内容进行了研究①②,这可以为可移动文化遗产容灾提供借鉴。容灾工作所有业务流程可以依据时间与职能组合为五个功能单元:一是筹备防范,是可移动文化遗产容灾的前提和基础,贯彻"以防为主,防治结合"的文献保护原则;二是监测预警,是决定可移动文化遗产容灾响应速度的关键,直接决定着可

---

① 马运虎,于成志. 档案灾害容灾管理"四步走"[J]. 兰台世界,2009(5):46-47.
② 杨秀淼,李金英,马嫱. 突发重大自然灾害档案工作探究[J]. 中国档案,2008(9):23-24.

移动文化遗产容灾工作的成效;三是应急处置,是最为艰巨的一项任务,与时间赛跑,晚一秒就可能造成难以挽回的受损;四是修复重建,是尽快恢复可移动文化遗产保护工作和提供利用的保障;五是评估反馈,是进一步完善可移动文化遗产容灾工作,提升档案部门应对突发性灾害能力的有效途径。上述五个模块前后衔接、相互协调、相互补充,构成了可移动文化遗产容灾工作的生命周期,如图 5-5 所示。

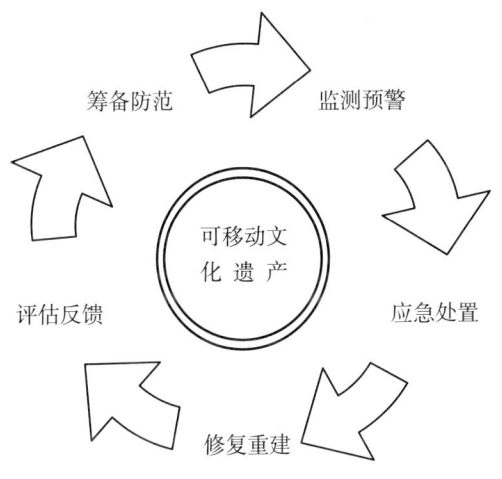

图 5-5 可移动文化遗产的中层架构

5)顶层架构设计

根据 BPM 的系统设计思想,一个完整的系统还应包含顶层架构,可移动文化遗产应急管理系统的顶层架构是指由其保管部门和相关行政管理人员构成的应急管理工作领导小组,其主要职责是对中层架构中的五个功能模块以及各个功能模块下的基本业务流程进行统筹规划和集中管理。工作内容包括:建立健全可移动文化遗产容灾工作的机制、应急预案和管理责任制;开展应灾技能培训与演练;监督各项可移动文化遗产容灾工作的开展与实施;制定突发性灾害发生时的工作方案;为本单位的可移动文化遗产容灾工作创造条件;加强与兄弟单位之间的交流与合作等。

6）系统结构图绘制

为了更好地认识系统和分析系统，把握系统各要素之间的相互关系，需要绘制系统结构图，即用图形、线条、箭头和简单的文字说明表示系统各要素及其关系。利用功能模型IDEF0方法①可以绘制可移动文化遗产应急管理系统结构图，如图5-6所示。

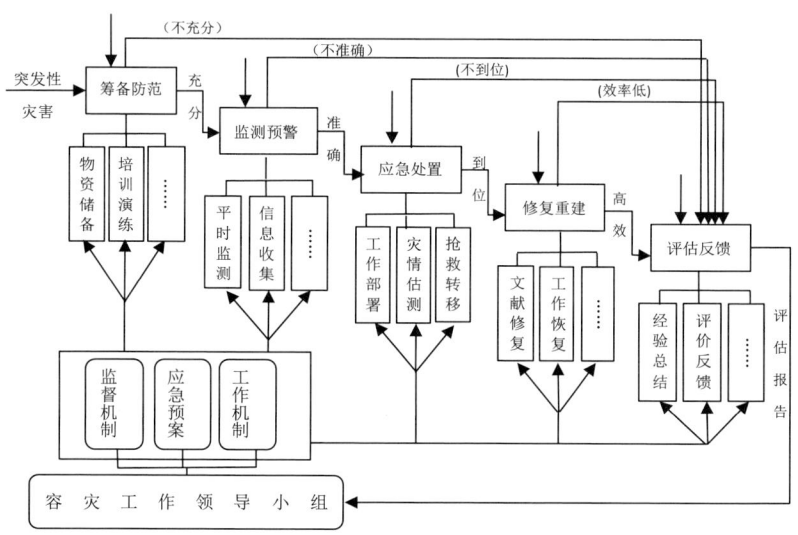

图5-6 基于IDEF0的可移动文化遗产应急管理系统结构图

（3）试用维护阶段

业务流程的设计不是一蹴而就和一劳永逸的，需要在使用过程中反复修改和优化。可移动文化遗产应急管理系统也是如此，不同的突发性灾害的产生机理、破坏方式、受灾程度以及参与救灾的部门不完全一样。平时的防灾技能培训与演练是试用和检验可移动文化遗产应急管理系统的机会，此外，还可以借助于计算机模拟突发性灾害发生全过程，在虚拟环境下检验系统的合理性、实用性、通用性等。一旦在试用中发现问题，就应该认真分析，提

---

① 李枫林.企业业务流程管理[M].武汉：武汉大学出版社，2005：77-83.

出问题，并积极寻找解决问题的方案，对原有的可移动文化遗产系统结构图进行修改。对于可移动文化遗产应急管理系统的优化可以采用BPM中经常使用的ECRS(取消、合并、重排、简化)流程改进方法[①]："取消"所有不必要的业务流程，有必要取消的流程就不必研究如何改进；"合并"必要的工序，不能取消的工作可以研究能否合并；"重排"必需的工作程序，取消和合并后，还要将所有程序按照业务的逻辑或信息的流向进行重排顺序；"简化"必需的工作环节，经过前三步处理后的业务流程还可进行必要的简化。

5.4 可移动文化遗产保护项目管理

随着国家重点档案抢救与保护工程、古籍善本保护计划等重大项目的开展和实施，项目管理的思想逐渐在可移动文化遗产保护工作中得到应用和发展，对于较为重要的可移动文化遗产，可以申报可移动文化遗产保护项目，并通过项目管理的思想进行指导，促进可移动文化遗产保护项目的顺利开展。

5.4.1 可移动文化遗产保护项目的确立

可移动文化遗产保护项目确立的主要方式是对馆藏可移动文化遗产的保护需求进行调查和评估，即在制定可移动文化遗产保存计划之前明确本机构的可移动文化遗产保护需求，提出满足这些需求的行动方案，并以调查报告的形式予以表达。

调查是制定保存计划的基础，必须予以认真设计[②]。设计时必须做到：

①评估相应机构内影响收藏保存的所有政策、实践和条件；

---

① 倪庆萍.管理信息系统原理[M].北京：清华大学出版社，北京交通大学出版社，2006：192.

② 陈汗青，邵宏，彭自力.设计管理基础[M].北京：高等教育出版社，2009：91.

②说明相应机构所有收藏的总体状况、需要改进的地方以及如何对收藏进行长期保存;

③明确特殊的保存需求、提出满足这些需求的行动建议并确定所建议行动的优先次序;

④覆盖存放可移动文化遗产的整体建筑,确定收藏的潜在危险,考虑诸如环境、存储、安全和利用、常规事务、保护处理以及政策和实践等因素;

⑤对于馆藏可移动文化遗产多样化、保存需求复杂的机构而言,还需要针对特殊收藏或不同类型资料的特殊问题或特殊需求进行补充性调查。

调查完成后需要将所有信息以正式调查报告的形式记录下来。调查报告是起草保存计划的工具,必须包含所有需要的信息,使用简洁易懂的语言和便于锁定与提取的格式表达。

5.4.2 可移动文化遗产保护项目的设计

可移动文化遗产保护项目确立之后需要根据实际情况设计项目的目标和实施步骤等。与其他领域的项目设计一样,可移动文化遗产保护项目的设计不应被视作一个关于保护操作技巧的晦涩难解的过程,相反地,应是一个将可获得的资源分配于各种行动和职责的过程。

可移动文化遗产保护项目设计的目标和优先次序应以机构使命为依据,还应以连贯的、具有详细说明的收藏政策为基础。如果机构使命声明或是收藏政策过于笼统,不能清晰地作为制订保存计划的基础,则应重新撰写,以反映保存机构的真实目标并清楚地说明收藏品如何支持这些目标。

标准的战略规划制订方法论适用于可移动文化遗产保护工程(项目)中可移动文化遗产长期保存计划的制订,为此需要重视标准的作用。

在确定机构保存优先次序之前,需要掌握收藏机构内部与保存问题相关的各个方面的可靠数据。需要收集的信息包括:可移动文化遗产恶化现状的程度和类型,可移动文化遗产存储和使用的环境状况(诸如火灾探测与扑灭、保安措施等保护收藏品防止受损或丢失的系统和政策等)。

5.4 可移动文化遗产保护项目管理

所收集的关于收藏品状况、环境状况、其他收藏相关因素以及价值评估的信息，最终都要综合相应机构所能调用的资源以及工作人员的技术能力进行衡量，进而阐明所确定的需求。在此，计划制定过程进入了实践领域，必须确定那些确实有可能采取的行动。

计划制订者应意识到，一些可以显著延长收藏品寿命的行动可以在不增加预算的情况下实施。例如，对员工和用户进行保管和使用方面的培训，依照标准修订装帧合同，实施系统化的馆藏和库房维护，制订灾难预案，遵循保存标准购买存储设备和用品，与工厂经理合作保持稳定的温度和相对湿度，将保存方面的考量纳入所有政策和程序等。上述行动，均可在现有人力资源和预算分配的情况下实施。

相对地，如下选择通常需要增加预算：大量更新重要的保存家具或保存空间；通过翻新建筑或安装新的气候控制系统，来改进较差的环境状况；建立一个系统的改进项目，在内部或与别的机构签订合同，来提供保护方案。

任何计划过程都必须考虑政治环境，计划项目都是在这个环境中实施的。因此，有必要像注意到技术不足和资源缺乏那样，注意到政治方面的障碍。大多成功的保护工程(项目)都依赖于行政管理机构的支持。这种支持在计划过程的一开始就应该明确。在计划进展过程中，这种支持应该被有规律地记录，以便于提出的建议得到批准。资源能够被获取，工作人员有时间和能力使用确定的预算方案或新的资金，实现这些要求的准则是现成的，确保这样的准则是重要的。这意味着，要保持上级机构或母机构的行政管理人员的参与和对计划过程的支持。

可移动文化遗产保护项目也依赖于和保存机构中其他人员的合作。为了使最大限度的合作成为可能，计划首先应该预先阻止争夺地盘的事情发生，通过使那些最终会受到影响的人加入，并使他们相信所建议的那些改变的重要性，从而实现这一点。同样的，和外部人员，如建筑管理者或设备工程师合作完成部分保护项目是必要的。再次，告诉他们升级建筑系统或修复幸存的收藏品的重要性，也是很重要的。

5.4.3 可移动文化遗产保护项目的实施

"项目管理就是把各种知识、技能、手段和技术应用于项目活动之中,以达到项目的要求。"①项目管理是一种有生命力并能实现复杂企业目标的良好方法,已成为现代管理学的重要分支。

(1) 立项

立项即确定项目目标。"任何一个项目领导最需要的东西是一个定义明确的、大家都理解的目标。"②立项是项目管理的开端,标志着一个新项目的确立。除了确定项目目标,还需要估计所需投入的资源,组建项目实施所需的组织,并指定项目负责人员。

(2) 计划

项目确立以后的首要任务是制定一个构思良好的项目计划,具体阐明项目实施的范围、进度和费用等。完善的项目计划可以最大限度地降低项目失败的概率,并保证在既定时间内达到预期效果。从顺序上看,项目计划的制订由5个部分主要活动组成:就项目目标达成共识、确定里程碑目标、确定高层次的职责、计划项目活动、安排项目计划日程。从内容上看,项目计划包含很多任务,如项目达到的目标、达到目标的中间步骤、期限、参与者、参与方式、阶段目标等。③

可移动文化遗产保护项目的计划应该由档案保护部门、图书保护部门、博物馆部门等按照具体工作内容详细分解,分成独立的可衡量的活动,选择适当的形式,制订计划或方案,并做好必要的准备,然后以书面形式向项目主管部门上报方案。项目主管机构接到方案后,对方案进行审核并对所选方

---

① 美国项目管理协会. 项目管理知识体系指南[M]. 卢有杰,王勇,译. 第3版. 北京:电子工业出版社,2005.

② 拉乌夫·G. 加塔,桑德拉·L. 麦基. 实用项目管理[M]. 北京:机械工业出版社,2003.

③ 苏选良. 管理信息系统:应用导向的理论与实践[M]. 北京:电子工业出版社,2009:320.

案提出修改意见,然后经研究评定后按活动规模、影响范围、申办单位的条件确定等级,给予不同程度的资金支持和重视。

(3)实施

可移动文化遗产保管机构应该指定某个部门或者专门的负责人统一管理所有保护项目,对项目的审批、实施与审查进行严格把关,对项目实施的过程、进度、效果等实行动态监督和控制,并要求相关部门给予积极配合。具体讲,主要包括以下几个方面:控制进度计划、控制经费预算、检查实施质量和反馈实际完成情况等。

可移动文化遗产保护项目的顺利实施需要各方通力配合,项目主管部门应积极有效地参与,监督项目实施进度、协调项目实施过程中的问题,为项目实施提供必要服务等;项目团队遇到无法克服的困难时,应及时向有关部门寻求帮助和支持;项目负责人必须严格按照计划方案实施,一般情况下不得擅自改动项目内容。

(4)控制

"由于项目的一次性和独特性,在过程管理中实施有效的项目控制,是实现过程目标和最终目标的前提和关键。"[①]

项目控制是指行为主体,为保证在变化的条件下实现其目标,按照事先拟定的计划和标准,通过采用各种方法,对被控对象实施中发生的各种实际值与计划值进行对比、检查、监督、引导和纠正,以保证计划目标得以实现的管理活动。项目控制包括成本控制、进度控制、质量控制、风险控制等多个方面,具体控制措施包括会议、进程报告、过程审计、风险跟踪、偏差分析报告乃至一些技术相关性很强的活动,如测试和同行评审,也可被归入控制范畴。[②]

项目控制应由项目主管部门执行,通过观察并定期测量项目的绩效,识

---

① 王凡林,石贵泉,关红军.现代项目管理精要[M].济南:山东人民出版社,2006.
② 陈文晖.项目管理的理论与实践[M].北京:机械工业出版社,2008:208-209.

别项目管理计划在执行中的偏差,及时找出潜在的问题,并在必要时采取纠正措施,控制项目的各个过程顺利进行。在可移动文化遗产保护项目中,各档案、图书、文物行政管理机关对于可移动文化遗产保护负有不可推卸的责任。鉴于可移动文化遗产保护项目的实施进度控制、质量控制和实际完成情况控制等方面还存在着诸多问题,国家档案局等行政主管机关需要成立专门的组织机构对各级可移动文化遗产保护项目统一管理,或委托国家档案局技术部和其他机构代管,通过组成可移动文化遗产保护项目管理办公室或专家团,发挥主管部门和专业人士的作用,及时了解各项目的实施情况,纠正偏离项目计划情况的发生,为项目管理提供技术培训、标准方针与程序制度等方面的支持,及时采取控制措施,以确保项目正常有序地进行。

(5) 收尾

项目完成后进行验收是一项必不可少的程序,也是项目的收尾环节。在收尾之前,应当将自查和他查、全面检查和局部检查、中期检查和结项检查相结合,保证被抢救可移动文化遗产的质量。国家档案局或者受委托单位根据总结报告及所掌握的情况给予各可移动文化遗产保护项目承办单位评定意见,包括奖惩情况、结算批复等,并以此作为后期预算的依据。对于每一份上交的可移动文化遗产保护成果,各级档案部门一定要以实事求是的态度,认真负责地进行验收,对于不合乎要求的档案保护成果需要重新处理,为可移动文化遗产保护项目的实施把好关。

5.4.4 可移动文化遗产保护项目的保障

可移动文化遗产保护的顺利实施,仅靠明确的目标、项目实施计划与控制方案是不够的,还需要从资金来源、人员配置、组织管理、标准制度等方面落实,这是保障可移动文化遗产保护顺利实施的前提。

保障包括硬件和软件的落实。其中,硬件落实主要包括人、财、物三个方面的落实,软件落实主要包括标准、制度和组织管理的落实。上述因素中,标准部分见本书的第 6 章。其他内容,限于篇幅,本书不做赘述。

6 可移动文化遗产保护标准体系

可移动文化遗产保护标准体系是以提高可移动文化遗产保护工作效率为目的，从技术和管理两个层面，建立覆盖可移动文化遗产保护各个层面的、便于规范化操作的，既相互衔接又相互协调的各种标准结合而成的有机整体。可移动文化遗产保护标准体系既是规划和开展可移动文化遗产保护工作的依据，又是衡量和评价可移动文化遗产保护工作成效的尺度。构建可移动文化遗产保护体系，离不开可移动文化遗产保护标准体系的支撑。

标准体系属于可移动文化遗产保护体系建设中的顶层设计与宏观管理。标准体系建设的缺失、滞后，都会造成可移动文化遗产保护技术和保护管理方面的失控，导致可移动文化遗产保护工作无法实施；相反地，标准体系完善、实施得力，则可以大大提升可移动文化遗产保护的水平，最大限度地实现可移动文化遗产保护的效益。从这个角度看，可移动文化遗产保护标准体系建设具有极其重要的意义。

6.1 可移动文化遗产保护标准体系概况

可移动文化遗产是"人工制作的，具有一定历史、文化、艺术、科学、技术或社会价值藏品的集合。"[①]档案、图书、文献以及馆藏文物等都是可移

---

① 周耀林. 可移动文化遗产保护策略研究[D]. 武汉：武汉大学, 2005: 24.

动文化遗产的重要组分。鉴于不同类型可移动文化遗产之间的差异，其标准体系的建设不仅要包括普适于各种可移动文化遗产保护的标准，即总体性标准，而且还要包括针对档案、图书、文献以及馆藏文物等具体类别可移动文化遗产保护的相关标准，即专用性标准，如图6-1所示。

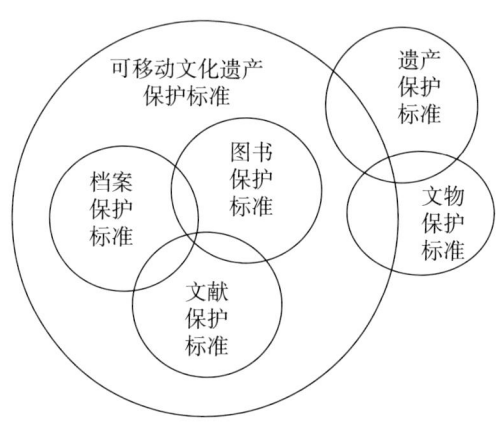

图 6-1 可移动文化遗产保护标准体系的组成

依据使用范围的不同，可移动文化遗产标准体系可被分为国际标准和各国标准两大部分。通过对国际标准、各国标准进行系统的梳理，尤其是结合我国国家标准和行业标准，综合可移动文化遗产总体性保护、具体类别可移动文化遗产保护的相关标准，可以得到可移动文化遗产保护标准体系建设的总体状况。这也是可移动文化遗产保护标准体系的主要来源，如图6-2所示。

6.1.1 可移动文化遗产保护国际标准

国际标准是由国际三大主要标准组织——国际标准化组织(ISO)、国际电工委员会(IEC)和国际电信联盟(ITU)制发的标准，其他国际组织制成的标准，经国际标准化组织确认后方能作为国际标准，如 EN 标准，国际标准

6.1 可移动文化遗产保护标准体系概况

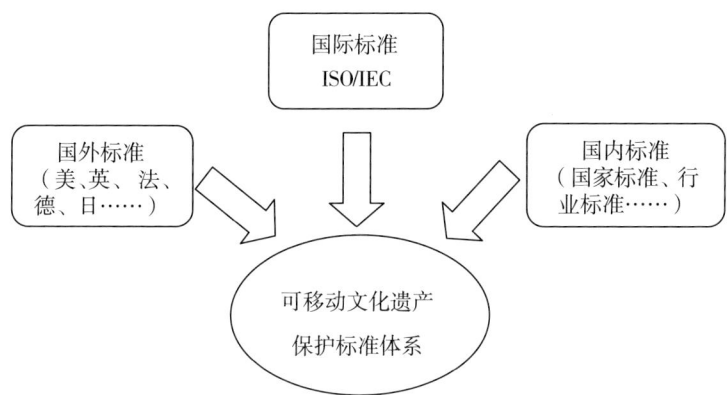

图6-2 可移动文化遗产保护标准体系的组成

可在全世界范围内统一使用①。

基于ISO②、IEC③、斯坦福大学保护在线④等网站,以"archives""library""document""heritage"为关键词,对可移动文化遗产保护标准进行查询和筛选,同时结合中国标准化研究院网站⑤、中国标准网⑥以及国家文物局、国家档案局、国家图书馆等官网上公布的国际标准进行补充,可以了解到可移动文化遗产保护国际标准建设的现状。

6.1.1.1 主要制发机构简介

可移动文化遗产保护国际标准主要由国际标准化组织(ISO)、国际电工

---

① 百度百科. 国家标准[EB/OL]. [2011-10-11]. http://baike.baidu.com/view/31962.htm.

② ISO-International Organization for Standardization[EB/OL]. [2011-09-21]. http://www.iso.org/iso/home.html.

③ Welcome to IEC-International Electrotechnical Commission[EB/OL]. [2011-09-21]. http://www.iec.ch/.

④ Conservation OnLine[EB/OL]. [2011-09-21]. http://cool.conservation-us.org/.

⑤ 中国标准化研究院[EB/OL]. [2011-10-15]. http://www.cnis.gov.cn/.

⑥ 中国标准信息网[EB/OL]. [2011-09-21]. http://www.chinaios.com/.

委员会(IEC)制定和颁布。此外，由 CENLEC 和 CEN 机构颁布的欧盟标准(EN)也位属其列。

国际标准化组织(ISO)：国际标准化组织英文全称为 International Organization Standardization 或 International Standard Organized，缩写为 ISO。该机构成立于 1946 年，是一个由各国标准化团体组成的世界性联合体，在国际化领域具有十分重要的地位，是可移动文化遗产保护国际标准的主要制定和颁布机构①。

国际电工委员会(IEC)：国际电工委员会英文全称为 International Electrotechnical Commission，缩写为 IEC。该机构成立于 1996 年，是世界上成立最早的国际性电工标准化机构，主要负责有关电气工程和电子工程领域中的国际标准化工作，其中部分标准涉及可移动文化遗产的保护，其权威性为世界一致公认②。

欧洲标准组织(CENELEC、CEN)：CENELEC 机构成立于 1976 年，旨在协调欧洲有关国家标准机构所颁布的电工标准和消除贸易上的技术障碍，其成员由欧洲共同体 12 个成员国和欧洲自由贸易区 7 个成员国的国家委员会组成，主管电工技术的全部领域。CEN 机构成立于 1961 年，主管电工技术以外的其他领域。CENELEC 与 CEN 长期分工合作后，又建立了一个联合机构，名为"共同的欧洲标准化组织"，简称 CEN/CENELEC，CENELEC 主管电工技术的全部领域，而 CEN 则管理其他领域。两个机构颁布的 EN 标准，能赋予某成员国的有关国家以合法地位，或撤销与之相对立的某一国家的有关标准。③

---

① 百度百科. 国际标准化组织[EB/OL]. [2011-10-05]. http：//baike. baidu. com/view/42488. htm.

② 百度百科. 国际电工委员会[EB/OL]. [2011-09-21]. http：//baike. baidu. com/view/159311. htm.

③ 中国商务部. 欧洲的标准化机构和认证机构 CEN、CENELEC 和 EOTC 简介[EB/OL]. [2011-09-21]. http：//kjs. mofcom. gov. cn/aarticle/d/200208/20020800034962. html.

6.1.1.2 国际标准统计与分析

根据查询结果可知,与可移动文化遗产保护相关的国际标准共计66项,依据其颁布时间的先后顺序进行统计,结果见表6-1。

表6-1 可移动文化遗产保护国际标准

序号	标准号	颁布时间	中文名称	英文名称
1	ISO 5630—1—1991	1991	纸和纸板;加速老化;第1部分:在105℃时的干热处理	Paper and board; accelerated ageing; Part 1: dry heat treatment at 105℃
2	ISO 9706—1994	1994	情报和文献—文件用纸的耐用性的要求	Information and documentation-Paper for documents-Requirements for permanence
3	ISO 5630—3—1996	1996	纸和纸板—加速老化—第3部分:在85℃和60%相对湿度下的湿热处理	Paper and board-Accelerated ageing-Part 3: Moist heat treatment at 80℃ and 65% relative humidity
4	ISO 10324—1997	1997	信息和文献—保存说明—概括程度	Information and documentation-Holdings statements-Summary level
5	ISO 11800—1998	1998	信息和文献—图书生产中使用的装订方法和装订材料的要求	Information and documentation-Requirements for binding materials and methods used in the manufacture of books
6	ISO 12757—2—1998	1998	圆珠笔和笔芯—第2部分:文件用	Ball point pens and refills-Part 2: Documentary use (DOC)
7	ISO 14145—2—1998	1998	滚珠笔和笔芯—第2部分:文件用	Roller ball pens and refills-Part 2: Documentary use (DOC)
8	EN ISO 9706—1998	1998	情报和文献—文件用纸的耐用性的要求	Information and documentation-paper for documents-Requirements for permanence

续表

序号	标准号	颁布时间	中文名称	英文名称
9	ISO 11798—1999	1999	信息和文献工作—纸上书写、印刷和复制的永久性和持久性—要求和试验方法	Information and documentation-Permanence and durability of writing, printing and copying on paper-Requirements and test methods
10	ISO 18917—1999	1999	摄影技术—已加工的摄影材料中残留的硫代硫酸盐及其他相关化学残留物的测定方法—碘—直链淀粉法，亚甲蓝法和硫化银法	Photography-Determination of residual thiosulfate and other related chemicals in processed photographic materials-Methods using iodine-amylase, ethylene blue and silver sulfide
11	ISO 18919—1999	1999	成像材料—热处理银盐微缩胶片—稳定性规范	Imaging materials-Thermally processed silver microfilm-Specifications for stability
12	ISO 18920—2000	2000	成像材料—处理过的摄影反射光印相—贮存规程	Imaging materials-Processed photographic reflection prints-Storage practices
13	ISO 18904—2000	2000	成像材料—冲洗过的胶片—测定润滑性方法	Imaging materials-Processed films-Method for determining lubrication
14	ISO 18906—2000	2000	成像材料—照相胶片—安全胶片规范	Imaging materials-Photographic films-Specifications for safety film
15	ISO 18907—2000	2000	成像材料—摄影胶片和相纸—以锤击试验韧性	Imaging materials-Photographic films and papers-Wedge test for brittleness
16	ISO 18908—2000	2000	成像材料—摄影胶片—耐折叠性的测定	Imaging materials-Photographic film-Determination of folding endurance
17	ISO 18910—2000	2000	成像材料—摄影胶片和相纸—弯曲的测定	Imaging materials-Photographic film and paper-Determination of curl

续表

序号	标准号	颁布时间	中文名称	英文名称
18	ISO 18915—2000	2000	成像材料—抗氧化的银成像化学变化效果的评定方法	Imaging materials-Methods for the evaluation of the effectiveness of chemical conversion of silver images against oxidation
19	ISO 18918—2000	2000	成像材料—处理过的照相干版—存储实施规程	Imaging materials-Processed photographic plates-Storage practices
20	ISO 18923—2000	2000	成像材料—聚酯基磁带—储存规程	Imaging materials-Polyester-base magnetic tape-Storage practices
21	IEC 82045—1—2001	2001	文件管理—第1部分：原则和方法	Document management-Part 1: Principles and methods
22	ISO 15489—1—2001	2001	信息和文献—记录管理第1部分：总则	Information and documentation-Records management-Part 1: General
23	ISO 18902—2001	2001	成像材料—处理的摄影胶片、板和感光纸—铁粉外壳和存储容器	Imaging materials-Processed photographic films, plates and papers-Filing enclosures and storage containers
24	ISO/TR 15489—2—2001	2001	信息和文献—记录管理—第2部分：指南	Information and documentation-Records management-Part 2: Guidelines
25	ISO/TR 18930—2001	2001	成像材料—户外气候实验协议	Imaging materials-Protocols for outdoor weathering experiments
26	EN 82045—1—2001	2001	文件管理—第1部分：原则和方法	Document management-Part 1: Principles and methods
27	ISO 18901—2002	2002	成像材料—加工银胶质类黑白底片—稳定性规范	Imaging materials-Processed silver-gelatin type black-and-white film-Specifications for stability
28	ISO 18903—2002	2002	影像材料—摄影胶片和相纸的尺寸变化测定	Imaging materials-Films and paper-Determination of dimensional change

续表

序号	标准号	颁布时间	中文名称	英文名称
29	ISO 18905—2002	2002	成像材料—氨水处理过的重氮摄影胶片—稳定性规范	Imaging materials-Ammonia-processed diazo photographic film-Specifications for stability
30	ISO 18912—2002	2002	成像材料—处理过的微泡摄影胶片—稳定性规范	Imaging materials-Processed vesicular photographic film-Specifications for stability
31	ISO 18914—2002	2002	成像材料—摄影胶片和纸—测定摄影感光乳剂耐湿磨性方法	Imaging materials-Photographic film and papers-Method for determining the resistance of photographic emulsions to wet abrasion
32	ISO 18921—2002	2002	成像材料—只读光盘—温度和相对湿度效应的概率寿命的估算方法	Imaging materials-Compact discs（CD-rom）-Method for estimating the life expectancy based on the effects of temperature and relative humidity
33	ISO 18925—2002	2002	成像材料—光盘介质—储存惯例	Imaging materials-Optical disc media-Storage practices
34	ISO 18927—2002	2002	成像材料—可记录光盘系统—在温度和湿度影响的基础上评价预期使用期限的方法	Imaging materials-Recordable compact disc systems-Method for estimating the life expectancy based of the effects of temperature and relative humidity
35	ISO 18928—2002	2002	成像材料—未加工的摄像胶片和相纸—储存方法	Imaging materials-Unprocessed photographic films and papers-Storage practices
36	ISO 11799—2003	2003	信息和文献—归档和图书馆资料的文献存储要求	Information and documentation-Document storage requirements for archive and library materials

续表

序号	标准号	颁布时间	中文名称	英文名称
37	ISO 14416—2003	2003	信息和文献工作—归档和图书馆图书、期刊、丛书和其他纸型文献的装订要求—方法和材料	Information and documentation-Requirements for binding of books, periodicals, serials and other paper documents for archive and library use-Methods and materials
38	ISO 18913—2003	2003	成像材料—持久性—词汇	Imaging materials-Permanence-Vocabulary
39	ISO 18922—2003	2003	成像材料—已冲洗过的摄影胶片—测定耐划伤性的方法	Imaging materials-Processed photographic films-Methods for determining scratch resistance
40	ISO 18929—2003	2003	成像材料—湿处理银胶式黑白摄影反射光印片—避光储存规范	Imaging materials-Wet-processed silver-gelatin type black-and-white photographic reflection prints-Specifications for dark storage
41	ISO 18932—2005	2005	成像材料—胶粘系统—规范(第一版)	Imaging materials-Adhesive mounting systems-Specifications(First Edition)
42	ISO 18935—2005	2005	成像材料—版样上的彩色图像—印制彩色图像的室内防水性测定	Imaging materials-Colour images on paper prints-Determination of indoor water resistance of printed colour images
43	ISO 19005—1—2005	2005	文件管理—电子文件长久保存文档格式—第1部分 1.4版 PDF 的使用(PDF-A-1)	Document management-Electronic document file format for long-term preservation-Part 1: Use of PDF 1.4 (PDF/A-1)

续表

序号	标准号	颁布时间	中文名称	英文名称
44	ISO 6199—2005	2005	缩微摄影技术—在16mm和35mm银明胶型缩微胶片上拍摄文献—操作程序	Micrographics-Microfilming of documents on 16 mm and 35 mm silver-Gelatin type microfilm-Operating procedures
45	ISO/IEC 17799—2005	2005	信息技术—安全技术—信息安全管理实施规范	Information technology-Security techniques-Code of practice for information security management
46	ISO/TR 18492:2005	2005	基于文件的电子信息的长期保存	Long-term preservation of electronic document-based information
47	ISO 18909—2006	2006	摄影—处理过的摄影彩色胶片和纸张印迹—测量成像稳定度方法	Photography-Processed photographic colour films and paper prints-Methods for measuring image stability
48	ISO 18933—2006	2006	成像材料—磁带—扩展使用的维护和搬运练习	Imaging materials-Magnetic tape-Care and handling practices for extended usage
49	ISO 18934—2006	2006	成像材料—多媒体档案储存环境	Imaging materials-Mutiple media archives-storage environment
50	ISO 18926—2006	2006	成像材料—磁—光学磁盘储存信息—按温度和相对湿度的影响评估平均寿命的方法	Imaging materials-Information stored on magneto-optical (MO) discs-Method for estimating the life expectancy based on the effects of temperature and relative humidity
51	ISO 18902—2007	2007	成像材料—已加工的成像材料—相册、框架和存储材料	Imaging materials-Processed imaging materials-Albums, framing and storage materials

续表

序号	标准号	颁布时间	中文名称	英文名称
52	ISO 18916—2007	2007	成像材料—已加工的成像材料—用于外壳材料的摄影活性试验	Imaging materials-Processed imaging materials-Photographic activity test for enclosure materials
53	ISO 18921—2008	2008	成像材料——只读光盘—基于温度和相对湿度的影响估算预期使用寿命的方法	Imaging materials-Compact discs (CD-ROM)—Method for estimating the life expectancy based on the effects of temperature and relative humidity
54	ISO 32000—1—2008	2008	文件管理—可移植文件格式—第1部分：PDF 1.7	Document management-Portable document format-Part 1：PDF 1.7
55	ISO 18938—2008	2008	成像材料—光盘——扩充存储的维护和处理	Imaging materials-Optical discs-Care and handling for extended storage
56	ISO 5630—5—2008	2008	纸和纸板—加速老化—第5部分：暴露于升温至120℃的条件下	Paper and board-Accelerated ageing-Part 5：Exposure to elevated temperature at100℃
57	ISO/IEC 10995—2008	2008	信息技术—信息交换和储存用数字记录媒介—光学媒介档案寿命的评估用试验方法	Information technology-Digitally recorded media for information interchange and storage-Test method for the estimation of the archival lifetime of optical media
58	ISO 18932—2009	2009	成像材料—黏结安装系统	Imaging materials-Adhesives specification for use
59	ISO 27668—2—2009	2009	中性圆珠笔和笔芯—第2部分：文件使用	DOC Gel ink ball pens and refills-Part 2：Documentary use (DOC)
60	ISO 5630—6—2009	2009	纸和纸板—加速老化—第6部分：暴露于空气污染的条件下(二氧化氮)	Paper and board-Accelerated ageing-Part 6：Exposure to atmospheric pollution (nitrogen dioxide)

续表

序号	标准号	颁布时间	中文名称	英文名称
61	ISO/TR 10255—2009	2009	文档管理应用—光盘存储技术、管理及标准	Document management applications-Optical disk storage technology, management and standards
62	ISO/TR 15801—2009	2009	文件管理—信息电子存储—可信和可靠性推荐规范	Document management-Information stored electronically-Recommendations for trustworthiness and reliability
63	ISO 16175—1—2010	2010	信息和文献—电子办公环境中记录的原则和功能要求—第1部分：综述与原则声明	Information and documentation-Principles and functional requirements for records in electronic office environments-Part 1: Overview and statement of principles
64	ISO/TR 13028—2010	2010	信息和文献—记录数字化实施指南	Information and documentation-Implementation guidelines for digitization of records
65	ISO 19005—2—2011	2011	文献管理—长期保存的电子文献文件格式—第2部分：ISO 32000-1 的使用（PDF/A-2）	Document management-Electronic document file format for long-term preservation-Part 2: Use of ISO 32000-1 (PDF/A-2)
66	ISO/TR 14105—2011	2011	文献管理—成功实施电子文件管理系统变革管理	Document management-Change management for successful electronic document management system (edms) implementation

注：根据相关资料整理。

深入分析上表内容可以看出，可移动文化遗产国际标准呈现出一定的时间特征和内容特征。

(1) 时间特征

从颁布时间来看，现行可移动文化遗产保护国际标准最早颁布于1991年，最晚则颁布于2011年，其20年间，几乎每年都有新的标准被修订或指定，且数量总体呈递增趋势，见图6-3。这反映出可移动文化遗产保护的国际关注度在持续上升，同时也表明随着可移动文化遗产保护工作的发展，其标准化建设问题日益受到重视。

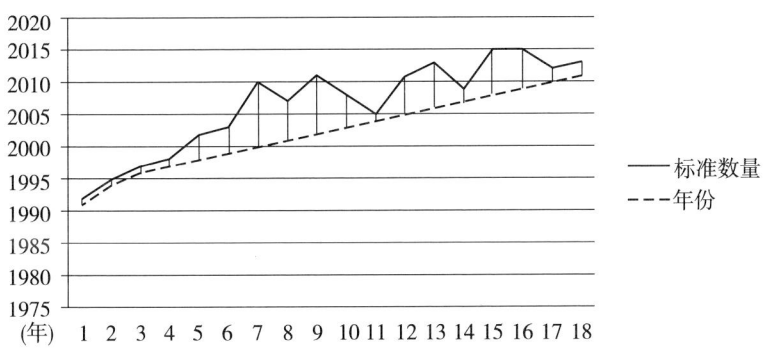

图6-3 可移动文化遗产保护国际标准的年度分布

(2) 内容特征

从内容上看，可移动文化遗产保护国际标准具有较高的分散性，即总体性的标准较少，针对具体类型可移动文化遗产而制定的标准较多。具体来说，关于纸质实物型可移动文化遗产保护的标准，主要涉及相关业务工作的规范、保存环境的维护与改善，以及文献载体材料、记录材料以及装订材料的选择与规范等；声像实物型可移动文化遗产保护标准主要包括胶片、磁带和光盘的保护，其中尤以胶片保护的相关标准数量最多，主要涉及相关业务工作的规范、声像文献性能的检测，以及物理和化学防护的方法；数字型可移动文化遗产保护的相关标准则主要集中在电子文件存档格式的规范，信息安全技术的运用，可信、可靠性的维护，电子文件记录原则的规范以及电子文献管理系统的设计、研发与推广上,见表6-2。

值得一提的是,现行的可移动文化遗产保护的国际标准在"档案保护""图书保护""文物保护"上的界线并不明显,而是以"文献保护"或"文件保护"加以笼统概括。

表6-2   可移动文化遗产保护国际标准分析

范围	分类	主要内容
纸质实物型可移动文化遗产	相关业务工作的指导与规范	文件管理原则与方法、记录管理、装订方法、业务环节(书写、印刷和复制)永久性和持久性要求
	材料的选择与维护	载体材料(纸张)的耐用性要求、记录材料(圆珠笔、滚珠笔、中性圆珠笔)性能要求、装订材料的选择
	保存环境的优化与控制	存储环境规范、不良环境影响程度检测(干热、湿热、空气污染、高温)
声像实物型可移动文化遗产	相关业务工作指导与规范	胶片、磁带、光盘的存储规程,缩微摄影技术的操作规程
	性能测试方法介绍	胶片物理形状测试、润滑性测试、韧性测试、耐折性测试、弯曲性测试、耐湿磨性测试
	物理保护技术	热处理、氨水处理后胶片稳定性维护、存储材料、存储容器的选择、破损胶片粘接材料与方式选择、基于温度和湿度的光盘、磁盘、磁带平均寿命估算、光盘存储技术总结与推广、户外其后试验协议
	化学保护技术	胶片中硫代硫酸钠残留物测定、胶片抗氧化测试
数字型可移动文化遗产	相关业务工作指导与规范	记录原则和功能需求,存储过程中可信、可靠性维护,基于长期保存的电子文件存档格式,可移植文件格式
	保护技术研发与推广	信息安全技术、数字化实施方案、电子文献管理系统(EDMS)

6.1.2 可移动文化遗产保护国外标准

国外标准主要是由区域性组织、发达国家以及国际权威团体所制发的标准。此外，由其他国际组织制订未经国际标准化组织(ISO)确认但已公布的标准也属于国外标准的范畴。这些标准属于国外先进标准[①]。鉴于本书讨论的范围主要限于国外先进标准，因此本书仍然用国外标准加以简称。

6.1.2.1 主要制发机构简介

本书以"archives""library""document""heritage"为关键词，在 ANSI[②]、BSI[③] 网站对可移动文化遗产的国外标准进行查询与筛选，同时结合中国标准化研究院网站、中国标准网，以及国家文物局、国家档案局、国家图书馆等官网上公布的国外标准进行补充，可以总结出国外标准制发的基本情况。

可移动文化遗产保护国外标准的制发机构以世界经济技术发达国家和国际权威团体为主，其中尤以美国国家标准学会(ANSI)、英国标准学会(BSI)、法国标准化协会(AFRON)、德国标准化协会(DIN)和日本工业标准调查会(JIS)五国较为突出。

美国国家标准学会(ANSI)：美国国家标准学会英文全称为 American National Standards Insitute，缩写为 ANSI。该机构正式成立于 1966 年，是美国自愿性标准体系中的协调中心。美国国家标准学会虽然是非营利性质的民间标准化团体，但实际上已成为国家标准化中心，在协调并指导全国标准化活动，帮助标准制订、研究和使用单位，提供国内外标准化情报中发挥着重

---

① 百度百科. 国外先进标准[EB/OL]. [2011-10-01]. http：//baike. baidu. com/view/2114240. htm.

② ANSI — American National Standards Institute — Standards Store[EB/OL]. [2011-09-22]. http：//webstore. ansi. org/.

③ BSI — British Standards Institution [EB/OL]. [2011-10-15]. http：//www. bsigroup. com/.

大作用，该机构制发的标准以"ANSI"表示①。

英国标准学会(BSI)：英国标准学会的英文全称为 Britain Standard Institute，缩写为 BSI。该机构成立于1901年，是国家标准化中心，也是世界上最早的非官方的全国性标准化机构，在国际上具有较高的声誉，该机构制发的标准以"BS"表示②。

法国标准化协会(AFNOR)：法国标准化协会的英文全称为 Association Françoise de Normalization，缩写为 AFNOR，该机构根据法国民法，正式成为政府承认和资助的全国标准化主管机构，组织和协调全国标准化工作，参与国际和区域性标准化机构的活动，该机构制发的标准以"NF"表示③。

德国标准协会(DIN)：德国标准协会的英文全称为 Deutsches Institute for Normung，缩写为 DIN。该机构成立于1917年，是一个经注册的私立协会，同时也是德国最大的具有广泛代表性的公益性标准化民间机构。1951年，DIN 参加国家标准化组织，该机构制发的标准始终坚持结合国家和欧洲的动向，以"DIN"表示④。

日本工业标准调查会(JIS)：日本工业标准调查会的英文全称为 Japanese Industrial Standards Committee，缩写为 JIS。该机构成立于1949年，是日本全国性标准化管理机构，该机构制发的标准以"JIS"表示，是日本国家级标准中最重要、最权威的标准⑤。

此外，美国防火协会、美国保险商也参与可移动文化遗产保护相关标准

---

① 百度百科. 美国国家标准学会[EB/OL]. [2011-10-01]. http://baike.baidu.com/view/1501471.htm.
② 百度百科. 英国标准学会[EB/OL]. [2011-10-02]. http://baike.baidu.com/view/158157.htm.
③ 百度百科. 法国标准化协会[EB/OL]. [2011-10-02]. http://baike.baidu.com/view/158161.htm.
④ 百度百科. DIN[EB/OL]. [2011-10-02]. http://baike.baidu.com/view/1254888.htm.
⑤ 百度百科. 日本工业标准调查会[EB/OL]. [2011-10-02]. http://baike.baidu.com/view/158171.htm.

的制订。限于篇幅，选取上述四个发达国家为代表对可移动文化遗产保护的国外标准进行统计和分析，从中可见一斑。

6.1.2.2 主要国外标准统计与分析

对上述五国标准机构颁发的标准进行统计和分析，可以得到52项与可移动文化遗产保护相关的标准，见表6-3。

表6-3　　代表性现行可移动文化遗产保护国外标准

序号	标准号	标准名称	颁布时间	标准类别
1	QJ2426.1—1993	档案缩微品管理规定.管理要求与方法	1993	档案保护
2	QJ2426.2—1993	档案缩微品管理规定.保存技术要求	1993	档案保护
3	DA/T11—1994	文件用纸耐久性测试法	1995	档案保护
4	WH0502—1996	公共图书馆建筑防火安全技术标准	1996	图书保护
5	DA/T15—1995	磁性载体档案管理与保护规范	1996	档案保护
6	DA/T16—1995	档案字迹材料耐久性测试法	1996	档案保护
7	JGJ38—1999	图书馆建筑设计规范	1999	图书保护
8	JGJ38—1999	图书馆建筑设计规范(条文规范)	1999	图书保护
9	DA/T21—1999	档案缩微品保管规范	1999	档案保护
10	JGJ25—2000	档案馆建筑设计规范	2000	档案保护
11	JGJ25—2000	档案馆建筑设计规范(条文说明)	2000	档案保护
12	DA/T24—2000	无酸档案卷皮盒用纸及纸板	2000	档案保护
13	DA/T25—2000	档案修裱技术规范	2000	档案保护
14	DA/T26—2000	挥发性档案防霉剂防霉效果测定法	2000	档案保护
15	DA/T27—2000	档案防虫剂防虫效果测定法	2000	档案保护
16	GA27—2002	文物系统博物馆风险等级和安全防护级别的规定	2002	文物保护
17	DA/T29—2002	档案缩微品制作记录格式和要求	2002	档案保护

续表

序号	标准号	标准名称	颁布时间	标准类别
18	DA/T31—2005	纸质档案数字化技术规范	2005	档案保护
19	WH/T20—2006	古籍定级标准	2006	图书保护
20	WH/T21—2006	古籍普查规范	2006	图书保护
21	WH/T23—2006	古籍修复技术规范与质量要求	2006	图书保护
22	WH/T24—2006	图书馆古籍特藏书库基本要求	2006	图书保护
23	DA/T35—2007	档案虫霉防治一般规则	2007	档案保护
24	WW/T0003—2007	馆藏出土竹木漆器类文物病害分类与图示	2008	文物保护
25	WW/T0008—2007	馆藏出土竹木漆器类文物保护修复方案编写规范	2008	文物保护
26	WW/T0009—2007	馆藏金属文物保护修复方案编写规范	2008	文物保护
27	DA/T37—2008	历史图牒档案修裱技术规范	2008	档案保护
28	DA/T38—2008	电子文件归档光盘技术要求和应用规范	2008	档案保护
29	WW/T0010—2008	馆藏金属文物保护修复档案记录规范	2009	文物保护
30	WW/T0011—2008	馆藏出土竹木漆器类文物保护修复档案记录规范	2009	文物保护
31	WW/T0013—2008	馆藏丝织品病害与图示	2009	文物保护
32	WW/T0014—2008	馆藏丝织品保护修复方案编写规范	2009	文物保护
33	WW/T0015—2008	馆藏丝织品保护修复档案记录规范	2009	文物保护
34	WW/T00116—2008	馆藏文物保存环境质量检测技术规范	2009	文物保护
35	WW/T0017—2008	馆藏文物登录规范	2009	文物保护
36	WW/T0018—2008	馆藏文物出入库规范	2009	文物保护
37	WW/T0019—2008	馆藏文物展览点交规范	2009	文物保护
38	WW/T0020—2008	文物藏品档案规范	2009	文物保护
39	DA/T43—2009	缩微胶片数字化技术规范	2009	档案保护

续表

序号	标准号	标准名称	颁布时间	标准类别
40	DA/T45—2009	档案馆高压细水雾灭火系统技术规范	2009	档案保护
41	DA/T47—2009	版式电子文件长期保存格式要求	2009	档案保护
42	DA/T48—2009	基于XML的电子文件封装规范	2009	档案保护
43	WW/T0021—2008	陶质彩绘文物病害与图示	2010	文物保护
44	WW/T0022—2008	陶质彩绘文物保护修复方案编写规范	2010	文物保护
45	WW/T0023—2008	陶质彩绘文物保护修复档案记录规范	2010	文物保护
46	WW/T0024—2008	文物保护工程文件归档整理规范	2010	文物保护
47	WW/T0025—2008	馆藏纸质文物保护修复方案编写规范	2010	文物保护
48	WW/T0026—2008	馆藏纸质文物病害分类与图示	2010	文物保护
49	WW/T0027—2008	馆藏纸质文物保护修复档案记录规范	2010	文物保护

注：据相关资料整理。

对上表进行深入分析可以看出，可移动文化遗产国外标准在时间分布、种类和内容等方面也呈现出一定的特征。

（1）时间特征

由表6-3可知，从颁布时间来看，现行可移动文化遗产保护的主要国外标准最早由英国标准学会颁布于1979年，最晚颁布于2010年，并且在三十余年间，几乎每年都有新的标准制定与发布，见图6-4。这表明可移动文化遗产的标准化不仅在国际层面，并且已经在国家层面引起了高度的重视，这对建立可移动文化遗产标准体系具有重要意义。

（2）类型特征

从标准的种类上看，现行的可移动文化遗产保护国外标准不再以"文献保护"笼统概括，其针对性较之于国际标准更强，这在标准名称的关键词中就有所体现。据统计，在上述现有的52项标准中，档案保护方面标准17

6 可移动文化遗产保护标准体系

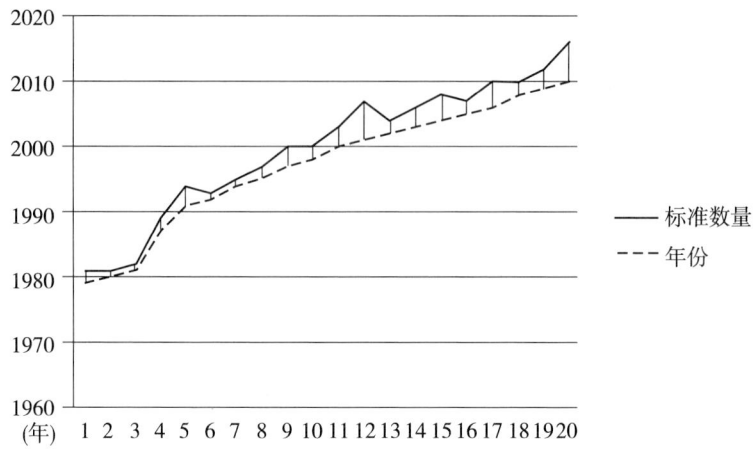

图 6-4 可移动文化遗产国外标准年度分布

项，图书保护方面标准 3 项，文献保护标准 21 项，遗产保护标准 11 项，见图 6-5。

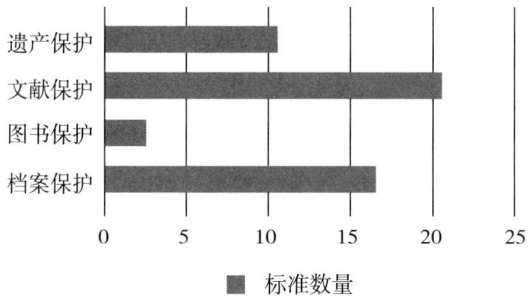

图 6-5 现行可移动文化遗产保护国外标准类型分布

(3) 内容特征

从内容上看，可移动文化遗产保护国外标准仍然具有较高的分散性，即以纸质类、胶片类、电子类等具体类型可移动文化遗产保护标注为主，但与国际标准相比，其在文化遗产保护方面的标准有所增加，且内容具有较强的普适性，见表 6-4。

表 6-4　　　　　　　　可移动文化遗产保护国外标准分析

范围	分类	主要内容
纸质实物型可移动文化遗产	相关业务工作规范	管理规范、装订方法、保存与展示标准推荐、业务环节(书写、印刷和复制)持久性、耐久性要求、归档设备、外部管理设备及使用、记录管理、文献馆藏要求、管理原则与方法
	材料的选择与维护	载体材料(纸张)耐久性、性能要求、装订材料的选择
	保存环境的优化与控制	展示的环境条件要求、不良环境影响程度检测(高温高湿、干热)收藏说明、文件室门防火
胶片实物型可移动文化遗产	相关业务工作规范	档案用报纸的缩微摄影、缩微银胶片生产、检验与质量保证
	载体材料的保护	纤维素酯基底片上的银明胶、聚对苯二甲酸乙二酯基底上的银明胶规范
	物理保护技术	显影设备安全性测试、储存容器性能要求
数字型可移动文化遗产	相关业务工作规范	基于长期保存的文档格式、信息交换格式、电子影像文件的长期保存
	保护技术的研发与推广	电子档案存储系统的设计与操作
文化遗产	性能检测	气温和物体表面温度测量用仪器和规程、利用毛细管作用测定吸水率、水蒸气渗透性测定、表面色泽检验、静态接触角测定、透视度(dp)测定
	保护策略	用沟槽宽度的策略评估多孔无机材料的处理影像

由上表可知，纸质文献的保护仍侧重于相关业务工作的规范、材料的选

择与维护、保存环境的优化与控制；胶片文献的保护则集中于相关业务工作的规范、载体材料的保护以及物理保护技术的探索；电子文件的保护主要关注相关业务工作的规范，以及保护技术的研发与推广；而遗产保护则主要集中在遗产性能的监测和保护策略的研究与推广。

此外，从颁布可移动文化遗产保护标准的国家上看，在上述五个发达国家中，英国有19项，法国有10项，德国有9项，美国有8项，日本有6项，见图6-6。

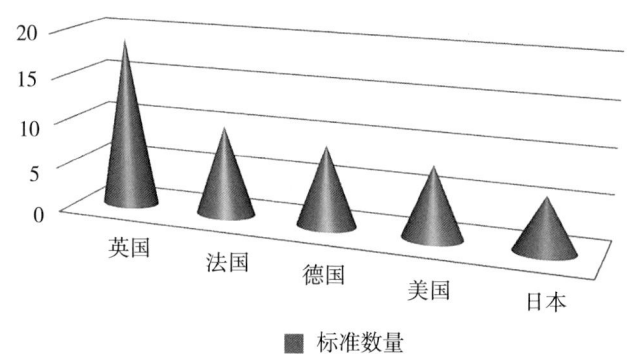

图6-6　现行可移动文化遗产保护标准国别分布

6.1.3　可移动文化遗产保护国内标准

依据标准使用范围的不同，《中华人民共和国标准化法》将国内标准分为国家标准、行业标准、地方标准和企业标准等四个层次，各层次相互依存而又彼此联系，从而形成一个覆盖全国、层次分明的标准体系。与此同时，根据法律效力的不同，标准又分为强制性标准和推荐性标准两大类。强制性标准具有法律属性，一经颁布，便在一定范围内通过法律性质法规等强制性手段可以贯彻执行，否则将予以经济上的制裁或承担法律上的责任。而推荐性标准则不具有强制性，是否采用此标准可由各单位自行决定，但一经接受或采用，则具有法律约束力，成为各方共同遵守的技术依据，推荐性标准一般在技术代码后加上"/T"。此外，指导性文件也被纳入标准范畴，指导性文件多为对标准化工作原则和一些具体做法的统一规定，一般在标准代码后加上"/Z"。由于资料来源方面的问题，本书所统计的国内标准限于我国大陆地区制修订的标准。

6.1.3.1 主要制发机构简介

现行可移动文化遗产保护国内标准主要由国家标准化管理委员会、中国标准化研究院、全国文物保护标准化技术委员会、全国档案工作标准化技术委员会、全国文献影像技术标准化技术委员会、全国安全防范报警系统标准化技术委员会、全国文献影像技术标准化技术委员会、全国信息与文献标准化技术委员会归口管理，国家文物局、国家图书馆、国家档案局及各省、市级文物局、图书馆、博物馆、档案局等可移动文化遗产保护相关机构、科研单位都是可移动文化遗产保护的制法机构。

中国国家标准化管理委员会：中国国家标准化管理委员会为国家质检总局管理的事业单位，是经国务院授权，履行行政管理职能，统一管理全国标准化工作的主管机构。国家标准化管理委员会对省、自治区、直辖市质量技术监督局的标准化工作实行业务领导[①]。

中国标准化研究院：中国标准化研究院是国家质量监督检验检疫总局的直属事业单位，也是我国从事标准化研究的国家级社会公益类科研机构，主要研究国民经济和社会发展中全局性、战略性和综合性的标准化问题，并负责研制综合性基础标准，提供权威标准信息服务[②]。

全国文物保护标准化技术委员会：全国文物保护标准化技术委员会成立于2005年，由国家文物局向国家标准化管理委员会申请，经国家标准化管理委员会批准后建成，以加强文物保护标准化体系以及相应标准的建

---

① 百度百科. 国家标准化管理委员会[EB/OL].[2011-10-03]. http://baike.baidu.com/view/159332.htm.

② 百度百科. 中国标准化研究院[EB/OL].[2011-10-03]. http://baike.baidu.com/view/349047.htm.

6 可移动文化遗产保护标准体系

设为主要职责,是国家文物局标准化主管部门,秘书处设在中国文化遗产研究院①。

全国档案工作标准化技术委员会:全国档案工作标准化技术委员会成立于1991年,是全国档案工作标准化技术工作组织,也是国家档案局领导下的档案系统的全国性标准化技术委员会,同时还是全国情报与文献工作标准化技术委员会第一分会,主要负责档案工作标准的立项、评议、审查、修订和废止等工作②。

此外,全国信息与文献标准化技术委员会、全国文献影像技术标准化技术委员会、全国电子业务标准化技术委员会、全国安全防范报警系统标准化委员会、国家文物局、国家图书馆以及国家档案局等机构均参与了可移动文化遗产保护标准的制修订,限于篇幅,在此不再一一赘述。

6.1.3.2 国家标准统计与分析

国家标准是国内标准的最高层次,是指由国家标准化主管机构批准发布,对全国经济、技术发展有重大意义,且是全国范围内统一的标准③。在中国标准化研究院网站中,以"可移动文化遗产"为关键词进行搜索,结果为0,表明我国可移动文化遗产保护专门标准尚且缺乏。代之以"文物""图书""档案""文献""遗产"为关键词进行查询和筛选,同时结合国家文物局、国家图书馆、国家档案馆网站上公布的标准进行补充和去重,则可以得到我国大陆地区现行可移动文化遗产保护相关国家标准共12项,详见表6-5。

---

① 首都博物馆. 文物养护工作手册[M]. 北京:文物出版社,2008:248.
② 国家档案局办公室,中央档案馆办公室. 档案工作文件汇集:第5集[M]. 北京:档案出版社,1997:266.
③ 百度百科. 国家标准[EB/OL]. [2011-10-02]. http://baike.baidu.com/view/31962.htm.

表 6-5　　我国可移动文化遗产保护国家标准

序号	标准号	标准名称	颁布时间	标准类型
1	GB9669—1996	图书馆、博物馆、美术馆、展览馆卫生标准	1996	图书保护
2	GB/T16571—1996	文物系统博物馆安全防范工程设计规范	1996	文物保护
3	GB/T17678.1—1999	CAD电子文件光盘存储.归档与档案管理要求.第一部分：电子文件归档与档案馆	1999	档案保护
4	GB/T17678.2—1999	CAD电子文件光盘存储.归档与档案管理要求.第二部分：光盘信息与组织	1999	档案保护
5	GB/T17678.2—1999	CAD电子文件光盘存储归档一致性测试	1999	档案保护
6	GB/T20530—2006	文献档案资料数字化工作导则	2006	档案保护
7	GB/T22527—2008	文物保护单位标志	2008	文物保护
8	GB/T22528—2008	文物保护单位开放服务规范	2008	文物保护
9	GB/T24422—2009	信息与文献.档案纸、耐久纸和耐用性要求	2009	档案保护
10	GB/T24573—2009	金库和档案室门耐火性能试验方法	2009	档案保护
11	GB/T23863—2009	博物馆照明设计规范	2009	文物保护
12	GB/Z23283—2009/ISO/TR18492—2005	基于文件的电子信息的长期保存	2009	图书保护

注：据相关资料整理。

6 可移动文化遗产保护标准体系

从年代分布上看，我国现行的可移动文化遗产保护国家标准最早颁布于1996年，共有2项。此后，1999年颁布了3项，2006年1项，2008年2项，2009年4项，见图6-7。整体上说明我国可移动文化遗产保护国家标准的建设力度仍然不够且发展速度较慢。

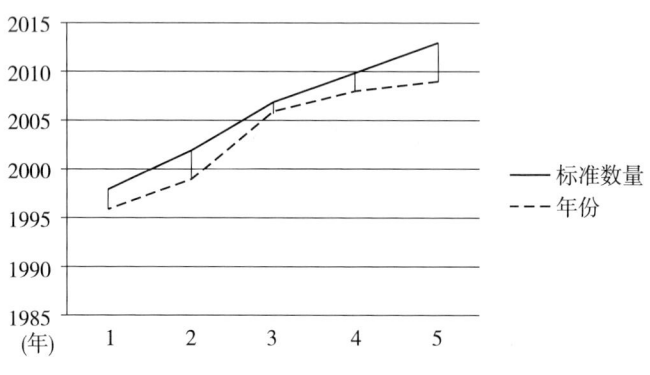

图6-7 可移动文化遗产保护国家标准年度分布

从涉及的领域看，图书保护标准1项，文物保护标准4项，文献保护标准1项，档案保护标准6项，见图6-8。

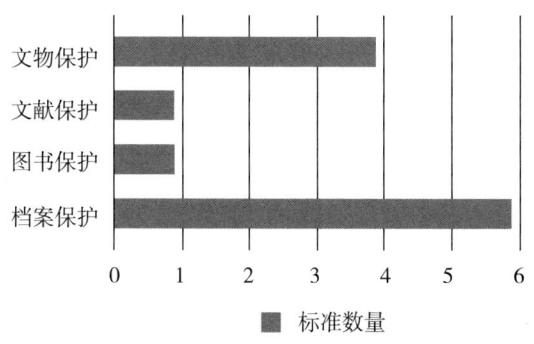

图6-8 可移动文化遗产保护国家标准范围分布

现行的可移动文化遗产保护国家标准中，强制性标准和指导性文件各有

1项,约占总数的16.7%;其余10项均为推荐性标准,约占总数的83.3%,见图6-9。这说明我国在可移动文化遗产保护强制性国家标准建设方面亟待加强。

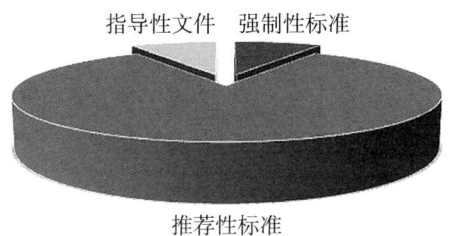

图6-9 我国可移动文化遗产保护国家标准统计

从标准的性质看,我国可移动文化遗产保护国家标准可以分为技术标准、管理标准两大类。其中,技术标准有7项,占所有标准的58%管理性标准共5项,占所有标准的42%,二者之间的比例差别不大,见图6-10。

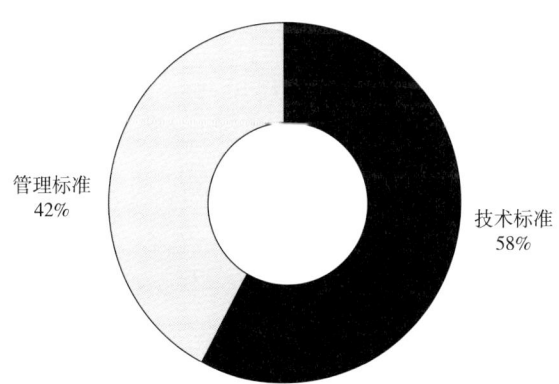

图6-10 我国可移动文化遗产保护国家标准性质统计

从标准的内容上看,现行可移动文化遗产保护主要国家标准是相关业务工作的规范、保护技术的研发与推广,以及保存环境的维护与优化,见表6-6。

表 6-6　　　　　　　现行可移动文化遗产保护国家标准分析

分类	主要内容
相关业务工作规范	电子文件存储、归档、管理要求、文物保护单位标志、开放服务规范
保护技术的研发与推广	载体材料(纸张)选择与耐久性要求、数字化工作导则、存储介质(光盘)信息与组织要求、光盘存储一致性测试、基于文件的电子信息的长期保存
保存环境的维护与优化	馆库卫生标准与要求、安全防范工作设计规范、防火性能测试、照明设计规范

6.1.3.3　行业标准统计与分析

行业标准是由我国主管部门、委(局)批准发布，在该部门范围内统一使用的标准，行业标准由行业标准归口部门统一管理，由国务院有关行政主管部门提出申请报告，国务院标准化行政主管部门审查确定，并公布该行业的标准代号[①]。如档案行业标准 DA、文化行业标准 WH、文物行业标准 WW、公安行业标准 GA、建筑行业工程建设规程 JGJ、航天行业标准 GJ 等。根据查询结果可知，我国大陆地区现行可移动文化遗产保护主要行业标准主要有 49 项，见表 6-7。

表 6-7　　　　　　　　现行可移动文化遗产保护行业标准

序号	标准号	标准名称	颁布时间	标准类别
1	QJ2426.1—1993	档案缩微品管理规定．管理要求与方法	1993	档案保护

---

① 百度百科．行业标准[EB/OL]．[2011-10-02]．http://baike.baidu.com/view/197141.htm.

续表

序号	标准号	标准名称	颁布时间	标准类别
2	QJ2426.2—1993	档案缩微品管理规定．保存技术要求	1993	档案保护
3	DA/T11—1994	文件用纸耐久性测试法	1995	档案保护
4	WH0502—1996	公共图书馆建筑防火安全技术标准	1996	图书保护
5	DA/T15—1995	磁性载体档案管理与保护规范	1996	档案保护
6	DA/T16—1995	档案字迹材料耐久性测试法	1996	档案保护
7	JGJ38—99	图书馆建筑设计规范	1999	图书保护
8	JGJ38—1999	图书馆建筑设计规范(条文规范)	1999	图书保护
9	DA/T21—1999	档案缩微品保管规范	1999	档案保护
10	JGJ25—2000	档案馆建筑设计规范	2000	档案保护
11	JGJ25—2000	档案馆建筑设计规范(条文说明)	2000	档案保护
12	DA/T24—2000	无酸档案卷皮盒用纸及纸板	2000	档案保护
13	DA/T25—2000	档案修裱技术规范	2000	档案保护
14	DA/T26—2000	挥发性档案防霉剂防霉效果测定法	2000	档案保护
15	DA/T27—2000	档案防虫剂防虫效果测定法	2000	档案保护
16	GA27—2002	文物系统博物馆风险等级和安全防护级别的规定	2002	文物保护
17	DA/T29—2002	档案缩微品制作记录格式和要求	2002	档案保护
18	DA/T31—2005	纸质档案数字化技术规范	2005	档案保护
19	WH/T20—2006	古籍定级标准	2006	图书保护
20	WH/T21—2006	古籍普查规范	2006	图书保护
21	WH/T23—2006	古籍修复技术规范与质量要求	2006	图书保护
22	WH/T24—2006	图书馆古籍特藏书库基本要求	2006	图书保护
23	DA/T35—2007	档案虫霉防治一般规则	2007	档案保护
24	WW/T0003—2007	馆藏出土竹木漆器类文物病害分类与图示	2008	文物保护

续表

序号	标准号	标准名称	颁布时间	标准类别
25	WW/T0008—2007	馆藏出土竹木漆器类文物保护修复方案编写规范	2008	文物保护
26	WW/T0009—2007	馆藏金属文物保护修复方案编写规范	2008	文物保护
27	DA/T37—2008	历史图牒档案修裱技术规范	2008	档案保护
28	DA/T38—2008	电子文件归档光盘技术要求和应用规范	2008	档案保护
29	WW/T0010—2008	馆藏金属文物保护修复档案记录规范	2009	文物保护
30	WW/T0011—2008	馆藏出土竹木漆器类文物保护修复档案记录规范	2009	文物保护
31	WW/T0013—2008	馆藏丝织品病害与图示	2009	文物保护
32	WW/T0014—2008	馆藏丝织品保护修复方案编写规范	2009	文物保护
33	WW/T0015—2008	馆藏丝织品保护修复档案记录规范	2009	文物保护
34	WW/T00116—2008	馆藏文物保存环境质量检测技术规范	2009	文物保护
35	WW/T0017—2008	馆藏文物登录规范	2009	文物保护
36	WW/T0018—2008	馆藏文物出入库规范	2009	文物保护
37	WW/T0019—2008	馆藏文物展览点交规范	2009	文物保护
38	WW/T0020—2008	文物藏品档案规范	2009	文物保护
39	DA/T43—2009	缩微胶片数字化技术规范	2009	档案保护
40	DA/T45—2009	档案馆高压细水雾灭火系统技术规范	2009	档案保护
41	DA/T47—2009	版式电子文件长期保存格式要求	2009	档案保护
42	DA/T48—2009	基于XML的电子文件封装规范	2009	档案保护
43	WW/T0021—2008	陶质彩绘文物病害与图示	2010	文物保护
44	WW/T0022—2008	陶质彩绘文物保护修复方案编写规范	2010	文物保护
45	WW/T0023—2008	陶质彩绘文物保护修复档案记录规范	2010	文物保护

续表

序号	标准号	标准名称	颁布时间	标准类别
46	WW/T0024—2008	文物保护工程文件归档整理规范	2010	文物保护
47	WW/T0025—2008	馆藏纸质文物保护修复方案编写规范	2010	文物保护
48	WW/T0026—2008	馆藏纸质文物病害分类与图示	2010	文物保护
49	WW/T0027—2008	馆藏纸质文物保护修复档案记录规范	2010	文物保护

注：据相关资料整理。

从年代分布上看，我国现行的可移动文化遗产保护行业标准最早颁布于1993年，共有2项。此后颁布的行业标准有：1995年1项，1996年3项，1999年3项，2000年6项，2002年2项，2005年1项，2006年4项，2008年5项，2009年14项，2010年7项，基本上呈现逐年增加趋势，见图6-11所示。

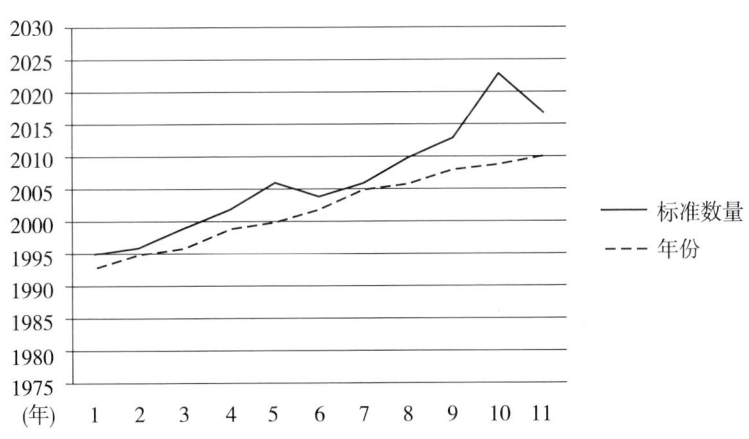

图6-11 我国可移动文化遗产保护行业标准年度分布

从标准所属领域看，档案保护方面标准21项，图书保护方面标准7项，文物保护方面标准21项，详见图6-12所示。

从标准的法律效力上看，现行可移动文化遗产保护主要行业标准中共有

6 可移动文化遗产保护标准体系

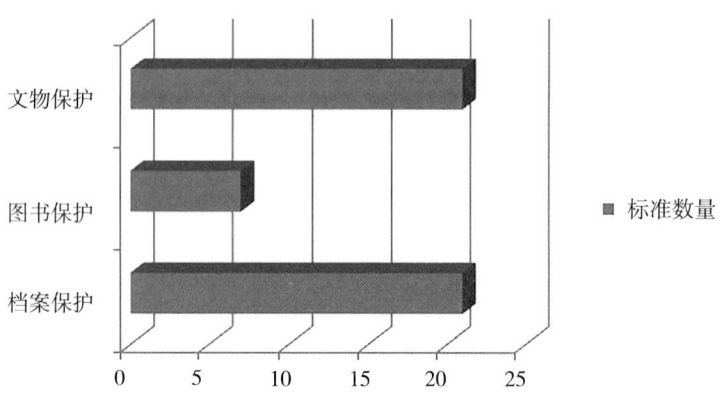

图 6-12 我国可移动文化遗产保护行业标准范围分布

强制性标准 8 项，推荐性标准 41 项，见图 6-13 所示。

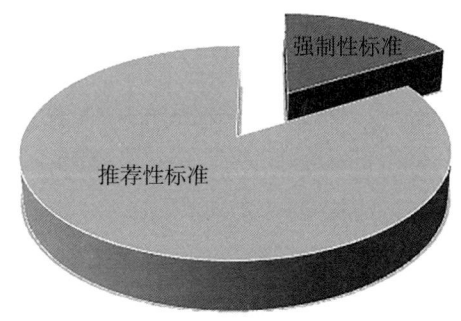

图 6-13 我国可移动文化遗产保护行业标准统计

从标准化的对象上看，现行可移动文化遗产保护主要行业标准有技术标准 26 项，占总数的 53%；管理标准 23 项，占总数的 47%，见图 6-14 所示。

从标准的内容上看，现行可移动文化遗产保护主要行业标准涉及相关业务工作的规范、材料的选择与维护、保护技术的研发与推广以及保存环境的优化与完善四个方面，详见表 6-8。

6.1 可移动文化遗产保护标准体系概况

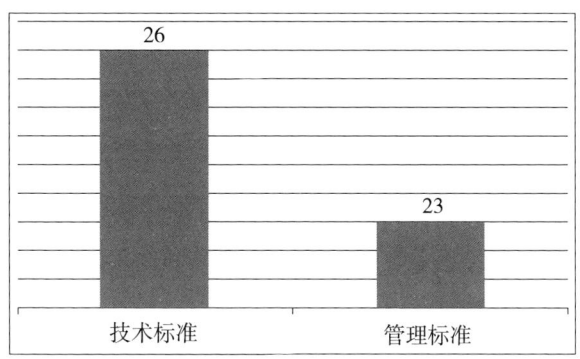

图 6-14 我国可移动文化遗产保护行业标准统计

表 6-8 现行可移动文化遗产保护主要行业标准主要内容

分类	主要内容
相关业务工作规范	档案缩微品保管规范、档案缩微品制作记录格式和要求、电子文件长期保管格式要求、档案缩微品管理与保护、古籍定级、古籍普查、博物馆风险等级和安全防护级别确定、文物保护修复方案编写规范、文物修复档案记录规范、文物信息登记录入、文物出入库、文物展览点交、文物建档
材料的选择与维护	载体材料(纸张)耐久性测试、记录材料(字迹)耐久性测试、无酸档案盒、光盘技术要求、基于 XML 的电子文件封装
保护技术的研发与推广	档案缩微品保存技术、修裱技术、数字化技术、古籍修复技术、文物病害分类与图示
保存环境的优化与完善	档案馆、图书馆建筑设计、防霉、防虫、防火、古籍特藏书库要求、文物保存环境质量检测

6.1.4 可移动文化遗产保护标准体系的评价

可移动文化遗产保护的标准化是可移动文化遗产保护工作的重要内容，而标准体系的构建则是标准化工作的重要步骤，是在梳理与总结现行标准的基础上，推动着标准化工作由自发向自觉转变，是可移动文化遗产保护水平提升、保护能力提高的重要表现。在这三十余年的建设与发展过程，可移动文化遗产保护标准体系逐渐显现出自己的特色，形成了自己的特征，保障着可移动文化遗产保护工作最佳效益的实现。

通过上述对可移动文化遗产保护标准的分析可知，可移动文化遗产保护标准体系建设方面具有以下成绩：

(1)标准范围差异很大，但标准建设的目标一致

目标是任何一项事业开展的根本出发点。可移动文化遗产保护标准体系是由诸多可移动文化遗产保护范畴内的标准所组成，涉及档案保护、文物保护、图书保护、文献保护、遗产保护等多个领域，因此可移动文化遗产保护标准形成的主体各不相同；同时，制成的标准可能在国际范围内通用，也可能只适用于一个国家、一个地区、一个行业，甚至仅限于一个部门，因此，可移动文化遗产保护标准的使用范围也存在着差异；此外，各项标准标准化的对象也各不相同，规范的对象可以是保护技术，也可以是管理性事物或工作流程。标准在属性、种类、对象上存在着如此大的差异，却能最终共同汇聚到可移动文化遗产保护标准体系的范畴之内，成为标准体系构建的基本单位，原因就在于这些标准都有着共同的出发点和目的。

可移动文化遗产保护工作是一项关乎人类珍贵文化遗产留存、珍贵文化技艺传承的重要工作，因此，可移动文化遗产保护工作的开展不应以谋求商业利润为前提，而应作为一项关系千秋万代的公益事业去捍卫，可移动文化遗产的存亡是可移动文化遗产保护的唯一关注点，而多渠道、多途径、最大限度地保存可移动文化遗产则是可移动文化遗产保护标准体系建设的终极目标，这是所有可移动文化遗产保护机构共同的宏观目标。从微观层面上来说，以标准化建设理论为指导、标准化需求为导向，构建起一套以保护为核心、自愿与强制相结合，层次明确、脉络清晰、配套协调、科学先进、简便实用、经济高效的标准体系框架，则成为可移动文化遗产保护标准体系构建的具体目标。正是终极目标与具体目标的一致性，使得散存于不同地域、不

同行业和不同部门的可移动文化遗产保护标准始终被一条共同的纽带联系着，突破资源的障碍以及技术的壁垒，最终实现保护策略的交流与共享。

（2）标准层次较多，但标准权威通用

现行的可移动文化遗产保护标准体系，立足于共同的目标，同时，也有着极强的权威性和较好的通用性。这种权威性首先来自标准的权威性，是基于认同一种自愿性的服从。可移动文化遗产保护标准制发机构的权威以及制发过程的实践性，都决定了可移动文化遗产保护标准具有极强的权威性。首先，现行可移动文化遗产保护标准的制发机构多为国际或国内享受盛誉、其法律效力得到一致公认的机构，如国际标准化组织、英国标准协会、美国标准协会，以及中国国家标准化管理委员会等，因此，由这些机构制发或认定的标准均是行业内较为权威的标准。同时，可移动文化遗产保护标准的制发主体，如国家档案局、国家文物局、国家图书馆，以及遗产保护的相关组织，都直接参与可移动遗产保护工作，制发的标准来源于实践，是对实践工作和成功经验的总结，因此，都具有让人很信服的力量。因此可移动文化遗产标准一经颁布便立即生效，对于可移动文化遗产保护相关机构和部门而言，都具有很强的指导性、参考性与强制性。

可移动文化遗产保护是一项系统复杂的工程，随着工作的不断深入、技术的不断提高、分工的不断细化、协作的不断广泛，需要技术上的高度统一与广泛协调，只有确保技术的通用性，保证技术的应用不受时代和区域的限制，具有超时代性和超区域性，才能为可移动文化遗产保护的发展出力。现行的可移动文化遗产保护技术涉及预防技术、治理技术、修复技术、数字化技术等技术手段，为相对成熟，经过验证的技术，有助于突破国家、行业、机构与部门间的壁垒与鸿沟，以通行的标准保证在大部分国家、机构和部门，针对大部分可移动文化遗产都普遍适用。

（3）标准覆盖范围广，但标准系统协调

构建可移动文化遗产保护标准体系，旨在最大限度地共享保护资源，同时，也使得制定出的标准具有一定的系统性与协调性。可移动文化遗产保护工作有着复杂的结构程序和运动规律，保护主题、保护客体、保护内容以及保护实施等各种要素构成了可移动文化遗产保护的有机系统。在可移动文化遗产保护标准体系制订过程中，只有坚持全面地、联系地、发展地看问题，才能推动可移动文化遗产保护标准体系建设的进程。现行的可移动文化遗产保护标准体系基本覆盖了可移动文化遗产保护的全部分系统和子系统，以及具体的专业和门类，如文物保护、档案保护、图书保护、遗产保护等，内容上囊括了管理性保护和技术性保护两大范畴，标准间具有一定的相关性、连续性和互补性，是一个具有全局意义的标准体系[1]。

协调性是系统理论的基本思想，体现了系统的整体性和相关性。协调性将处于孤立状态的子系统以整合、联系的方式加以组合，形成新的特征与功能，发挥出超过单独效应综合的整体效应。可移动文化遗产保护标准体系由多层面的子系统组成，各子系统之间既互相独立、又相互依存、相互制约，有机组成一个整体。可移动文化遗产保护各要素都具有相关性特征，保护需要技术的支持，需要管理的保障，需要在工作中践行，可移动文化遗产保护取得成功，往往不是取决于一方面获得的优势，而是整体水平的提升，这一点正是可移动文化遗产保护标准体系的协调性发挥的作用。

可移动文化遗产保护标准体系的建设，确保了可移动文化遗产保护"共同语言"的形成，强化了国家、机构与部门间的联系与交流，对于保证可移动文化遗产保护工作标准化、规范化起到了非常重要的作用。但是，在肯定成绩的同时，仍需要认识到可移动文化遗产保护标准体系建设过程中尚存在一些缺陷，这些缺陷既包括全球范围内可移动文化遗产保护标准体系建设整体的不足，也体现在国家与国家、地区与地区之间发展的不平衡。

(4)标准立体化发展，但尚未形成体系

从标准的层次上看，可移动文化遗产保护相关的标准表现为国际标准、国外标准、我国国家标准、我国行业标准等，体现了多层次发展的态势。同时，从内容覆盖面上看，以技术标准为主，涉及管理工作的主要方面，初步

---

[1] 张美芳. 档案安全标准体系构建的研究[J]. 档案学研究, 2010(4): 52.

看来，可移动文化遗产保护的标准体系正在形成。然而，站在可移动文化遗产角度看，我国现有的标准体系建设存在如下问题：

1) 标准缺乏，体系不健全

可移动文化遗产保护体系是一项复杂的系统工程，可移动文化遗产保护标准体系作为可移动文化遗产保护体系的子体系，是由系统组成的。针对"系统科学"，1969年霍尔提出了三维结构的系统工程方法，主张从时间、逻辑和知识三个维度分析和处理系统问题①。借鉴霍尔的研究，结合可移动文化遗产保护的实际，笔者认为可移动文化遗产保护标准体系的构建，应从级别、对象和方法三个维度展开。其中，级别维分为国际标准、区域标准、国家标准和行业标准等，对象维则包括遗产保护、文物保护、档案保护、图书保护、文献保护等；方法维主要包括保护技术、管理措施和工作规范等，因此形成了如图6-15所示的可移动文化遗产保护标准体系三维空间。

针对这一三维空间，结合现行可移动文化遗产保护标准，可以看出，现行可移动文化遗产保护标准体系的构建已经从级别、对象和方法的三个维度开展可移动文化遗产保护的标准化工作，但并未完全覆盖，且多停留于表面，呈现出数量较少且发展不均衡的现象，造成这一情况的原因一方面源自于不同国家、不同地区可移动文化遗产保护发展的不均衡，而另一重要的原因还是在于可移动文化遗产保护标准体系统建设指导思想的弱化。

2) 标龄过长，老化较严重

标龄的老化程度主要以标龄来衡量。标龄即标准的有效期，是指标准自实施之日起，至标准复审重新确认、修订或废止的时间，称为标准的标龄，即标准的有效期。由于各国情况不同，标准标龄也不相同。以ISO为例，ISO标准每5年复审一次，平均标龄为4.92年。我国在《国家标准管理办法》中规定国家标准实施5年，要进行复审，因此，国家标准标龄一般为5年。笔者对现行可移动文化遗产保护相关标准标龄进行统计，见表6-9。

---

① 候新毅. 我国竹子技术标准体系的构建研究[D]. 中国林业科学研究院, 2010: 16.

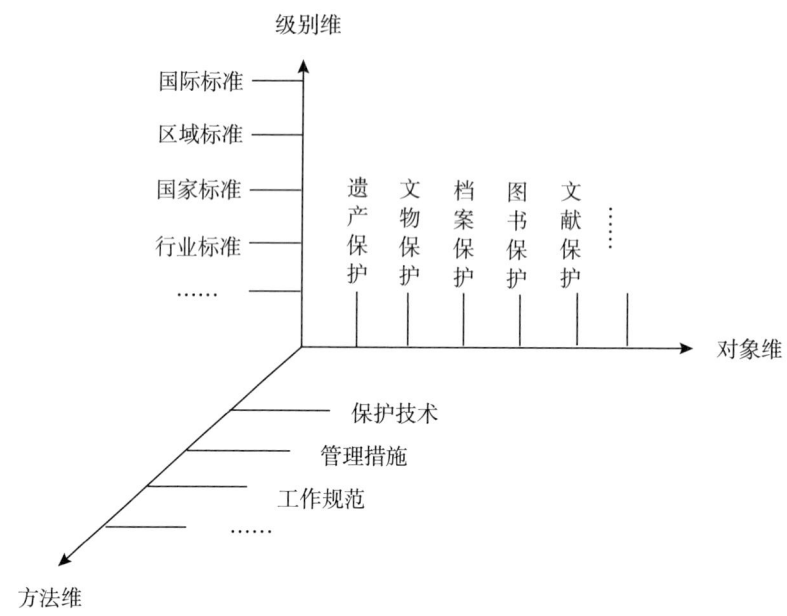

图6-15 可移动文化遗产保护三维空间维度划分

表6-9　　　　　现行可移动文化遗产保护标准标龄分析

标龄（年）	国际标准		国外标准		国家标准		行业标准		共计	
	个数	比例（100%）	个数	比例（100%）	个数	比例（100%）	个数	比例（100%）	个数	比例（100%）
<5年	16	24.4	11	21.2	6	50.0	15	30.6	48	26.8
5~10年	30	45.5	20	38.4	1	8.3	7	14.3	58	32.4
>10年	20	30.1	21	40.4	5	41.7	27	55.1	73	40.8

现行可移动文化遗产保护标准体系中，标龄在5年以内的标准共有48项，占所有标准总数的26.8%，5~10年的标准共有58项，占标准总数的32.4%，而10年以上的标准共有73项，占标准总数的40.8%。国际标准中，标龄在5年之内的标准共16项，占整个国际标准的24.4%；5~10年的标准有30项，占整个国际标准的45.5%；10年以上的国际标准共有20项，占国

际标准总数的 30.1%。

在国外标准中,标龄在 5 年之内的标准共有 11 项,约占整个国外标准的 21.2%;5~10 年的标准共有 20 项,约占整个国外标准的 38.4%;10 年以上的标准共有 21 项,约占整个国外标准的 40.4%。在国家标准中,标龄在 5 年之内的标准共有 6 项,约占整个国家标准的 50%;5~10 年的标准有 1 项,约占整个国家标准的 8.3%;10 年以上的标准共有 5 项,约占整个国家标准的 41.7%。在行业标准中,标龄在 5 年之内的标准共有 15 项,约占整个行业标准的 30.6%;5~10 年的标准为 7 项,约占整个行业标准的 14.3%。10 年以上的标准共有 27 项,约占整个行业标准的 55.1%。从以上数据可以看出,现行的可移动文化遗产保护标准总体存在老化情况,需要加强修订,对于滞后的标准,应及时予以废止。

3) 标准水平低,技术指标落后

在我国可移动文化遗产保护标准中,由于我国可移动文化遗产保护水平与国外存在着一定的差距,因此在标准制定方面落后于国外同类标准。在对比国内外可移动文化遗产保护标准属性时,可以看出,国外可移动文化遗产保护标准以技术标准为主,且多为国际上较为成熟与先进的技术手段,而在国内可移动文化遗产标准体系中,技术标准的数量相对较少,技术水平也相对落后。

以对于可移动文化遗产重要载体之一——纸张耐用性要求的标准为例,我国在 2009 年由中国国家标准化管理委员会颁布标准《信息与文献.档案纸、耐久纸和耐用性要求》(GB/T24422—2009)加以规范,而国家标准化组织早在 1994 年就颁布标准《情报和文献,文件用纸的耐用性的要求》(ISO 9706—1994)作为行业内纸质材料鉴选的规范,此后,英国标准化协会和法国标准化协会先后采纳这一国际标准,先后在 1994 年、1997 年、1998 年和 2000 年颁布标准《情报和文献.文件用纸.性能要求》(BS ISO 9706—1994)、《信息和文件管理.档案纸稳定度和耐久性要求》(BS ISO11108—1997)、《信息和文件管理.档案纸.稳定度和耐久性要求》(BS ISO 11108—1997)、《信息和文献工作．文献用纸耐用性的要求》(NF Q15—013—1998)、情报和文献．文件用纸．性能要求》(BS EN ISO9706—2000)。国内可移动文化遗产保护标准除技术水平较低外，其具体性与可操作性均较弱，多倾向于宏观控制与规划，这些势必给标准的实施带来一定的障碍。

4) 标准采标率低，国际化程度低

各国在制定标准时，均会采纳国际标准和国外标准，采纳的程度即为采标率，采标率的高低在一定程度上反映出标准的国际化程度。采纳的方式主要有六种，分别是直接认可、加盖封面、完全重印、直接翻译、重新制定和包括引用。直接认可是指由国家标准机构直接宣布某项国际标准为国家标准，并发布认可公布或通知。加盖封面法是指在国际标准上加上采用国国家标准的编号，并附简要说明和要求；完全重印法是将国际标准翻译或不做翻译，采用原标准标题，重新印刷作为国家标准，并在国际标准正文前加一篇引言或做一些说明、指示和要求；直接翻译法是采用国际标准的译文，用两种文字出版；重新制定法是指以国际标准为依据，重新起草国家标准，把国际标准"熔入"国家标准之中，或在其层次上修改或作结构变动；包括与引用法是指在制定国家标准时，完全引用或部分引用国际标准的内容。

西方发达国家都非常重视对国际标准和国外标准的采用，现有的52项国外标准中，就有21项标准采用自国际标准和其他国家先进标准，采标率达40.4%，主要采用的国际标准及国外标准有ISO标准、EN标准、美国的NISO标准、UL标准、AIIM标准和CGATS标准。而我国可移动文化遗产保护标准的采标情况则不容乐观，12项国家标准中，仅有标准《基于文件的电子信息的长期保存》(GB/Z23283—2009/ISO/TR18492—2005)采用自国际ISO标准，而49项行业标准中，也只有标准《文件用纸耐久性测试法》(DA/T11—1994)参照采用了美国制浆造纸技术协会提出的"纸的干热加速老化：100℃±2℃，576小时(24天)"标准。可见，我国可移动文化遗产保护标准在采标方面还存在很多缺陷，如采标率低、采标时间比较老等问题，需要加强以相应的国际和国外标准为基础，对于国际和国外标准中通用的基础性标准、试验方法标准应当优先采用。

5)标准使用主体缺失，实施效果不明显

1999年，欧盟理事会在关于标准化在欧洲作用的决议中，确认"标准化是自愿性的、协调一致的、有关方进行并为其服务的活动，以公开透明为基础，由独立的经认可的标准机构组织形成自愿采用的标准。"这种自愿性主要体现在采用标准的自愿性和制定标准的自愿性两个方面。我国将标准分为推荐性标准和强制性标准，而欧盟、美国、日本等主要发达国家和地区所有的标准均是自愿采用。国外标准的制发机构主要是协会、企业等民间部门，凡是经政府认可的有资格制定标准的机构，均可自愿制定标准，并经标准主管部门批准即可成为国家标准，政府在其中发挥的作用仅是确保程序上的合法性①。

我国目前的标准化仍是以政府为主导的标准化，具有政令畅通、统一部署、直接管理和普遍推广的优点，但也导致了标准化与实际需求的脱节，进而带来执行主体参与不够的后果。从可移动文化遗产保护标准的实施来说，国家档案馆、国家文物局、国家图书馆、高校科研机构以及各个可移动文化遗产的收藏机构，都是从事可移动文化遗产保护的机构，都是可移动文化遗产保护标准的实施者，但是，任何一个机构，可移动文化遗产保护的行为终究要落到个人手中，加之从可移动文化遗产保护的分布来看，不少可移动文化遗产都散落在个人手中，分布广泛，因此，个人将是可移动文化遗产保护标准的最终实施者，如前所述，政府层面制定的标准多以宏观控制与规划为主，加之现有的标准是以行业为主区分为档案保护标准、图书保护标准、文物保护标准等，这对于各种具体的可移动文化遗产（或可移动文化遗产组分）保护而言是可行的，具有可操作性，但站在可移动文化遗产保护的全局看，这些标准则是部门的，难以为可移动文化遗产保护全局提供参考，直接影响可移动文化遗产保护标准的实施；同时，这些标准可能会成为一种摆设，或是仅仅成为一些部门的"科研成果"与"课题"，实施效果不明显。

---

① 傅峰. 我国人造板材标准体系的研究[D]. 中国林业科学研究院，2008：17.

6.2 可移动文化遗产保护标准体系构建

针对现行可移动文化遗产保护标准体系存在的缺陷与不足，需要加强可移动文化遗产保护标准体系的建设。

6.2.1 可移动文化遗产保护标准体系构建的原则

可移动文化遗产保护标准体系的构建需要综合考虑可移动文化遗产保护所涉及的相关理论与技术，遵循一定的原则。

(1) 系统性原则

可移动文化遗产保护标准体系的构建是一项系统性工程，必须从可移动文化遗产保护的全局出发，针对可移动文化遗产保护的管理和技术的各个方面制定相应的标准，各个标准之间相互协调，共同形成一个完整、系统的标准体系。

(2) 层次性原则

可移动文化遗产保护标准是具有一定层次结构和优先顺序的，因此，在构建可移动文化遗产保护标准时，要注意遵循层次性的原则。对于标准而言，按照标准适用范围，既有国际性标准、区域性标准，又有国家标准、行业标准等；按照标准的适用对象，既有通用性标准，又有专门性标准；按照标准的强制程度，又分为强制适用性标准和可使用性标准。

(3) 融合性原则

可移动文化遗产保护的客体涉及图书、档案、馆藏文物、艺术品等，参与可移动文化遗产保护的机构也就包括图书馆、档案馆、博物馆以及其他国家文物保护部门，因此，构建可移动文化遗产保护标准体系必须要遵循融合性的原则，要注重各种类型可移动文化遗产保护标准的融合。

(4) 动态性原则

任何标准都不是一成不变的，随着新技术的出现以及新的理念的诞生，标准也会不断更新。可移动文化遗产保护标准体系的建设是一个循序渐进且不断完善的过程，因此，构建可移动文化遗产保护标准体系，一定要遵循动态性的原则。不断优化和完善，以达到科学、合理和实用的目的，并具有一定的领先和超前性。现阶段，可移动文化遗产保护不仅要重视传统类型遗产的保护标准的制定，还要重视数字型可移动文化遗产的保护标准的制定。

6.2.2 可移动文化遗产保护标准体系构建的主要内容

（1）创建可移动文化遗产保护的专门标准

国内尚没有出现一项关于可移动文化遗产保护的专门标准。与之相对应，在国外，根据前文的统计，也没有一项关于可移动文化遗产保护的标准，但存在与之接近的、以"遗产保护"为主题的标准，可以理解为涵括了可移动文化遗产的范围。从这个角度看，不论是国际还是国内，专门的可移动文化遗产保护标准非常欠缺，需要引起有关部门的关注。

构建专门的可移动文化遗产保护标准，可以统领档案保护、图书保护、文献保护、文物保护等标准，或将其共同的方面进行统一，这样有助于不同文化事业机构遵照统一的标准。

（2）建立结构化的可移动文化遗产保护标准体系

结构化的标准体系是概念级标准系统外在的逻辑表现形式，针对现行可移动文化遗产保护标准体系不健全，分布不均衡的问题，以系统工程理论为指导，顺应标准化科学发展的新趋势，优化排列可移动文化遗产保护各项标准要素，构建起系统完备的可移动文化遗产保护标准体系结构表，将是可移动文化遗产保护标准体系建设的当务之急。制定的可移动文化遗产保护标准体系表将成为下一阶段可移动文化遗产保护标准体系建设的蓝图和依据，同时也能够通过标准结构的优化促进标准最佳效益的实现。构建可移动文化遗产保护标准体系表，应具备完整性、可扩展性和预见性三大特点[1]，不仅要

---

[1] 刘鹏程. 物联网标准体系构建研究[D]. 北京交通大学，2011：40.

考虑到当前可移动文化遗产保护的发展，还应为将来可移动文化遗产保护标准体的发展留有余地，除了现有的保护标准外，还应包括应有的和预计发展的保护标准，突出强调可移动文化遗产保护中的关键标准。结合可移动文化遗产保护工作的主要内容，本书试制可移动文化遗产保护标准体系表见图6-16，以作为可移动文化遗产保护标准体系建设的实施参考。

在完善和优化可移动文化遗产保护标准体系的同时，针对标准陈旧老化的情况，还应该开展系统的标准清理整顿工作。对于标龄过长的国家标准和行业标准，应及时提出修订计划并列出修订原因；对于经清理需要废止的国家标准、行业标准应提出作废理由，尤其要清理重复交叉的标准，对于已有国家标准，又制定相应行业标准的，标准归口部门和管理部门要提出替代或废止方案，同时还要清理实效性和可操作性差的标准，并提出具有可操作性和便于实施的修订建议[①]。

(3) 强化可移动文化遗产保护标准的管理体制和运行机制

构建可移动文化遗产保护标准体系的目的就是为了确保标准的组织与实施，实现可移动文化遗产保护的规范化与标准化。标准的组织与实施工作复杂且分散，包括前期目标、任务的规划和论证，中期的研制和评审以及后期的准备、贯彻及信息的反馈等多项工作。针对当前可移动文化遗产保护标准实施效果不明显的现状，建立起可移动文化遗产标准的管理体制和运行机制显得非常紧迫。国家标准化行政管理部门和行业行政主管部门应赋予各行业标准化管理委员会更多的权限与职责，各行业也应尽快建立起协调机制和运行机制，从而有效避免可移动文化遗产保护标准政出多门、各自为政的现象。同时，合理分工，政府标准化管理机构负责可移动文化遗产标准系统结构、标准明细表以及标准化行业管理办法的宏观制定与规划，而具体标准的制定，应顺应国家标准化发展的主流，逐步由行业协会、学术组织甚至是参与可移动文化遗产保护的企业量身制定，确保标准的执行与实施。

---

① 候新毅. 我国竹子技术标准体系的构建研究[D]. 中国林业科学研究院，2010：111.

6.2 可移动文化遗产保护标准体系构建

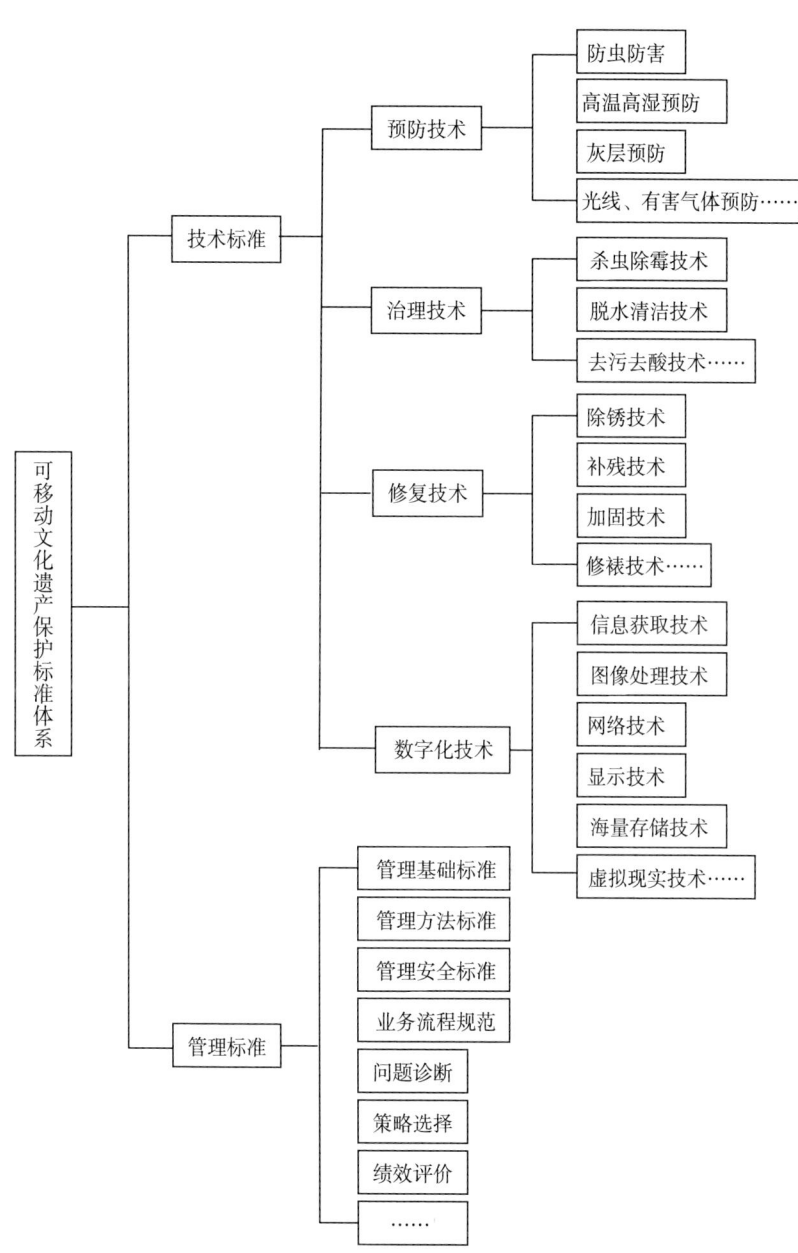

图 6-16 可移动文化遗产保护标准体系结构

此外，强化可移动文化遗产的管理与运行，还应该重视对标准实施效果的关注，即标准实施信息的反馈。现代信息技术的发展，为快速、高效地获取标准组织实施的信息提供了很多的便利。因此，必须搭建起可移动文化遗产标准信息化工作平台，充分利用网络技术和数据库技术，建立覆盖整个行业的信息沟通网络，开展可移动文化遗产保护标准的管理、传播和信息反馈厚度，畅通标准化管理机构与各利益相关方的联系渠道，形成无缝链接，增强可移动文化遗产标准化工作的公开性、透明性，尽可能扩大参与度，及时了解和掌握标准体系实施中的意见反馈，以及时更新和修订标准，实现标准的最佳效益。

(4)参与可移动文化遗产保护国际和区域标准化活动

可移动文化遗产是人类共同的财富，保护可移动文化遗产是全球各个国家必须要承担的共同使命，可移动文化遗产保护国际化将是可移动文化遗产保护的必由之路，因此，建设可移动文化遗产保护的标准体系也应积极拓宽国际化视野，强化国际化认识，这对于我国这个可移动文化遗产资源大国来说，意义尤为重大。只有积极参与到可移动文化遗产保护国际和区域标准化活动中，才能拉近我国与西方国家在保护技术方面的差距，增进交流，推广我国富有特色的保护技术，如传统纸质修裱技术等。

针对我国可移动文化遗产保护标准采标率低，采标过时的情况，我国应积极引言采纳可移动文化遗产保护的国际标准、国外标准，以及相关的国家标准和行业标准，尽可能吸收和兼容其他先进标准的重要内容，提高可移动文化遗产保护的标准化、系列化和通用化的程度。我国在可移动文化遗产保护国际标准化活动中的参与程度较之于国外发达国家要低得多，这在参与的次数、人数、实质性参与程度上均有所体现，加之我国缺乏对国际标准制定情况、技术发展趋势和形式变化的了解，进而在可移动文化遗产保护方面缺乏优势与特色，因此，我国要不断加强同国际标准化组织的沟通与协商，利用我国可移动文化遗产资源大国的地位，积极争取在可移动文化遗产保护国际标准制定中的话语权，获得国际标准化组织、联合国教科文组织等权威机构更多的支持,不断推进可移动文化遗产保护标准化战略的实施①。

20世纪下半叶至今,全球的可移动文化遗产保护标准体系建设取得了一定的成果与进步,良好的开展预示着光明的发展前景,但是进一步的、深层次的充实、发展与完善的工作仍然非常重要,将直接关系着可移动文化遗产保护工作的进程,只有以整体性、发展性、前瞻性的视角认识可移动文化遗产保护标准体系的建设,将各种不可移动文化遗产,如档案、文物、图书、遗产等的保护标准,统一纳入可移动文化遗产整体标准化保护平台之下,不断加以革新和优化,才能保证和推动可移动文化遗产保护工作的顺利开展。

当然,上述可移动文化遗产保护体系的构建显然不是一蹴而就的,需要在长期的可移动文化遗产保护工作中形成和完善。

---

① 俞宏军. 中国工厂化农业技术标准体系框架研究[D]. 中国农业大学,2005:23-24.

7 可移动文化遗产保护制度体系

实践表明，传统的保护制度已难以适应现代可移动文化遗产保护的需要，北爱尔兰的 McGreevy J. P. 指出，"不同的国家，不同的语言，不同的博物馆，不同的馆藏文物，但存在着相同的问题"① McGreevy 所指的"相同的问题"中，可移动文化遗产保护制度是一个不可忽视的重要方面。

当今时代，随着可移动文化遗产保护实践的不断推进和发展，单一的保护制度已不能解决现阶段多类型、多层次、多角度的可移动文化遗产保护问题。为此，必须基于可移动文化遗产的自身特点，构建可移动文化遗产保护制度体系。

7.1 可移动文化遗产保护制度体系概述

7.1.1 可移动文化遗产保护制度体系的含义

制度的含义是一个逐渐演变的过程，不同时期的学者有不同的解读。以西方为例，旧制度经济学时期和新制度经济学时期的学者们对制度的界定存在一定差异。旧制度主义的代表主要有凡勃伦和康芒斯。凡勃伦是旧制度经

---

① McGreevy J. P. Preventive Conservation and the Néprajzi Múzeum — A View from Abroad[EB/OL].[2011-05-06]. http：//www. neprajz. hu/preventiv/publikaciok/hirlev＿e＿3. shtml.

济学中最早给制度下定义的人，他于1899年指出："制度实质上就是个人或社会对有关某些关系或某些作用的一般思想习惯，而生活方式所由构成的是，在某一时期或社会发展的某一阶段通行的制度的综合，因此从心理学的方面来说，可以概括地把它说成是一种流行的精神态度或一种流行的生活理论。"康芒斯此后从本质层面指出："如果我们要找出一种普遍的原则，适用于一切所谓属于'制度'的行为，我们可以把制度解释为集体行动控制个体行动。"①可见，旧制度主义强调的是对行为进行约束和规范。

新制度主义的代表有诺斯、舒尔茨、柯武刚和史漫飞等。诺斯是新制度经济学家中给制度下定义最多的，他在《经济史中的结构与变迁》《制度、制度变迁与经济绩效》等书中都对制度有所界定。例如，"制度是一系列被制定出来的规则、守法程序和行为的道德伦理规范。它旨在约束追求主体福利或效用最大化利益的个人行为。"②他进一步指出，制度是由非正式约束（道德的约束、禁忌、传统和行为准则）和正式的法规（宪法、法令、产权）组成的。舒尔茨则将制度定义为："一种行为规则，这些规则涉及社会、政治及经济行为。"③柯武刚和史漫飞认为："制度是广为人知的，由人创立的规则，它们的用途是抑制人的机会主义行为。它们总是带有某些针对违规行为的惩罚措施。"④通过上述几例关于制度的定义可以看到，虽然新旧制度主义者都认为制度是一种行为规范，但是旧制度主义者更侧向个人行为的约束与规范，新制度主义者则更侧重于组织行为的规范。

制度是人类社会发展的重要表征之一，它是协调人类生产生活、规范社会运行状态的重要基础。就"制度"的语义学而言，从东方到西方，在不同的

---

① ［美］康芒斯. 制度经济学（上册）[M]. 北京：商务印书馆，1962：87.
② ［美］D.C.若斯. 经济史中的结构和变迁[M]. 上海：上海人民出版社，1994：225-226.
③ ［美］舒尔茨. 制度与人的经济价值的不断提高[M]//财产权利与制度变迁——产权与新制度学派译文集. 上海：上海人民出版社，1994：79.
④ ［德］柯武钢，史漫飞. 制度经济学：社会秩序与公共政策[M]. 北京：商务印书馆，2000：116.

语境中，制度既包含标准规范的含义，也隐含体系架构的释意。在中文语义中，《辞海》将"制度"界定为："①在一定历史条件下形成的政治、经济、文化等方面的体系。②要求大家共同遵守的办事规程或行动准则。③规格、格局。"①《现代汉语词典》将"制度"定义为："①要求大家共同遵守的办事规程和行动准则。②在一定历史条件下形成的政治、经济、文化等方面的体系，如社会主义制度、封建宗法制度等。"②在西文语义中，《牛津高阶英汉双解词典》将"制度"（system）解释为："①系统，组合装置。②体系、体制、方式、方法。③制度、步骤、条例。"③《柯林斯高阶英汉双解词典》将"制度"（system）解释为"①制度，体制。②系统、设备。③法则。④政府体制。"④可见，中西方语言工具书中关于制度的定义相近但不完全相同。二者都从功用角度界定制度，但是中文更注重制度的社会规范与行为约束功用，而西文则更强调制度的依存环境系统。

总之，制度是一个静态和动态相结合的概念。制度的本质是对行为的约束和规范，这是静态化描述；制度在不同的历史时期和不同语义环境中的含义不同，则是变动性的体现。由此，可以从广狭两个层面对制度下定义。广义的制度是指在一定历史条件下，为实现特定目标而制定的，要求大家共同遵守的行为规范的总称，如通常所说的政治制度、经济制度、法律制度和文化制度等。狭义的制度是指由组织内部制定和实施的，用以约束组织成员行为和实现特定目标而制定的规范、准则等。不难看到，广义的制度与狭义制度的区别在于是否包括由国家制定或认可并由国家强制实施的法律法规等。

在狭义制度概念的基础上，制度体系可以定义为：国家机关、社会团

---

① 辞海编辑委员会编纂. 夏征农，陈至立主编. 辞海[M]. 第6版. 上海：上海辞书出版社，2009：2949.

② 中国社会科学院语言研究所词典编辑室. 现代汉语词典[M]. 第5版. 北京：商务印书馆，2005：1756.

③ Hornby A. S. Oxford Advance Learner's English-Chinese Dictionary[M]. 李北达，译. 北京：商务印书馆，2002：1552.

④ Collins Crop. Collins Learner's English-Chinese Dictionary[M]. 姚乃强，等，审译. 北京：商务印书馆，2008：1624.

体、企事业单位，为了维护正常的工作、劳动、学习、生活的秩序，保证国家各项政策的顺利执行和各项工作的正常开展，依照法律、法令、政策而制订的一整套行为规范和规章条例的总称。制度体系是由一系列相关纲领性文件、政策条例、准则规范等组成的，包含其实施管理办法的有机系统。

鉴于本书已经对可移动文化遗产法律法规（参见第6章）进行了论述，本书采取狭义的制度定义界定可移动文化遗产保护制度，即为了确保可移动文化遗产的安全、延长可移动文化遗产的寿命、推动可移动文化遗产保护工作的顺利开展而制定的，约束可移动文化遗产保护工作中有关活动的准则、规章等规范性文件。由此，可移动文化遗产保护制度体系的概念则可以界定为：由各种可移动文化遗产保护制度及其实施管理办法构成的，通过制定、完善和实施可移动文化遗产保护制度以推动可移动文化遗产保护工作顺畅进行的有机系统。

7.1.2 可移动文化遗产保护制度体系的现状

世界范围内，以联合国教科文组织为代表的文化遗产保护国际组织对世界范围内文化遗产的保护制定了很多详细规定和要求，发达国家纷纷出台各类包含文化遗产保护的法律法规，这些都为可移动文化遗产保护的制度化提供了基础和依据。同时，有些国家还建立了专门的可移动文化遗产保护制度，将可移动文化遗产保护纳入本国法律体系之中，这些都促使可移动文化遗产保护工作走上制度化和规范化的轨道。

但是，与相关领域的制度体系建设相比，可移动文化遗产保护制度体系仍然处于发展初期，不仅没有形成完善的体系，而且现存的制度也是零散分布于各类可移动文化遗产的具体保护制度中，专门针对可移动文化遗产的保护制度尚未出台。

(1) 可移动文化遗产保护制度体系尚未形成

由上述现状分析可以看出，虽然随着可移动文化遗产保护事业的不断深入和发展，人们对可移动文化遗产的法制化和规范化保护日益重视，分散在各种相关法规和制度中与可移动文化遗产保护相关的条款也日益增多。但是目前国内外有关可移动文化遗产保护的专门制度尚处在制定和完善过程中，可移动文化遗产保护体系的真正形成似乎还很遥远。这一方面是因为文化遗产领域的制度制定是一个不断演变的过程，目前制度形成的客观环境尚未成熟；另一方面可能因为目前文化遗产的划分体系主要是物质文化遗产和非物质文化遗产，由此导致可移动文化遗产被拆散包含于不同的文化遗产模块，从而导致专门的可移动文化遗产保护制度难以形成。

(2) 现有的可移动文化遗产保护制度高度分散

现有可移动文化遗产保护制度高度分散是指目前国内外有关可移动文化遗产保护的专门制度不多，主要是由分散在文化遗产、文物、档案、古籍等各种可移动文化遗产的具体保护制度构成，而从宏观层面对各类可移动文化遗产的保护工作予以整体规定和规范的制度尚不多见。这种局面不利于可移动文化遗产的整体性和特殊性保护。造成可移动文化遗产保护制度高度分散的原因也有两个方面：一方面是因为目前业界和学界对可移动文化遗产的整体性保护重视不够，较多关注的是非物质文化遗产和物质文化遗产划分基础上的文化遗产保护问题；另一方面则是由可移动文化遗产的自身特点决定的，因为按照可移动文化遗产的划定标准，其涵盖范围较大，包含的文化遗产种类繁多且复杂，这无疑增加了从整体角度制定可移动文化遗产保护制度的难度。

(3) 各类可移动文化遗产保护制度的侧重不同

如前所述，目前国内外可移动文化遗产保护制度主要分散在不同种类可移动文化遗产的具体保护制度中，且各有侧重。例如，文物保护制度更侧重于防盗窃和防止非法贩卖，档案保护制度则侧重于档案寿命的延长和档案信息的安全等，图书保护制度则更强调古籍的修复和保存等。在这种高度分散的格局下，可移动文化遗产保护制度难以形成统一的定式。与此同时，这种局面潜存着风险，不利于可移动文化遗产保护工作的统一管理。

综合起来，可移动文化遗产保护制度包含了档案保护、图书保护、馆藏文物保护的制度，但由于档案保护、图书保护、馆藏文物保护的制度分散在不同行业、不同机构中，彼此之间缺乏协调，因此，在内容方面存在着交叉甚至矛盾的方面，例如，各个国家在档案保护、图书保护存在着差异，见表7-1、表7-2。这表明，从可移动文化遗产保护的角度考察，现有的涉及可移动文化遗产保护不仅缺乏宏观方面的规范与约束，也缺乏档案保护、图书保护、馆藏文物保护的制度协调。

表7-1　　　　　　　部分国家图书馆库房温湿度标准

国家及馆名	温度	相对湿度
法国巴黎国家图书馆	20℃~24℃	50%~55%
英国绘画图书馆	14℃~17℃	57%~63%
日本国会图书馆	18℃~26℃	50%~60%
美国国会图书馆	21℃~24℃	50%~60%
苏联国家图书馆	16℃~18℃	50%~60%
英国图书馆	18℃~21℃	55%

表7-2　　　　　　　部分国家档案馆库房温湿度标准

国家及馆名	温度	相对湿度
法国国家档案馆	20℃~24℃	50%~55%
美国国家档案馆	20℃~24℃	40%~54%
美国犹他州家谱协会	15℃~24℃	50%~60%
英国丘园档案馆	15℃~25℃	50%~60%
加拿大国家档案馆	17℃	55%
马来西亚国家档案馆	21℃~24℃	50%~65%
日本国立档案馆	22℃	55%
新加坡国家档案馆	21℃~24℃	50%~65%
巴哈马国家档案馆	18℃	59%

续表

国家及馆名	温度	相对湿度
苏联国家档案馆	14℃~18℃	50%~65%
荷兰国家档案馆	15℃	50%~60%
联邦德国档案馆	18℃±1℃	55%±5%
前捷克斯洛伐克国家档案馆	5℃~8℃	50%~60%

7.2 可移动文化遗产保护制度体系的重构

截至目前，国内外关于可移动文化遗产保护制度的重要性已基本达成共识。国际上，以联合国教科文组织为代表的国际文化遗产保护机构已制定和出台多个文化遗产保护与管理的法律法规和制度规章，其中包含很多与可移动文化遗产保护相关的条款，这些条款共同构成目前世界各国遵守和参照的可移动文化遗产保护制度。在国内，虽然未出台专门针对可移动文化遗产的规章制度，但是分散在各种文化遗产法律法规和政策文件中的有关可移动文化遗产的相关条款等已经初步形成了一些可移动文化遗产保护制度，如日渐成熟的关于档案保护、图书保护、馆藏文物保护等可移动文化遗产保护的制度。因此，重构可移动文化遗产保护制度，就必须从以下两个方面着手：

第一，建立专门的可移动文化遗产保护制度，尤其是在"大部制"下，将可移动文化遗产保护所属部门进行相应的整合，且综合与之相关的行业、部门的业务活动，通过其共性的总结，出台专门的可移动文化遗产保护制度。

第二，完善与可移动文化遗产相关的保护制度，即与可移动文化遗产各种组分保护的制度，尤其是文物保护、档案保护、图书保护等制度，形成相关的子制度体系。当前形势下，后者对于我国更具有现实价值。

7.2.1 文物保护制度子体系

中华民族在其漫长的历史发展过程中遗留下了大量的遗迹和遗物,将其中的器物、典籍、艺术品等文物作为可移动文化遗产陈放在博物馆、档案馆等文物保存机构内加以特殊保护,可以有效延长这些文物的寿命,从而更好地见证中华民族的发展历史。目前,我国文物保护系统的博物馆总数已近2000所,共拥有1200余万件馆藏文物。如何妥善保管这些可移动文化遗产,并发挥其在各项社会活动中的作用,是当前我国可移动文化遗产保护工作中的重要问题。

建立健全文物保护制度则是解决上述问题的关键。我国自1961年出台《中华人民共和国文物保护法》以来,在联合国教科文组织1972年通过的《保护世界文化和自然遗产公约》的基础上,通过制定各种中华人民共和国文物保护法律法规和规章制度,逐步建立了我国的文物保护制度。

(1)藏品保护制度

馆藏文物在陈列过程中不可避免地会受到人为因素、自然因素等不同程度的影响,为此,需要制定完善的保护制度以延缓可移动文化遗产的老化速度和防止其受到意外损坏,如陈列前保管人员应根据《陈列大纲》①中所列出的展出文物清单,科学制定出《展出文物保护方案》②,将要展出的馆藏文物进行分类,并详细说明所需的保护条件及保护要求。总体而言,藏品保护制度包括以下几点内容:

首先,陈列艺术设计要服从保护的需要。当陈列文物的艺术效果与文物保护发生矛盾时,陈列设计要服从文物保护的需要,确保展出文物的安全,如对国家二级以上的馆藏文物和馆藏只有一件的较珍贵馆藏文物展览时,必须用复制品或照片代替展出,杜绝使用原件馆藏文物等。

---

① [苏]阿·伊·米哈依洛夫斯卡娅. 博物馆陈列的组织与技术[M]. 宋惕冰,译. 北京:文物出版社,1959:114.

② 宋丽萍. 论陈列展览过程中的馆藏文物保护[J] 中国文物保护技术协会第四次学术年会论文集,2005(10):32.

其次，陈列布展服务要服从保护的需要。为了馆藏文物的安全保护，必须做预防性的保护措施，文物保管部门要参与展览制作，在馆藏文物的安全保护方面起监督指导作用。在动用馆藏文物时要保证馆藏文物的安全，对文物保护的要求要耐心指导、亲自示范，对制作人员要耐心细致地说明每件文物的保护要求。

再次，馆藏文物展出要符合保护的需要。馆藏文物保护的日常工作重在预防，尽量使馆藏文物处在一个相对稳定的环境中，延缓馆藏文物的自然损坏过程。因此，对于保管部门来说，当陈列展览正式对外展出，保管部门与展厅工作人员正式办理了馆藏文物的移交手续，馆藏文物移交后仍应将馆藏文物的展出环境纳入视野，敦促和监督陈列部门，为展出的馆藏文物提供必需的保护条件、环境，以尽可能减少各种自然环境因素对馆藏文物的侵损。

最后，馆藏文物库管要符合保护的需要。目前从包括文物库房在内的博物馆建筑设计施工的角度，由国家出台的可供参考的文件有《文物系统博物馆风险等级和安全防护级别的规定》《文物系统博物馆安全防范工程设计规范》《博物馆建筑设计规范》和《博物馆照明设计规范》等，主要在博物馆的建筑面积、建筑材料、布局、防火、防震、防盗、防潮、防汛、防腐、防尘、照明以及运输和现代科技管理设备等方面进行了规范。为了更好保护我国博物馆内的馆藏文物，2008年2月国家文物局研究制定并下发了《全国博物馆评估办法(试行)》《博物馆评估暂行标准》和《博物馆评估申请书》，以加强博物馆公共服务体系建设，规范博物馆行业管理。其中，《博物馆评估暂行标准》在博物馆等级划分条件里，对馆藏文物库房条件和管理制度进行了明确要求①。

(2) 文物管理制度

随着各种规章制度的出台，目前我国已逐步形成了独具特色的文物管理制度：博物馆、图书馆和其他文物收藏单位对收藏的文物，必须区分文物等

---

① 中华人民共和国国家文物局．政策法规[EB/OL]．[2011-10-11]．http：//www.sach.gov.cn/tabid/76/Default.aspx.

级，设置馆藏文物档案，建立严格的管理制度，并报主管的文物行政部门备案；县级以上地方人民政府文物行政部门应当分别建立本行政区域内的馆藏文物档案；国务院文物行政部门应当建立国家一级文物馆藏文物档案和其主管的国有文物收藏单位馆藏文物档案；文物收藏单位应当根据馆藏文物的保护需要，按照国家有关规定建立、健全管理制度，并报主管的文物行政部门备案；未经批准，任何单位或者个人不得调取馆藏文物；文物收藏单位的法定代表人对馆藏文物的安全负责，离任时，应当按照馆藏文物档案办理馆藏文物移交手续等事项等。

（3）考古发掘制度

考古发掘是文物即可移动文化遗产保护的首要环节，为此需要制定详尽的制度加以规范，目前我国的考古发掘要求主要有：发现重要文物应立即上报国务院文物行政部门，国务院文物行政部门应当在接到报告后15日内提出处理意见；在进行建设工程或者农业生产中发现文物者的职责和文物行政部门的职责及处理时限，即任何单位或者个人发现文物，应当保护现场，立即报告当地文物行政部门，文物行政部门接到报告后，如无特殊情况，应在24小时内赶赴现场，并在7日内作出处理意见；考古调查、勘探、发掘的结果，应当报国务院文物行政部门和省、自治区、直辖市人民政府文物行政部门；考古发掘的文物，应当登记造册，妥善保管，并移交文物行政部门指定的国有博物馆、图书馆或者其他国有文物收藏单位收藏等；对盗掘古文化遗址、古墓葬、走私文物、以牟利为目的倒卖国家禁止经营的文物等行为，构成犯罪的应当依法追究刑事责任。

7.2.2 档案保护制度子体系

档案是人类记载各项社会活动的重要载体，中华民族在其漫长的历史活动中留下了不计其数的档案文献，将这些珍贵的可移动文化遗产存放在档案馆、图书馆、博物馆等文化事业机构集中保管，有助于保护历史遗产，有助于传播民族文化。为此，我国制定多项制度指导和规范档案工作，确保各项档案工作的顺利实施。例如,在国家层面上,国家档案局出台了《机关档案工作业务建设规范》《机关档案工作条例》《会计档案管理办法》等;在行业层面上,有些机构也出台了相关的档案工作制度,如《中国科学院科研档案工作规范》《中国科学院基本建设项目(工程)档案资料竣工验收要点》等。不论是哪个层面的制度,都对于档案保护进行了规范。

(1)档案收集制度

所谓档案收集是指通过接收和征集的方法,把分散在各机关、部门、个人手中和散失在社会上的档案,集中到机关档案室和国家档案馆进行科学管理。关于收集主体与责任,我国规定:各级国家机关和各种社会组织的档案室,按照规定接收本机关业务部门和文书处理部门办理完毕移交归档的文件;各级各类档案馆依据国家法律和有关规定接收现行机关和撤销机关的档案;任何个人都不得以任何理由拒绝向区档案馆归档移交有价值的档案材料;档案材料收集应该形成定期送交制度和联系催要制度。关于收集范围与要求,我国规定:凡是对各项事业发展有参考利用价值的各类原始材料都属于档案收集范围;收集进档案室的材料必须是办理完毕的原始材料(原件),要完整齐全、真实、文字清楚;不符合归档要求的档案材料,档案馆将责成档案材料形成的相关职能部门按要求完成;材料必须齐全、完整。

(2)档案整理制度

档案整理是指将归档范围内的档案予以科学整理,保持其有序状态的一项业务工作。目前关于档案整理的规定主要有:凡是反映本单位政治、业务等工作活动,具有查考利用价值的公文、图表、声像等各种形式和载体的文件材料均应立卷归档;凡国家规定不得归档的材料,禁止擅自归档;归档的文件材料必须齐全、完整,并按照它们形成的自然规律,历史科学地分类、立卷,使归档案卷能全面、准确、系统反映本单位社会活动、自然形态的历史和现状,便于保管和利用;归档案卷应保证类目清晰、装订结实、整齐、美观,案卷标题简明、确切、字迹工整、注明档号及保管期限;归档案卷应填写一式两份案卷目录;案卷的封面要采用国家规定的标准格式,并按规定填写等。

(3)档案保管制度

档案保管是指根据档案的成分和状况而采取的存放和安全防护措施。其目的是根据档案损坏规律,通过经常性工作,采取专门的技术措施,最大限度地防止和减少档案的损毁,延长档案的寿命,维护档案的系统性和完整性,保证档案的完整齐全。目前我国档案保管制度主要包括:全部档案分别按不同门类、载体、保管期限排列,并按相应程序编号,固定位置;库房管理应严格执行《档案库房技术管理暂行规定》,做到防火、防高温、防盗、防尘、防光、防潮、防有害生物、防蛀、防有害气体等;坚持定期或不定期检查、统计档案资料,如有破损、字迹褪变、霉变生虫等情况,应及时采取补救措施;档案库房的温度应控制在14℃~24℃,相对湿度应控制在45%~60%;档案库房由专人管理,非库房工作人员未经许可不得擅入,档案资料要进出库房应严格履行审批登记手续等。①

(4)档案利用制度

档案利用是档案工作的最终目的,是根据档案用户的需要提供档案原件或复印件的一项工作。为此,要求中华人民共和国公民和组织,持有身份证、介绍信或工作证等合法证明,才可以利用本馆已开放的档案;外国人或者外国组织利用本馆已开放的档案须经有关部门介绍并报经区委、区政府同意;提供利用档案,严格按照物价部门规定的标准收取费用;原则上不外借,确因特殊情况需借出馆使用的,必须经本馆负责人批准;维护档案的完整安全,严禁任何形式的损毁档案现象;要严格遵守《中华人民共和国保密法》之规定,严禁任何形式的失泄密现象;必须严格履行手续;利用档案需复制,必须由本馆复制等。

(5)档案保密制度

档案保密制度又称档案信息安全制度,指为了确保档案信息内容不泄露

---

① 中华人民共和国国家档案局.档案库房技术管理暂行规定[EB/OL].[2011-04-11]. http://www.saac.gov.cn/indexpage.do?method=getsimple channel&pk=ra.

而制定的各项保密措施，如认真贯彻执行《中华人民共和国档案法》《中华人民共和国保密法》，严守党和国家秘密，确保党和国家秘密的安全；加强档案库房的安全、保密管理，定期对档案进行检查，确保档案的安全；接收、移交、销毁档案要履行签字手续；正确处理保密和利用的关系，坚持既有利工作又确保秘密的原则，严格执行《借查阅制度》[①]，认真做好借阅和退还登记；查档人员不得进入档案库房，未经批准，任何人不得翻印、摘抄、复制档案资料等。

此外，还有档案鉴定与销毁制度、档案工作人员责任制度等多项档案保护制度，这些是档案工作规范有序开展的重要前提。

7.2.3 图书保护制度子体系

进入现代社会，我国的图书保护事业都在继承传统、借鉴现代的基础上，根据自身实际情况和馆藏定位，以创新图书保护制度为着眼点找到适合自身特点的图书保护制度，进而使硬件条件和软件环境产生良性互动，最终使我国馆藏图书保护制度能够顺应时代潮流、使我国馆藏图书保护工作不断得以推进。就整体而言，我国馆藏图书保护制度包括图书修复制度、图书阅览制度和书库管理制度三个方面。

(1)图书修复制度

首先，在修复方法上采用"因势利导、整旧如旧"的原则[②]。"整旧如旧"的原则在北魏贾思勰的《齐民要术》中就有过表述，在修复过程中坚决摒弃传统的通卷托裱，采取对原卷的保护现状与残破现状做具体分析，区别不同情况，予以不同处理的原则，充分保证原卷在正常使用的情况下不再损坏，以保证研究者的使用和保管者的管理。

---

① 陈翠. 保障人事档案知情权，营造人事档案亲和力[J]. 档案，2009(1)：67.
② 梁思成. 曲阜孔庙之建筑及其修葺计划[C]//梁思成全集(二). 北京：中国建筑工业出版社，2001：69.

其次,在修复过程上采用"抢救为主、治病为辅"的原则①。在修复过程中做到尽量少修,尽量保持目前看到的遗书原状,尽量保留原卷的各种研究信息;在外观效果上,要求修复时附加的裱补纸与原卷必须有明显的区别,从而避免因修复工作而干扰原卷固有的研究信息。同时要求在整治古籍时突出重点,抢救那些影响遗书寿命的、必须修整的地方,对破损不严重的地方尽量不动,其目的是为了保持古籍的文物价值和资料价值不受损失。

最后,在修复成果上秉承"保持原状、过程可逆"的原则②。在对古籍的保留处理上,要求修复工作本身是可逆的。将来如果有更好的修复技术出现,可以消除目前的修复状态恢复原状,改用更为先进的技术,以便更好地保护遗书。

(2)图书阅览制度

首先,在服务方式上采用"因人而异"的多样化原则。在接待每一位读者阅览时,都应先咨询其阅读目的,将读者区分为研究版本型、查阅资料型和兴趣消遣型,进而为他们提供不同的服务支持。此外,图书馆对一些流通率高的图书先予以复印或缩微,有复制件的图书或现今已重版的古旧文献一般不再提供原件,并采取收取图书资料保护费的办法限制复印、鼓励抄写;提供和收回图书时,应检查图书册数及破损情况,以免不良读者盗换、撕页;对阅览中发现的破损图书应及时提供给修补人员修补;古旧书刊仅供阅览,一般不外借,特殊情况须由主管领导同意,并约定归还日期,留下对方电话及押金,以便及时催还。

其次,在查询方式上采用"双管齐下"的规范化方式。在实际工作中,很多读者往往查阅大量书刊后仍不得要领。为此,图书馆应将特殊文献单独列出、分类编排,形成既有利于读者查索,又便于员工服务的图书目录,从而

---

① 张志清.中国国家图书馆善本特藏的保存保护[J].北京:中文善本古籍保存保护国际研讨会,2001:77.

② 张志清.中国国家图书馆善本特藏的保存保护[J].北京:中文善本古籍保存保护国际研讨会,2001:77-78.

既减少因读者滥索文献而造成的损害,又节约读者的宝贵时间,提高服务水平与工作效率。

最后,在服务过程中采用"防微杜渐"的精细化原则。工作人员要时常巡视,及时纠正读者的不良阅读习惯:阅览书刊时,应建议读者将书刊平放在桌面上,而不要捧在手中;摘抄图书时,应建议读者最好使用铅笔,以免钢笔、圆珠笔污损书页;翻书阅览时,应建议读者轻掀书页左下角,不要抓起整体版面翻动等。此外,对大规模利用馆藏的项目与活动,图书馆应事先早作统筹安排,如要求各县市地方志编纂办公室组织人员将该县市有关资料一次性摘抄完毕,避免对下属各县市地方志进行零散重复查阅。对一些查阅量较大的课题,可先要求读者留下课题要求,待图书馆工作人员将有关资料集中后再通知读者前来查阅。

(3) 书库管理制度

首先,在整体管控中凸显"防火防盗"的首要性原则。就起火原因而言,图书馆火灾大部分是由于电器、电路故障引发,因此在控制库房火源的同时,须严禁乱拉电线或不经允许使用电器。在冬季,规定不得使用任何取暖设备;在夏季,因工需要使用电扇须做到人不离扇、人走撤线;下班时,还应检查总电闸是否关闭;库房内,不得开长明灯,以减少电器、电路耗损。同时,将图书馆防盗系统纳入整体保密范畴,不要向无关人员渲染和介绍。为馆内图书编纂详细的财产目录和图片档案,防止图书馆工作人员监守自盗事件的发生。库房应采取多重门,一人不能同时掌握多把钥匙。非管库人员不得擅自入库提书等,不给不良人员提供任何浑水摸鱼的机会。

其次,在日常管控中凸显"防高温高湿"的重要性原则。图书保护最适宜的温度16℃~18℃,相对湿度为50%~60%,但不同的地区有所不同,如华中、华南地区要求温度为14℃~20℃,相对湿度为55%~65%;华北、东北地区要求温度为14℃~20℃,相对湿度为50%~60%。[①] 温度过高,纸张易脆化,湿度太大,书籍易生霉长虫。但在自然条件下绝大部分图书馆都不可

---

① 寻霖,章曼纯.图书馆古旧文献的管理与保护[J].图书馆,2003(6):68.

能长年达到上述要求。解决温度、温度问题的最经济方式是设计合理的图书物理保护结构，如设置防潮层、防热层等，最有效的方式是安装恒温恒湿设备。

最后，在全程管控中凸显"防虫防尘"的长效性原则。图书馆库房防虫一般采取定期放置樟脑，但却无法根本消灭虫害，特别是木柜因材料掺假、木材未完全干燥等原因，导致书柜生虫。在图书日常管理工作中，应要求管库人员经常开启柜门，通风透气并及时发现虫害。此外，库房内的尘土大多来自户外和工作人员的鞋子，工作人员进库时应换穿工作用鞋。户外风尘大时应紧闭门窗，每隔一段时间要擦地板和书架。书籍上的尘土可用棉刷拂去，棉刷要经常清洗晒干。有条件的图书馆可为每一部书配置樟木夹板，这样既可防尘，又可防破损。

7.2.4 其他保护制度

除文物保护制度、档案保护制度、图书保护制度外，我国文化遗产保护相关制度也是可移动文化遗产保护制度体系的重要构成部分，限于篇幅，不再详述。

7.3 可移动文化遗产保护制度体系的实现

由上述现状分析可以看出，目前我国已经有关于可移动文化遗产保护的相关制度，且已独具特色，如以维护公共利益为总体目标、以实现科学管理为具体任务、以指导性内容为主要成分等。但是，从宏观层面制定的可移动文化遗产保护制度尚未出台。目前，与可移动文化遗产保护相关的制度主要分散在档案保护、图书保护、文物保护等制度中。这种情况不利于我国可移动文化遗产保护事业的整体发展。

根据前文关于可移动文化遗产现状、特点与不足的分析可以看出，目前可移动文化遗产保护制度的制定和实施存在着诸多困难。但是，制度是推动可移动文化遗产保护事业不断深入和发展的前提和保障，为此，需要采取相关措施推进可移动文化遗产保护制度的制定和实施。鉴于可移动文化遗产保护制度包括组织体制、管理法规、教育信息、保护合作等多方面内容，涉及政治经济、社会体制、人文环境、人员组织等多方面因素，本书分别从宏观和微观两个层面予以阐释。

7.3.1 可移动文化遗产保护制度宏观方面的实现

可移动文化遗产保护制度宏观方面的推进主要包括两个方面：一是加强专门针对可移动文化遗产保护的各项制度的制定和实施；二是加强从总体角度制定可移动文化遗产保护制度的力度。为此需要从以下几个方面努力：

(1)建立合理的可移动文化遗产保护工作机制

可移动文化遗产是一个宽泛的概念，包含馆藏文物、档案文献、古籍等多种文化遗产，如何协调这些不同种类可移动文化遗产保护工作之间的关系，使其在各具特色的同时服从统一领导，尤其是在可移动文化遗产保护制度的建设方面，在各领域制定具体可移动文化遗产保护制度的基础上保持统一性和整体性等，这就需要建立科学合理的可移动文化遗产保护工作机制，明确各领域相关部门的职责和权力。中央和地方文化遗产部门可以设立可移动文化遗产保护工作领导小组，专门负责可移动文化遗产保护工作，通过制定科学合理的可移动文化遗产保护方针政策与制度规范，实现对各级可移动文化遗产保护工作的统一领导和指挥。

(2)制定具有普适性的可移动文化遗产保护制度

构建统领各种可移动文化遗产的专项保护制度是推进可移动文化遗产保护制度制定和实施的关键，仅靠各领域有关可移动文化遗产保护的相关规定无法满足可移动文化遗产保护工作的需要。为此，需要在可移动文化遗产保护工作领导小组的组织下，分析和研究各种类型可移动文化遗产的特性及其保护特性，在此基础上从总体层面构建具有普适性的可移动文化遗产保护制度,并提出对不同种类可移动文化遗产保护工作的要求,指导和规范各领域的可移动文化遗产保护工作。

(3)进一步完善各类可移动文化遗产保护专项制度

如前文所述,文物保护领域、档案保护领域和图书保护领域都已建立起本领域的保护制度,这些是可移动文化遗产保护制度的重要组成部分,并且在可移动文化遗产保护制度体系尚未真正建立之前,这些专项制度的制定和实施是可移动文化遗产保护制度发展和完善的关键,为此,在推进可移动文化遗产保护制度的过程中,进一步完善和发展这些专项制度是十分必要的。这需要各领域的积极配合和相互协调,在遵守可移动文化遗产保护总体方针和政策的前提下,结合本领域的发展现状和趋势,与时俱进,不断完善本领域的各项保护制度。

7.3.2 可移动文化遗产保护制度微观方面的实现

可移动文化遗产保护制度微观方面的推进是指在建立可移动文化遗产保护工作领导小组和建立健全可移动文化遗产保护专项制度的基础上,各可移动文化遗产保护领域,如文物保护领域、档案保护领域和图书保护领域等,应结合各自领域的特点,分别采取措施,在建立健全本领域可移动文化遗产保护的具体制度的同时,与时俱进,不断深化制度内容,并强化实施方案。鉴于不同领域、不同行业的可移动文化遗产保护工作存在较大差异,可移动文化遗产保护制度微观方面的推进工作需要分领域、分行业对待,即文物保护、档案保护、图书保护等需要采取不同的措施推进保护制度建设。鉴于篇幅,本书以档案保护制度的推进工作为例予以阐释。

由前文已知,档案保护制度的制定是按照档案工作的流程模块制定的,如档案收集制度、档案归档立卷制度、档案整理制度、档案保管制度、档案利用制度、档案鉴定销毁制度和档案保密制度等。这些制度都具有明显的针对性和较强的操作性,为整个档案保护工作的开展提供科学依据和规范。但是为适应和满足可移动文化遗产保护事业的持续发展需要,这些制度都需要不断修订和完善，档案工作领域可以采取以下方法不断推进其保护制度的建设。

(1) 增强制度的操作性

操作性是衡量制度功用和价值的重要依据，档案保护制度的制定比较注重可操作性，以浙江省档案馆制定的《浙江省国家档案馆管理办法》为例，"为了防止、纠正和惩治国家档案馆管理违法行为，保护公民、法人或者其他组织的档案合法权益不受非法侵犯，《浙江省国家档案馆管理办法》从明确违法行为、追究法律责任、提供权利救济三个方面进行了制度设计"。① 而后制定的《浙江省数字档案馆建设管理暂行办法》也非常注重可操作性，"主要针对工程管理而非技术标准，对数字档案馆建设包括的基本内容和要求，数字档案馆建设单位需要注意的问题，以及全省各级档案主管部门应在数字档案馆建设中承担的责任等内容都做出了规定。"② 但是，鉴于档案这种可移动文化遗产的保护工作的重要性和内容的细致程度，档案保护制度的制定，尤其是各个业务流程与工作环节的具体制度的制定需要进一步加强可操作性，如档案利用制度中的利用时间、利用方式、利用地点、利用手续等各个环节的规定必须充分考虑档案用户的利用习惯和本馆的一般条件等。为此，建议档案部门树立"宜细不宜粗"指导思想，根据档案收集、整理、保管、利用等各项工作的具体内容和特性，进一步增强档案保护制度的可操作性。

(2) 提高制度的针对性

针对性是档案保护制度在现实工作中具有可操作性的基础，也是解决档案保护工作中各种问题的关键，如针对少数民族档案而制定的各种档案制度，如《云南省档案条例》第十四条进一步规定："各级人民政府应当拨出专款，用于重点、珍贵档案和少数民族历史档案的征集和抢救工作。档案征集抢救经费必须专款专用。"《新疆维吾尔自治区实施(中华人民共和国档案法)

---

① 蒋锦屏. 国家档案馆管理的立法创新思路——《浙江省国家档案馆管理办法》解读之一[J]. 浙江档案，2007(4)：18-19.

② 朱玉媛，赵苏皖. 近五年来我国档案法规研究综述[C]//王新才. 档案学研究进展(第二辑). 武汉：武汉大学出版社，2010：269.

办法》第十五条第二款规定："使用当地通用的一种或几种语言文字形成的文件正本、定稿应当同时归档。"《内蒙古自治区档案条例》第八、九条规定："直接从事蒙古语言文字档案管理的工作人员应当具备使用蒙古语言文字的能力。""各级各类档案馆要根据管理少数民族语言文字档案的需要，设立专门机构或者配备兼通少数民族语言文字的人员。集中保管少数民族语言文字档案的各类档案机构要配备翻译人员。"这些条例中的有关规定都具有明显的针对性，从而确保特殊工作的规范可行。但是，除少数民族档案保管工作外，档案工作中的其他业务制度也应该提高针对性，确保具体可行，如档案保密制度应该针对不同的档案提出不同的保密措施和要求以及惩罚措施等；档案利用制度应该基于本馆所藏档案，针对不同视角、不同形式的档案利用问题提出具体要求和规范等。通过提高各项具体制度的针对性可以大大提高档案保护制度的可行性，达到预期效果。

(3) 保持制度的创新性

不同的时代对档案保护制度具有不同的要求。从发展过程看，档案保护制度是一个随时代变迁而不断立、改、废的循环往复、螺旋式上升过程，而创新则是推进档案保护制度不断发展和完善的最大动力。创新意味着结合时代发展潮流和趋势，在原有制度基础上作出大胆尝试和改变，如福建省在制定档案地方性法规之际，正值该省投入 20 亿巨资建设"数字福建"，为此，尽管有关信息技术和网络技术的相关内容并未在《中华人民共和国档案法》和《中华人民共和国档案法实施办法》中有明确规定与体现，福建省依然率先将"加强档案信息化建设""建立全省性的档案资料目录中心""实现档案社会化服务"等写进《福建省档案条例》中，并做了比较详细的规定①。信息化时代对档案工作的影响是深远的，几乎档案工作的所有业务都需要作出相应的变革和创新，这就要求档案保护制度加快创新步伐，进一步推进档案保护制度的制定和实施。

以上是以档案保护制度为例提出可移动文化遗产保护制度在微观方面的

---

① 唐平波. 浅析地方性中国档案法规建设[J]. 云南档案，2006(5)：24.

推进策略，也适用于文物保护制度、图书保护制度等其他可移动文化遗产保护相关领域的制度推进工作，但是不同领域之间可能存在些许差异，这里不再作详细叙述。

总之，制度体系是可移动文化遗产保护工作顺利开展的重要保障，各文化遗产保护机构和部门都应予以高度重视。通过构建可移动文化遗产保护制度及其体系，可以实现与可移动文化遗产保护法律法规体系的相互呼应和相互补充，从而共同为可移动文化遗产保护事业的可持续发展构筑起坚实的后盾和良好的环境。

8　可移动文化遗产保护支持体系

支持体系是若干推进目标实现的手段的集合。可移动文化遗产保护支持体系即是推进可移动文化遗产保护子体系目标实现的各项手段的有机结合，并共同作用于整个可移动文化遗产保护体系，包括前文已讨论的可移动文化遗产保护的技术体系、管理体系、标准体系、法规体系、制度体系等。针对当前我国可移动文化遗产保护的现状，本章将重点讨论可移动文化遗产保护的信息系统和人才队伍两大模块。较之以往的人财物支持体系，这两大模块在当今的可移动文化遗产保护支持体系中的作用更加不可忽视。

8.1　可移动文化遗产保护信息系统

从功能作用上看，信息系统属于可移动文化遗产保护基础设施支持的一部分，但也并非仅仅是基础设施所能涵盖。随着信息社会的发展，现代意义上的信息系统已经脱离单纯的工具范畴，而愈发表现为系统工程的有机组成部分。一方面，信息系统是可移动文化遗产保护各项工作开展的支持工具，无论是管理工作、财务工作，抑或是无处不在的文档工作，都难以离开信息系统的支持；另一方面，信息系统本身也构成了可移动文化遗产保护的重要手段：利用信息系统存储可移动文化遗产保护信息、利用传感器网络实现藏品监控、利用在线工具宣传推广可移动文化遗产保护。信息系统对于管理、财务的支持属于相关专业的研究课题，不是本书的关注重点，本书仅仅关注应用于可移动文化遗产保护的信息系统，简而言之，即"保护信息"系统。①

需要注意的是，尽管计算机技术视角和工程视角是信息系统研究的主要视角，但对于业务机构而言，信息及信息的处理才是信息系统的核心。因此，关于对可移动文化遗产保护信息系统的探讨，重点在于保护信息系统的模式、构建路径，本节将仅从系统支持和系统架构的角度研究可移动文化遗产保护信息系统。

8.1.1 可移动文化遗产保护信息系统概述

8.1.1.1 可移动文化遗产保护信息概述

可移动文化遗产保护的信息是指机构和个人在各种形式的可移动文化遗产保护活动中形成使用并保存的各种记录。其形式有二，一是可移动文化遗产保护客体的信息，如可移动文化遗产的来源、品质、规格及其保存环境等与可移动文化遗产直接相关的客观信息，二是可移动文化遗产保护主体的信息，如保护者的个人信息、经验总结及其针对可移动文化遗产而进行的各项保护工作、保护知识培训等信息。

两种信息存在着区别，这使得在系统构建以及后续的信息处理时，需要注意区分两种信息，以不同的方式操作不同类别的信息资源。而交叉融合的存在，一方面为系统构建提出了挑战；另一方面，又使得藏品或者机构都有可能成为信息组织的线索，而这正为基于藏品的建构模式和基于机构的架构模式提供了依据。后文将进一步讨论这两种架构模式。

但是，可移动文化遗产保护的两种信息并非完全隔离，而是交叉存在的，因为保护工作是主体与客体的互动过程，主体和客体的交互反映到保护信息上自然便形成了主体信息与客体信息的交叉和融合，并呈现出以下性质特点：

---

① 周耀林. 可移动文化遗产保护策略[M]. 北京：北京图书馆出版社，2006：227.

(1) 分散性

可移动文化遗产保护是伴随着遗产的产生而出现的。世界各国，遗产形成有早有晚，保护经验与技术发展有快有慢，这决定了保护信息的离散性。

从来源上看，有来源于博物馆、档案馆、图书馆等藏品机构的信息，还有来自保护科研机构、保护教育机构、高等学校甚至是个人的保护信息。其中，既包括公立机构的保护信息(这是目前保护信息的主体)，也有来自私立机构的信息(如海燕文物修复中心等)。从技术内容区分，有藏品的预防信息、治理信息和修复信息。按照保护的对象，则存在纸质遗产保护信息、金器保护信息、银器保护信息、瓷器保护信息、陶器保护信息等。

(2) 无序性

可移动文化遗产保护实践及其研究的分散性决定了保护信息处于一种无序的状态。对于某一个特定的机构而言，保护信息是有限的、有序的。总体看来，各种遗产保护信息则呈现无序的杂乱状态，有待于疏导和整理。

(3) 非对称性

可移动文化遗产保护信息处于一种非对称状态。不同载体保护的信息量差异很大，不同机构发送的信息量不等，即使是同一机构发送和接收的信息量也不对等。也有不少机构与外界联系甚少，处于一种信息相对封闭的状态。

(4) 稀缺性

各国可移动文化遗产藏品信息管理系统都存在一个普遍的现象，极少登录保护信息。例如，图书信息管理系统往往有作者、书名、出版社、出版时间等基本著录项目，文物信息管理系统经常著录质地、大小、发掘地点等，档案信息管理系统则必须著录责任者、发文日期、标题、密级等，各种信息管理系统对原件及其保护状况的描述较少，藏品保护的信息非常欠缺，这导致保护工作者或管理者对藏品的质量无法了解，致使保护工作无法开展。或者，即使是开展起来了，也往往带有很大的盲目性。

(5)异质性

由于可移动文化遗产信息来源广泛、产生形式多样,可移动文化遗产表现出明显的异质性和离散分布特点:不同的可移动文化遗产要求有不同的描述方式和数据结构,而对同一种事物的描述,不同机构也会有不同的描述方式。这也为可移动文化遗产信息的整合和管理带来了巨大的挑战。

面对如此分散的信息,如何进行整合已经是当务之急。档案保护信息的整合已经引起了学界的关注[①]。与之相比较,可移动文化遗产信息整合涉及的面更广,更加复杂,因此,需要付出的劳动将更大。

8.1.1.2 可移动文化遗产保护信息系统的类型

作为信息系统的一种,可移动文化遗产保护信息系统可以表现为多种形式,任何为可移动文化遗产保护服务而构建的信息系统都可以纳入可移动文化遗产保护信息系统。但是,从可移动文化遗产保护这一核心目标出发,其信息系统主要有两种类型:可移动文化遗产管理与决策支持系统和可移动文化遗产数据监测与处理系统。这两类系统所承担的任务也构成了可移动文化遗产保护信息系统的核心职能。

(1)面向保护信息集成的信息管理与决策支持系统

可移动文化遗产保护本质上是一项分布式的工程,博物馆、档案馆、图书馆等分别执行各自的职能,全球各地的保护机构也同时进行着保护任务。可移动文化遗产分布的广泛性决定了其保护实践的分散性。然而,遗产的特征、保护的共性又决定了分散的保护实践活动需要实现一定程度的集成,各自的工作经验也需要得到一定的共享。在全球化日益发展,行业合作更加盛行的今天,保护信息的集成和共享已经成为行业发展的一个趋势。

面向保护信息集成的信息管理与决策支持系统构建的目的是实现各地各行业保护信息的集成和共享,在信息集成和共享的基础上,实现对保护工作

---

① 黄广琴,颜川梅等.档案保护信息整合的认识与实践[J].档案学通讯,2010(3):80.

的决策支持。一方面,系统需要对各地乃至全球的保护信息进行集成,实现保护信息在保护机构乃至大众间的共享;另一方面,系统需要实现相关行业保护信息的集成,从可移动文化遗产保护和利用的全局实现保护信息的集成和共享,如实现文物、珍贵档案、珍稀图书的集成控制和保护信息的共享。

面向保护信息集成的信息管理与决策支持系统本质上是对分散化、异质化信息的集成和协同管理系统。这里集成表现为两种形式,一是对某类可移动文化遗产保护信息的集成,另一类是对各种可移动文化遗产保护信息的集成。前者的构建在各个领域都已经有了起步:目前,各地各保护机构纷纷建立起了各自的遗产保护信息化管理系统,图书馆和档案馆很早就开始了信息化管理的工作,并建立了全球性的共建共享网络。[1][2][3][4] 博物馆近年来在信息化管理方面也取得了较大的成绩,通过文化遗产工程的建设也构建起了许多集成化、协同化管理信息系统。与各个领域各自开展的信息集成工作相比,各种可移动文化遗产保护信息的集成却推进缓慢,尽管也有一些数据交换标准的存在,但受制于各类因素,并没有真正意义上的集成信息系统出现。

(2)可移动文化遗产数据监测与处理系统

高质量的可移动文化遗产保护工作离不开对文化遗产的监测与控制,可移动文化遗产数据监测与处理系统的任务是利用各种技术手段,侦测、评估文化遗产的状况,发现保护中存在的问题,改进保护工作的成效。

可移动文化遗产数据监测与处理系统实现起来较为困难,但是出现了一些应用,例如在档案管理中应用RFID(射频)实现档案准确跟踪和定位,在

---

[1] 王纯.中国数字图书馆建设、数字信息资源开发及网络建设的现状[J].中国图书馆学报,2000(4):79-81.

[2] 李玉安.电子图书馆、数字图书馆研究与实践述评[J].中国图书馆学报,1999(6):76-81.

[3] 周毅.全面准确地认识档案信息化建设[J].档案学通讯,2002(4):41-43.

[4] 何玲.档案信息化建设相关问题的探讨[J].档案学通讯,2004(5):31-33.

博物馆中装置的震动监测设备、空气质量检测装备等①②③④。目前，绝大多数此类系统功能还不完善，对可移动文化遗产的动态监测和对保护行动决策支持的功能还有待加强。

8.1.1.3 可移动文化遗产保护信息系统的构建原则

可移动文化遗产保护信息系统是信息系统的一种，其构建需要遵循信息系统构建的一般性原则，如经济性原则、用户参与原则、整体性原则、工程化原则等，此外，由于保护信息系统自身的一些特性，保护信息系统的构建还需要遵循非侵入优先原则、可扩展原则等。在上述原则中，经济性原则、整体性原则、工程化原则等在各类信息系统构建中要求较为一致，不需要做过多的讨论。

（1）用户参与原则

用户参与原则也是信息系统构建的一般性原则。用户参与意味着用户需要参与到信息系统建设的多个阶段。对于保护信息系统而言，问题在于，到底哪些用户参与，参与又需要到何种层次。保护信息系统有着不同的规模和任务需求，系统构建时必须依据其目的确定用户范围，一般而言，需要包括保护机构、相关社会组织、科研群体、相关领导机关（如果有）、特定范围的公众用户（如果涉及公众参与）。不同用户的参与层次也需要依据保护系统的任务而定：保护信息系统可能有多个任务目标，对于确定的任务目标，相应的用户群体需要各自使用的模块予以全程参与，而项目的管理机关则需要全

---

① 王大江. 基于RFID技术的房地产档案管理[J]. 科技情报开发与经济，2008(26)：144-146.

② Del Barrio M. J., Herrero L. C., Sanz J. A. Measuring the Efficiency of Heritage Institutions: A Case Study of a Regional System of Museums in Spain[J]. Journal of Cultural Heritage, 2009, 10(2): 258-268.

③ 刘霞，李静，徐方园，等. 博物馆室内微环境中碱性气体的被动采样方法研究[J]. 环境监测管理与技术，2009，21(001)：13-17.

④ 解玉林. 上海博物馆书画陈列馆环境监测与治理[J]. 文物保护与考古科学，2002，14(B12)：204-217.

面参与到系统的建设中。

(2) 非侵入优先原则

非侵入是编程设计模式的术语，但在此处非侵入优先则意味着保护信息系统做到尽量不干涉各个单独领域、机构的信息系统的运行，也就是说，不"侵入"这些系统已存在的结构的运行方式。

每个机构都有着自己独立的核心业务：博物馆需要做到文物的展览和保护，档案机构需要收集档案并提供档案服务，图书馆则需要提供图书借阅和知识服务。保护尽管也是各个机构的业务之一，但是保护信息的管理却尽量不要干扰各个机构核心业务的开展。另外，保护信息的独立处置也可以为保护信息的集成提供便利。课题组调研发现，有些机构的信息系统将保护信息"硬编码"到信息系统中，这种做法，在一定程度干扰了核心业务的开展，也给后续的保护信息集成带来了麻烦。

非侵入优先原则的实质是降低保护工作与其他工作的耦合关系，而将保护作为单独的事业来进行。通过降耦合，各机构的核心业务升级不会影响到保护的成效，而保护工作的深入开展也不至于过多干扰到各机构核心业务的开展。

(3) 可扩展原则

可扩展原则要求系统在构建时必须考虑到后续可能的扩展。保护信息系统处理的是保护信息，保护所涉及的因素多种多样，这些因素往往是动态化、分散化的，由此带来的是保护信息的动态性；另外，不同可移动文化遗产保护的任务也是可变的。因此，保护信息系统构建的过程中需要考虑系统的可扩展性。

8.1.2 可移动文化遗产管理与决策支持系统的形成

8.1.2.1 面向客体的保护信息集成系统

面向客体的保护信息可以直接反映可移动文化遗产单体(件或组)的保护

状况。近年来,国际博协保管专业委员会提出了加强可移动文化遗产档案建设,"把藏品研究的新成果、新信息不断地注入藏品档案中,使藏品保存的信息量与日俱增。"①广义地理解,"新信息"包括文化遗产的质量信息及其变化的有关信息,这与保护存在着密切的关系。由此可以认为,建设可移动文化遗产客体藏品的保护信息集成系统是目前国际社会的发展趋势和基本要求之一。

(1)保护信息集成系统的类型

面向客体的可移动文化遗产保护信息集成系统可以采用两种方式:独立信息系统和嵌入式信息系统②。

1)独立式保护信息系统

独立的信息系统是指将每一件(组)原件及其保护状况逐一登记的专业性保护系统。登记的内容主要包括:可移动文化遗产的名称、代码、实物图片、所藏位置、年代、入藏时间、质地、质量、保护介入等,见表8-1。采取这种信息系统,便于对可移动文化遗产的收藏状况做全面的了解。

对于一般馆藏机构而言,保护部门的人手往往有限,使用这种信息系统将是一项非常繁重的工作。同时,在著录项方面,该系统与各机构的可移动文化遗产信息管理系统之间或多或少有所重叠交叉,增加了无效劳动,降低了工作效率。

因此,保护实践中,专业保护机构可以对这种信息系统进行简化处理,即重点登录那些被认为值得和需要实施保护介入的藏品信息。对于绝大多数可移动文化遗产而言,因为其状况完好,不用登录在信息系统内。这在客观上减少了登录工作量,但由于并没有反映大部分藏品的质量状况,因而显得片面。

---

① 苏东海. 保护文化遗产,博物馆的特殊价值在哪里?[J]. 中国文化遗产,2004(1):11.

② 周耀林. 可移动文化遗产保护策略[M]. 北京:北京图书馆出版社,2006:229-230.

表 8-1　　　　　　　　　独立式保护信息系统

基本信息	名称						照　片
	编码						
	来源						
	收藏地点						
原始状况	质地		形状		最大尺寸		
	长	宽		高		直径	
	附件						
价值鉴定							
						鉴定单位/个人	
						鉴定日期	
保护介入	时间	要求部门	处理类型	主要操作	利用建议		操作人

2) 嵌入式保护信息系统

嵌入式保护信息系统是在现有的可移动文化遗产管理信息系统中添加保护方面的标准著录项，通过现有的信息系统反映保护的状况。和独立的信息系统相比较，嵌入式信息系统可以节省劳动时间，提高效率，更加符合实际需要。

法国国家图书馆的信息系统"MEMOREL"可以认为是一种嵌入式信息系统，见表 8-2。① 该信息系统既有图书分类、图书物理状况方面的信息，也有

---

① 周耀林.法国国家图书馆的图书保护探析[J].中国图书馆学报,2003(5)：73-75.

图书保护方面的记载，如图书的纸质状况、封面状况、装帧情况等，记录着每本图书的质量信息。书籍以及其他遗产材料从踏入馆门之日开始，"MEMOREL"就记录、追踪和记忆每一件藏品是否经过处理以及处理的时间和方法。这样，图书从进馆之日起，不论它流通到了何处，其质量状况都处在跟踪监测之中。藏品从入馆到最终被剔除，保护信息始终相伴随。流通部门在借阅图书时一旦发现某本图书遭受损毁，或者系统中有保护工作者对外借的限制建议，就限制外借。保护部门则通过"MEMOREL"查看有关该书处理的历史记录，并根据需要作相应的保护处理（尤其是技术性保护方面的处理）。通过这种信息系统，保护部门对藏品质量了如指掌，这对于研究如何延长藏品的寿命有着直接的帮助。

表 8-2　　　　　　法国国家图书馆的"MEMOREL"系统

日期	高度	长度	厚度	装帧号码
书号	版本	位置	最大长度	
作者				作品号
书名				
原始制作状况				处理类型
作品分类号				
作品主题	作者			
纸张特性				
纸张韧性				
字边距	书名			
塑封状况				
封面状况				
护封状况				
插入页				
备注	加封	字迹颜色	大小	

独立式和嵌入式有着各自的优势，独立式的可移动文化遗产保护信息系统便于对信息进行整体控制，所有的信息都得到独立的处置；嵌入式的可移动文化遗产保护信息系统则能够使得保护信息与对象运行紧密结合，在现代技术条件下，嵌入式方式具有更好的灵活性和可扩展性。因此，现在看来，嵌入式方式是较好的可移动文化遗产保护信息系统建设方式。

（2）面向客体的保护信息标准化著录

对于面向客体的可移动文化遗产保护信息系统而言，不论是独立式还是嵌入式，著录项都需要标准化，即用规范的词或词组对与保护有关的信息进行规定，并用作登录的标识主题词。实践中，主题词有正式和非正式之分。例如，对纸质载体的描述，英文的 paper 在中文信息系统中使用纸张、纸型还是纸质？对于光盘的著录，英文的 BLER（Block Error Rate，缩写为 BLER）有着明确的含义，中文采用"块错误率"还是用"误码率"？这有待于规范化。在正式标准出台之前，首先需要在 MARC II 或 CNMARC 中确立保护信息的字段，以之为标准作为著录保护信息的标准字段。

通过 MARC II 查询，兹将有关保护信息的字段分为两个部分：

①基本字段，例如质地、颜色、大小、质量、等级等。

②可扩充的字段，例如厚薄、重量、颜色等。

由于可移动文化遗产质地的差异，各种字段的择用需要区别对待。以光盘为例，其表面性能包括标签的有无（若有，颜色类型）、表面的平整程度（平整或粗糙）、原始制作状况（粗糙或精细）、光盘类型（CD-I、CDR 或 DVD 等）、载体类型（金盘或银盘）、染料类型（酞菁染料、花菁染料或偶氮染料，仅对 CDR 而言）等。此外，光盘内在质量的衡量则需要通过测量块错误率，即在任何纠错发生之前，在第一解码仪处测得的块的出错率，即出错的块数占总的块数的比率。[①] 为此，对光盘类藏品保护信息的设计显然不同于表8-2法国国家图书馆使用的"MEMOREL"系统。因此，保护信息字段的设计需要

---

① 周耀林. 馆藏 CD-ROM 长期可读的策略研究[J]. 图书情报工作，2004(7)：72-75.

量体裁衣、因地制宜。

借助于 MARC Ⅱ，本书设计了不同载体可移动文化遗产的保护信息基本著录项，见表 8-3。由于各个可移动文化遗产保管机构往往收藏有多种质地的遗产，针对多种载体的信息管理系统的开发已经引起了关注。我国也开始了这方面的尝试。成都飞机工业（集团）有限责任公司、西北工业大学等单位早在 2004 年就完成了《多种载体文件档案网络管理研究》课题，取得了一定的成果。① 如果在多种载体的信息管理系统中纳入保护信息，对于可移动文化遗产保护而言，其意义将非同寻常。

表 8-3　　　　　　　不同载体可移动文化遗产的著录字段

大类	基本著录项	保护基本著录项
纸张	作者（发文单位）、主题、日期、书号、分类号、版本、高度、长度、厚度、纸张类型（手工纸/机械纸）、纸张的韧性、纸张的白度、纸张的酸碱性（酸性/碱性/中性）、字迹种类（墨汁/蓝黑墨水/惠普蓝色油墨…）等	纸张类型、纸张的韧性、纸张的白度、纸张的酸碱性、字迹种类等
光盘	作者、主题、书号、分类号、出版社（制造商）、日期、所属类型、容量、片基性质、反射层、漆层颜色、染料种类、原始制作状况、标签颜色、划痕和擦痕等	片基、反射层、漆层颜色、反射层、原始制作状况、块错误率等
磁带	作者、主题、书号、分类号、出版社（制造商）、日期、所属类型、包装说明、划痕、串渗现象、建议复制时间等	划痕、串渗现象、复制时间的说明等
缩微品	作者、主题、书号、分类号、出版社（制造商）、日期、所属类型（卷片/平片）、质地（银盐片/重氮片）、容量等	类型、质地、可读性等
陶瓷玉帛……	作品主题、分类号、来源、年代、入藏日期、所属类型、发现时的状态、大小、形状、有无文字、有无伤痕、修复状况等	文字状况、破损、修复情况等

---

① 多种载体文件档案网络管理研究［EB/OL］.［2011-02-07］. http：//hainan.stis.cn/infosource/stisContent_CG2004044312.html.

8.1.2.2 面向主体的保护信息整合系统

(1) 机构的保护信息需求特征

各种可移动文化遗产收藏机构都面临着保护问题,于是便形成了共同的可移动文化遗产保护信息需求特征:

①效用性。

在信息化社会,信息膨胀、信息污染已经成为一个供认不讳的事实。对于各个藏品机构的保护实践而言,需要选择有用的信息,剔除虚假的、冗余的、无用的信息。

②全面性。

保护信息来自多个方面,各机构需要从馆藏实际出发,考虑到馆藏质地的状况,预防性保护、治理性保护到修复都会涉及。因此,只有掌握全面的信息才可能寻找到最适合需要的信息。

③权威性。

遗产的保护是为了维护其真实性。任何技术信息,不论是传统技术还是现代技术,都需要进行认真的甄别其是否权威,需要从中选择对遗产没有丝毫损伤、保证遗产真实性的技术。

④可操作性。

可移动文化遗产保护信息必须能够指导实践操作。在运用新技术时,需要注意到操作过程中可能出现的问题,并准备充分的应对措施。

围绕这些需求特征,需要对可移动文化遗产保护信息进行整合,使零乱的、庞杂无序的保护信息系统化、有序化、优质化。

(2) 面向客体的保护信息整合模式

总体看来,国际上关于保护信息的网站数量不多,缺乏龙头网站,站点链接不够,内容欠丰富。综合各个保护站点的信息整合情况,大致可以分为两种主要类型:粗粒度的整合和细粒度的整合。

1) 粗粒度的整合模式

粗粒度的整合模式是指将有关保护信息加以粗略地整理，网站只提供背景资料，缺乏细节性的描述；或者，按照主题检索时，主题内容较多，但细节内容不够丰富。

欧洲存取委员会(ECPA)采取了这种粗粒度的整合模式。从主页进行检索，通过保护地图(Conservation Map)或者以该图上方按照字母顺序排列的国家名为检索入口，可以直接查询某个国家的保护与保存状况的介绍。各国保护与保存均按照以下顺序排列：保护活动的国家中心和组织、国家保存保护政策、保护研究中心等，其下链接了信息网页。登录时点击其中任一主题，便可获得相关的背景资料及基本情况，如图8-1所示。

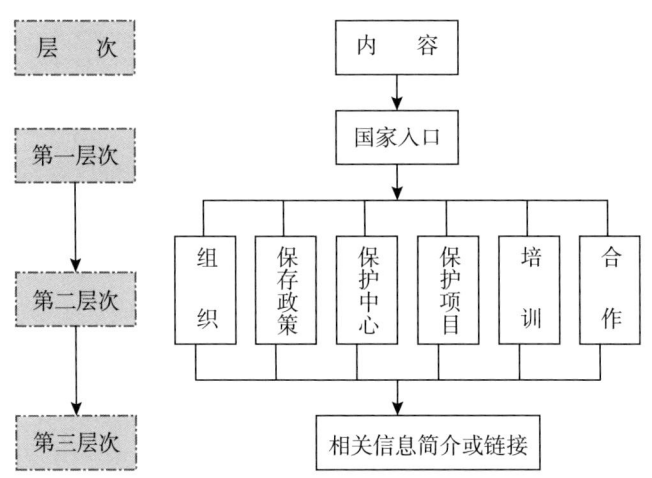

图 8-1 欧洲存取委员会信息组织结构图

该信息系统通过"更新发送"(Send in Update)可以添加和修改网页信息。同时，它还提供数据库查询。查询者通过对后者的自由访问，可以了解欧洲保护的总体情况。

2) 细粒度的整合模式

"保护在线"(Conservation Online)体现了一个细粒度的保护信息整合模式。该网站由斯坦福大学建设，论题覆盖了博物馆、档案馆和图书馆的所有形式的载体，是专业性提供保护信息的全文图书馆。① 因此，它是一个典型的可移动文化遗产保护网站。

"保护在线"主页包括新闻、寻找专家、保护话题、组织、邮件清单等。各个栏目都有深层次的信息。以"寻找专家"为例，既可以按照人名进行检索，也可以按照国家进行检索；不论是人名还是国家，均按照26个字母顺次排列，寻找起来非常方便。

"保护在线"亮点很多。其中，最有特色的是"保护话题"，其下链接了以下主题：

- 声音材料
- 版权与知识产权
- 数字成像
- 灾害计划与回应
- 文献提供
- 教育与培训
- 电子材料
- 环境
- 伦理学
- 大众保护与保存信息
- 健康与安全
- 图书装订
- 大规模去酸
- 动态图像
- 真菌
- 保护相关组织
- 害虫管理
- 介绍与训练工具

---

① Conservation OnLine[EB/OL]. [2011-02-07]. http：//cool.conservation-us.org/.

- 复制
- 供应商
- 检查

……

这些"话题"之下又通过各自合适的分类方式，进一步将保护话题分成若干类型。各类型之下，大多与全文数据库进行了链接。这样，"保护在线"便形成了一种网状结构，保护信息纲举目张，脉络分明，通过层层深入检索可以查找和利用全文，信息内容非常翔实，如图8-2所示。这样，只要通过树枝状的层层链接，就可以方便地查找具有可操作性的信息，从而直接为实际工作服务，形成了一个细粒度的保护信息整合模式。

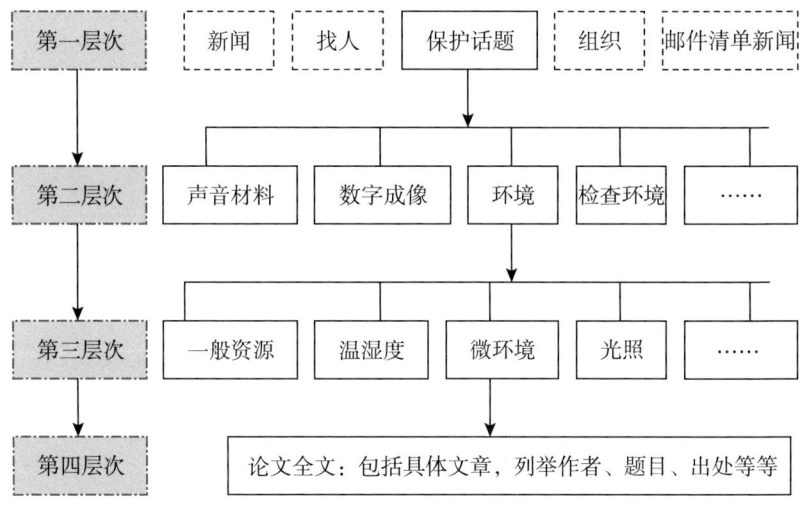

（注：由于其内容丰富，每一层次仅举一例说明）

图8-2 "保护在线"的信息组织模式

粗粒度和细粒度的保护信息整合模式各有优点。粗粒度的整合方式可以提供保护的基本信息，为非专业工作者和社会服务，便于社会保护意识的形成。细粒度的整合模式可以认为是专业化的整合模式，可以为专业的保护机构和个人服务，便于保护工作的开展、合作与交流。因此，这两种信息整合模式在一定程度上具有互补性。所以，既要大力倡导粗粒度的整合模式，也需要按照在一定范围内(如地区)设立细粒度的整合模式，为该范围内的保护专业工作者服务。

此外，从保护信息的共建与共享角度上看，欧洲保护地图可以认为是一个可移动文化遗产保护的跨组织系统(IOS)，即可供两个以上独立组织使用的网络化信息系统。通过该系统，欧洲各国的保护信息被完整地整合在一起，保护便成为一项可供分享的区域性工作，各国保护组织和机构之间借此建立了一种密切的合作关系，为多个组织之间的合作提供了信息保障。尽管它连接的保护信息不尽完备，但为管理者、科研工作者、教育工作者、实践工作者等提供了一个平台，使得他们脱离了单打独斗的工作方式，也使得孤立的保护个案成为大家共同关心的事情，结成基于跨组织系统的盟友，相互利用彼此的资源和能力，这为保护合作提供了畅快的消息信道。

8.1.2.3 基于保护信息集成的管理与决策支持系统架构

面向可移动文化遗产客体或者主体的保护信息集成系统构建方式更多的是信息组织的问题，但无论是哪种构建方式，都需要采用一定的架构。基于集成理念的保护信息系统可以有三种主要的架构方式，分别是单个的联邦系统架构、基于协议的分布式系统架构、基于信息交换的分布式系统架构。

(1) 单个的联邦系统

单个的联邦系统意味着将相关信息通过某种方式收集并存储到单一的保护信息系统中，收集方式包括数据源连接、信息采集等。这种方式较为简单，集成的保护信息具有统一的数据格式，不用担心数据格式的不统一问题，也不需要进行数据的转换和清理问题。

单个的联邦系统在规模较小时设计构建都非常方便，而且在保护信息非对称性明显的今天，这种架构模式也可以很好地保证所管理的保护信息的质量。正因如此，这种架构方式现在较为流行。

单个的联邦系统也有着自己的不足,首先,构建这样的系统花费的时间较长,也需要由强有力的机构主持方能取得较好的建设成效;其次,这类系统往往依赖于自身收集和处理保护信息,效率不高,而且只能对相对较少的珍贵物品加以收录;再者,系统的扩展和维护往往需要牵涉整个系统,系统缺乏扩展上的灵活性和维护上的便捷性。

(2)基于协议的分布式系统

基于协议的分布式系统实际上是众多独立系统的组合,基于某种协议而共同开展工作,同时启用一个中心节点实现保护信息的导航。基于协议的分布式系统是一种粗放式的保护信息集成利用系统,并没有对保护信息进行实质上的集成,而更多的是聚合。

基于协议的分布式系统虽然在保护信息的集成上显得非常粗放,但是这种系统在很多时候非常实用:并不是每个机构都愿意或者有能力参与到保护信息的集成工作,但都有能力提供信息开放的协议,构建基于协议的分布式系统可以非常方便地实现这些信息的聚合,尽管由此而来的信息集成显得较为粗放。

(3)基于信息交换的分布式系统

基于信息交换的分布式系统是基于协议的分布式系统的升级,所有参与信息交换的系统尽管在运作上是独立的,但由于信息交换协议的存在,每个系统实质上都参与了保护信息集成系统的构建,从而形成了一个虚拟的具有较高覆盖性的保护信息集成管理系统。同基于协议的分布式系统一样,基于信息交换的分布式系统同样需要有一个中心节点的存在来实现对各类型保护信息的集成和提供利用。

建设基于信息交换的分布式系统必须解决两个问题,一是如何确定信息交换标准,二是采用何种信息交换方式。

信息交换标准在可移动文化遗产各个门类的建设中都早有涉足,例如图书馆系统的都柏林元数据,档案系统的MARC数据规范以及前文提到的《多种载体文件档案网络管理研究》关于数据交换研究成果。

信息交换方式可以多种多样，目前看来，较好的方式是采用 Web-service 方式。各个保护机构的信息系统在 Web service 的框架下，使用定义好的数据交换协议，各自创建一个 Web service，并向集成服务中心注册，对于集成应用而言，各个集成应用可以选择合适的选举源获取和处置保护信息数据。这种交换方式具有完好封装、低侵入、高度可集成的特点。

8.1.3 可移动文化遗产数据监测与处理系统的构建

8.1.3.1 可移动文化遗产数据监测与处理现状

数据监测与处理系统是微观层面的可移动文化遗产保护信息系统，通过对可移动文化遗产的监测直接获取信息，同时根据需求处理或者转发信息。

可移动文化遗产数据监测与处理系统是信息系统与监测技术的结合。不同的系统信息处理机制往往大同小异，不同的是监测技术的应用。目前，广泛应用的监测技术有传感器技术、遥感技术、嵌入式计算技术等。可移动文化遗产监测与处理系统目前主要应用于可移动文化遗产的环境监测和安防保护方面，对于可移动文化遗产本身的保护性监测目前还没有得到报道。

可移动文化遗产保存环境监测是较为常见的监测应用，在多篇文献中得到了报道。解玉林等介绍了普滤公司所开发的环境监测系统在图书馆、档案馆、博物馆的应用[1]。吴来明等报告了环境自动监测技术在 2008 年《奇迹天工——中国古代发明创造展》以及 2010 年上海世博会珍贵文物展中的应用[2]。贾华峰等则报告了一个档案库房温湿度监测报警系统的实现[3]。

安防应用是另一个主要的应用领域，许多机构已经开始使用包括监控

---

[1] 解玉林，顾旭.博物馆，档案馆，图书馆被保护环境中气态污染物的监测和分级[J].文物保护与考古科学，2002：218-227.
[2] 吴来明，徐方圆，黄河.博物馆环境监控及相关物联网技术应用需求分析[J].文物保护与考古科学，2011(3)：96-102.
[3] 贾华峰，张永玉.档案库房温湿度监测报警系统的研究与实现[J].科技信息，2010(9)：88-89.

器、震动监测等手段在内的安防保护设施。目前，各个可移动文化遗产保管场所都普遍装备了监视器，某些地方还装备了人脸识别装备；震动监测也得到了应用，陈旭庚等报告了河南某考古地采用微震监测技术用于文物防盗的案例。

针对文物本身的监测与信息处理系统目前还没有出现。可移动文化遗产形式多样、属性不一，直接监控遗产本身非常困难，从目前的情况看，很长一段时间内此类应用都难以出现。

8.1.3.2 可移动文化遗产数据监测与处理系统的构建

可移动文化遗产数据监测与处理系统目前还处于起步阶段，同基于集成理念的保护信息系统相比，基于监测的信息系统有着较大的发展空间，前者的发展更多地依赖于组织架构与工程技术的发展，而后者则可以在技术上和管理上实现更大的突破。

基于数据监测与处理的可移动文化遗产保护信息系统目前的应用仅仅是相对静态、相对初级的环境监测或者安防保护，并没有真正实现对遗产的智能控制。随着信息技术的研究，特别是普适计算和云计算技术的发展，课题组认为，基于监测的保护信息系统可以借助普适计算技术，在已有的监测应用的基础上实现较大的突破，从而更好地为可移动文化遗产保护服务。

目前，基于数据监测与处理的可移动文化遗产保护信息系统主要存在两个基础性问题：

(1) 监测技术相对低级，没有实现对遗产本身的监测

目前的监测技术主要是对环境的监测和对安全工作的监测，还没有对遗产本身的监测应用出现。尽管现有的监测应用也在一定程度上实现了遗产的保护，但是保护的层次较低，有必要通过新技术的应用实现对遗产本身的监测。

(2) 与基于集成的保护信息系统的连接较差

基于监测的保护信息系统与基于集成理念的保护信息系统目前还没有实

现连接，在很多应用中，监测信息并没有很好地纳入基于集成理念的保护信息系统中。

以上两个问题的存在使得监测系统难以与保护工作实现实时、无缝衔接。假设这样的场景：

某地的档案馆工作人员通过环境监测系统发现库房环境出现问题，他意识到可能需要采取某些措施，同时，他也意识到似乎其他档案馆过去也出现过类似的情况，并通过一定措施解决了问题。于是，他开始查询保护信息的集成知识系统，但问题是他不知道该如何定义这个查询。

在上面的场景中，尽管工作人员意识到需要开展保护工作，但是由于基于集成理念的保护信息系统与基于监测的保护信息系统并没有很好的衔接，而工作人员又缺乏相应的保护知识和保护信息系统使用知识，监测工作并没能很好地转化为实际的保护工作。在这样的一个虚拟场景中，工作人员还能意识到监测信息反映的问题，在很多情况下，由于缺乏经验和知识储备，某些工作人员甚至于不能发现问题的存在。

对于虚拟场景中出现的问题，一个可以的解决方案是引入普适计算技术，实现基于普适计算技术的保护信息系统。

普适计算技术（Pervasive Computing）也称作嵌入式计算、泛在计算，它将计算能力通过某种媒介嵌入到我们周围的物体中，实现分布式、情景化、互联的计算。普适计算技术最早由 Mark Weiser 提出，被认为是未来的创新性计算方式[①]。

基于普适计算的保护信息系统可以应用两种不同的普适计算技术：情景计算和射频控制。

情景计算通过理解保护行动的背景和保护人员的目标集，通过分析发现保护工作的真实需求，从而实现保护行动的预警甚至自动进行。在上文的虚拟场景中，通过情景计算技术，系统可以迅速地发现用户的信息需求，通过

---

① Weiser M. The Computer for the 21st Century[J]. Scientific American, 1991, 265(3)：94-104.

一定的情景计算,将用户的需求转化为一定的查询操作,在基于集成的保护信息系统中提取相应的知识,提供给保护人员。情景计算需要系统事先定义好一定的用户目标集和情景知识,情景计算技术会主动地学习和适应一定的保护工作环境。情景计算技术涉及机器学习技术、语义挖掘技术、心理学知识等多方面的知识,目前实用化的产品很少,但这毕竟是未来计算技术的发展方向。

相对于情景计算,射频识别技术相对简单,通过 RFID 标签的应用,用户可以借助于特定设备触发一定范围内的射频卡,从而迅速定位产品或者获取产品的信息。射频识别技术和情景计算技术常常结合使用,实际上,射频识别技术在某种程度上也是情景计算的底层技术之一。射频识别技术可以用于可移动文化遗产的定位和管控,目前已经有了一定的应用,包括档案馆[1][2]。

8.2 可移动文化遗产保护人才支持

人才是可移动文化遗产保护推进的基础性资源。无论是技术支持、管理支持,抑或是产业支持,最终都要通过人才方能发挥效用。可移动文化遗产保护事业推进过程中已经积累了大量的人才资源,这些人才构成了可移动文化遗产保护事业推进的中坚力量。在承认成绩的同时,我们也看到目前的可移动文化遗产保护的人力资源建设也存在着一些问题:优秀人才尚显欠缺、分布不尽合理、结构性矛盾突出、人才资源开发不到位、整体素质仍然有待提高、人才流失严重。在社会愈加重视可移动文化遗产保护事业的今天,人才支持的欠缺已经成为可移动文化遗产保护事业推进的制约因素之一。

---

[1] 吴强. 基于 RFID 的重要资产跟踪管理系统研究[J]. 中国科技信息,2011(10):112.

[2] 黄仲正,林吉祥,陈奕豪. RFID 标签天线与整合型管理信息系统之设计——应用于贝壳博物馆[J]. 图书馆理论与实践,2009.

8.2 可移动文化遗产保护人才支持

可移动文化遗产保护人才支持的推进包括高层次人才队伍建设和基础人力资源建设两个主要方面，此外人才支持的完善还需要在人才结构和分布上实现优化。要解决人才支持推进的问题，构建人才库和加强专业教育是有效的途径。

8.2.1 保护人才库的建设

人才库是对机构或者事业发展所需人才的储备。它的基本思想是人才可以储存，机构可以根据未来的发展需求，提前获取可以比现有人才更高级的人才，或预先引进一部分暂时还不能直接派上用场的人才作为储备，当需要使用时可以直接提取。[①] 人才库的建设将人才的获得变被动为主动，已经成为现代人力资源管理的重要手段。

可移动文化遗产保护人才库是将可移动文化遗产保护人才通过某种方式聚合而形成的人才储备。建设可移动文化遗产保护人才库可以有效地掌握人才的分布情况，发现特定人员的专长，这样，在需要某类人才的时候，通过人才库可以迅速定位符合条件的人才。另外，通过对人才库的人才情况分析，保护机构还可以迅速了解人才资源的分布和结构，发现人才资源建设的问题，从而主动地采取措施优化人才资源。

与人才库相关的一个概念是专家库。专家库目前还没有一个统一的概念。一般而言，专家库是行业专家的聚合，专家库通过列表的方式罗列出行业专家，掌握行业专家的分布和知识资源。许多行业都已经建立起了自己的专家库：一些政府机构建立了政府智库、科研期刊和科研基金也往往会有一个评议专家库、政府招投标机构一般也都有一个招投标专家库。这些专家库的存在可以为相关行业的工作提供咨询指导，而专家库对专家的收录也是对专家专业水准的一种肯定。专家库与人才库的概念非常类似，实际上，我们可以将专家库视作人才库的一种。在本书中，我们将专家库当作人才库的组成部分看待，区别在于专家库内所收录的专家具有更高的专业水准，能够在

---

① 王世英，胡家勇. 建立动态的企业人才链管理系统[J]. 现代管理科学，2006(012)：86-88.

保护事业中发挥出更大的效用。

可移动文化遗产保护是一项业务复杂、技术多样化、参与人员众多的事业，因此人才库建设也需遵循分级分层构建的原则。人才库需要区分专家、一般性人才、储备人才的不同，构建三级人才库。专家库收录行业内的优秀专家，这些专家的行业知识领域对行业发展极为重要，专家本人在其知识领域也具有较高的专业水准；一般性人才库收录具有一定专业知识水准，但没能达到专家水准的各类人才。后备人才库作为行业的后备人才储备使用，收录符合预设一定条件的具有发展潜力的人才及学生。专家库需要区分学者、民间专家和保护机构专家，一般性人才库在必要时候也需要分级分类建设。

可移动文化遗产保护人才库建设需要从所需人才定位、人才库的建立、人才的管理三个方面入手。

(1) 保护事业所需人才的定位

保护事业需要多种类型的人才，按角色分，包括领导性人才、专业技术人才、事务工作人员等；按领域分，包括文物保护工作者、档案保护与修复人才、装裱人才、信息技术人才等；此外，还可以区分为实践工作人员与学术研究人员等。保护事业需要多种人才，必须根据保护任务而确定。

(2) 人才库的建立

要建立好人才库，首先必须做好人才的遴选工作。人才遴选的前提是对行业专业领域重要性和对应领域人才稀缺性的评估。基于评估结果，采用保护机构以及研究机构推荐、社会招聘的方式招收各类人才。

高质量的人才库在建立时就需要考虑一定的人才储备缓冲机制，缓冲机制是为了预防因不确定因素导致人才缺位而设置的，通过人才储备预警和人才的及时补充保证不至于出现人才储备不足的问题。

设立人才库时，需要收录人才的基本信息、工作信息和专长，并通过一定的人力资源管理系统加以管理，以方便后续的检索。人力资源管理系统需要及时对已入库人员涉及主要职务变更、工作调动、重大奖励、调离本企业或离职，含退休、死亡等进行登录。新入库人员需要及时予以信息收录，保证信息的动态性和时新性。

(3)人才的管理

人才库的建立并不意味着人才库工作的结束,对于人才库收录的人才,还需要进行必要的管理。管理工作包括人才的进一步培养、人才的开发利用、人才间交流、人才的审核与更新等工作。对于进入人才储备库的人才,需要导入人才职业生涯规划,进而通过各种方式的培训来进行开发,为保护事业培养高质量的人才。对于一般人才库内的人才,也需要开展定期或者不定期的培训,提升其专业素养和实践工作能力。对学者型专家,则需要支持其参与各类学术交流,通过各种途径支持其科学研究。人才的定期审核和更新也是重要的人才管理活动,人才库建设过程中必须设定一定的人才标准,定期或不定期地对人才库中的人才进行审核,实现人才库的更新。

8.2.2 保护人才教育与培训

教育是解决人才支持不足问题的关键。教育和培训的开展是人才资源建设的基础,也是实现人才队伍质量提高的重要手段。针对可移动文化遗产保护这一目标开展人才教育和培训,需要从文化遗产保护学科建设、保护工作人员培训等方面着手。

(1)文化遗产保护学科建设

文化遗产学科建设从学科的角度支持了可移动文化遗产保护事业。文化遗产学科建设已经得到了学界一定的关注[1][2]。目前,由于保护学科的发展还有所欠缺,没有出现专门的文化遗产保护学科。学者们一方面继续推进相关学科的建设与发展,一方面也开始呼吁构建独立的文化遗产保护学科。

文化遗产保护涉及考古学、博物馆学、档案学、图书馆学等多个学科,保护研究也是在相关学科进步的根基上发展起来,各个学科都有着各自的保护学研究,例如档案学科的档案保护学、博物馆学科的文物保护学、图书馆

---

[1] 谢辰生.关于文物保护与研究的基本认识[J].中国文物科学研究,2006.
[2] 黄克忠.完善文化遗产保护的学科建设[J].文物保护与考古科学,2008:6-9.

学科的古籍保护学等，保护研究已经在各个相关学科发展起来。保护学的建设一方面构成了相关学科的发展成绩，另一方面，相关学科理论和实践的发展也为保护学的发展提供了支持。离开了相关学科的支持，保护学也就成了变得缺乏根基。推进文化遗产保护，有必要继续加强相关学科的建设。

独立的文化遗产保护学科建设近年来也受到了一些学者的推崇，建设文化遗产保护学科，既推动了保护理论和技术的进步，同时也能为文化遗产保护提供更多的优质人才。

独立的文化遗产保护学科的建设有一定的必要性和可能性。建设的必要性一方面来源于保护事业的推进和专业保护人才缺乏的矛盾。随着国家日益重视文化遗产事业，保护工作对保护人才的需求也逐渐增多，对人才知识结构的要求也更加复杂，专业人才的缺少，人才知识结构的不合理严重制约了保护事业的发展；建设的必要性另一方面来源于学科发展的要求，随着保护理论和技术的发展，文化遗产保护已经不是单个学科的知识所能处理的工作，文化遗产的复杂性、环境的多样性要求保护需要多学科的参与合作，保护已经成为一个交叉性的学科。建设的可能性来源于相关学科的理论技术支持以及实践工作发展两个方面。考古学、档案学、博物馆学、图书馆学等学科对保护理论与技术的研究为文化遗产保护学科建设提供了理论和技术的基础准备；保护实践的发展则为学科建设提供实践工作上的支持。

建设独立的文化遗产保护学科，既需要在研究思路、研究内容上加强建设，也需要在管理上寻求途径。在研究思路上，文化遗产保护学科需要在文化遗产各个门类的保护理论与技术的基础上，探索遗产保护的基本规律、理论和方法，拓展文化遗产的认知手段和范围，以文化遗产保护的需求去主导研究方向的开展。在研究方法上，需要将理论研究、技术研究与经验总结进行有效结合，既探索宏观意义上的文化遗产保护理论方法，又在各个微观角度开展对特定遗产的保护研究。在管理上的寻求途径，即学科建设者要有意识地建立起保护学科群体，寻求社会对保护研究地位的肯定，例如努力开设独立保护学专业、寻求领导机关对学科地位的肯定等。

(2) 保护工作人员的培训

培训是提高保护工作人员专业素质的有效手段。培训可以通过专门机构开展的培训项目、机构内部培训、日常学习等多种方式进行。专业性机构开展的培训项目一般可由高校或者相关科研机构举办,由行业内的专家为员工进行培训,这类培训一般都较为规范,培训的效果也能得到保证,但缺点是培训活动一般而言开支较大、占用保护人员时间较多、培训课程也往往与保护人员的实际工作联系不紧密。机构内部培训由保护机构内部专家承担,培训项目可以与实际工作做到紧密结合,针对性强,但这种培训形式往往会受制于机构内部专家的专业水准和培训能力,从而导致培训效果不好。日常学习通过例会、学习资料发放、日常交流等形式实现,这种培训方式在学习型组织建设中有着突出的意义。

保护工作人员培训在内容形式上一般有综合性培训和专题性培训两种。综合性培训应定期举行,可以有效地提高保护人才队伍的整体专业水准,更新其知识结构;专题性培训往往在保护项目的开展前后举行,培训内容一般为保护项目中所需的专业知识和技能,可以及时补充保护工作人员在保护项目实施中所需的专业知识。

8.2.3 保护人才资格认证

尽管可移动文化遗产保护领域的人才资源总量呈现出持续增长态势,但其整体素质和水平仍然不足以满足可移动文化遗产保护工作快速推进的需要。以修复人才为例,全国现有文物收藏单位馆藏可移动文物约3 000万件(套),其中半数以上需要进行及时修复,而全国具备修复技能的专业人才仅2 000人左右,以每人年均修复50件计,至少需要150年。为此,故宫博物院院长单霁翔在2014年全国政协会议上提出了《关于加快文化遗产保护人才培养的提案》,指出文化遗产保护人才队伍与保护任务很不相称,已成为严重制约文物事业发展的瓶颈问题[1]。

---

[1] 故宫博物院院长单霁翔2014年全国政协提案五:关于加快文化遗产保护人才培养的提案[EB/OL].[2015-12-23]. http://news.artron.net/20140304/n574589.html.

提高可移动文化遗产保护人才队伍素质和水平的方法和路径很多,但是首先应该建立起客观、公正的人才资格认证制度,从准入阶段开始对可移动文化遗产保护从业人员的资质、资历、专业素养和能力等进行把关、筛选和考核,并借助相关标准对可移动文化遗产保护人才实行规范化和科学化管理,实现可移动文化遗产保护人才队伍的健康成长和可持续发展。单霁翔院长在2010年的提案中提出"博物馆应设立职业资格认证制度"①。1994年,劳动部、人事部在《职业资格证书制度》中明确:职业资格是对从事某一种职业所必备的学识、技术和能力的基本要求,它是个人做好该职业工作的依据,是个人工作能力与将来可能取得工作业绩的一种价值标志②。资格认证是对从事某一职业所必备的学识、技术和能力的基本要求,通常包括从业资格认证和执业资格认证两类。③ 可移动文化遗产保护人才资格认证主要是指从业资格认证,即对从事可移动文化遗产保护、修复、管理等工作的人员应具备的专业知识、技术和能力等进行考核,确立可移动文化遗产保护工作的从业基本要求和起点标准。

(1)保护人才资格认证的作用

针对当前我国可移动文化遗产保护职业的人才管理现状,实行人才资格认证主要具备以下几点作用:首先,增强社会对可移动文化遗产保护职业的认知和重视,将可移动文化遗产人才资格认证纳入国家职业资格认证体系,可以在一定程度上提升可移动文化遗产保护人才的社会地位和威望,同时人才资格认证考试、培训等活动还具有一定的宣传作用,长此以往可以使更多的人了解和熟悉可移动文化遗产保护职业;其次,提高可移动文化遗产保护人才的整体素质和水平,实行人才资格认证不仅设立了从事可移动文化遗产保护工作的门槛和标准,更树立了终身学习的理念,在本质上是一种积极主动的自我检测和自我改进,是可移动文化遗产保护行业的再发现和再定位,

---

① 单霁翔.用提案呵护文化遗产[M].天津大学出版社,2014:366.
② 劳动部 人事部.职业资格证书制度[S].1994.
③ 人事部.职业资格证书制度暂行办法[S].1995.

有助于激励人才的学习激情和兴趣，实现人才队伍的良性循环和发展；再者，规范可移动文化遗产保护人才的管理，通过人才资格认证而获得有关证书是可移动文化遗产保护人才求职、任职、开业的资格凭证，是可移动文化遗产保护单位招聘、录用劳动者的主要依据，同时也可以为可移动文化遗产保护人才的职责分配、绩效考评等管理工作提供重要客观依据，打破传统以主观判断为主的管理理念和方法。

(2) 建立保护人才资格认证法规制度

实施可移动文化遗产保护人才资格认证的首要工作是建立相应的制度，为此需要做好以下几点工作：首先，尽快制定包括可移动文化遗产保护在内的《文化遗产保护职业资格认证办法》，这需要依据《劳动法》《职业资格证书制度暂行办法》《职业资格证书规定》《职业教育法》《中国教育改革和发展纲要》《招用技术工种从业人员规定》等现有相关法律法规，在有关规定的基础上制定和实施；其次，尽快将包括可移动文化遗产在内的遗产征集收集人才、保护修复人才和管理人才等纳入国家专业技术人才资格认定体系，《劳动法》第六十九条明确规定"由经过政府批准的考核鉴定机构负责对劳动者实施职业技能鉴定考核鉴定"，合格的即可获得职业资格证书；再者，明确可移动文化遗产保护人才资格认证的主体，只有明确主管部门才可以更好地制定和实施人才资格认证制度，根据可移动文化遗产保护工作的性质和特点，其人才资格认证制度应纳入文化遗产保护人才资格认证工作的总范畴之下予以实施，因此由国家文化遗产主管部门负责实施；最后，规范可移动文化遗产保护人才资格认证管理工作，国务院各部门和各省、自治区、直辖市人民政府要按照职责权限和管辖范围，认真组织对本系统和本行政区域内的可移动文化遗产人才资格认证的考核、考试、鉴定、培训、收费和发证等活动进行规范化管理。

(3) 灵活选择保护人才资格认证方法

根据有关数据，目前全国文物系统现有从业人员共 11.1 万人，其中专业技术人员为 3.7 万人，仅占从业人员总数的 33%[①]。由此可见，可移动文

---

① 关于加快文化遗产保护人才培养的提案[EB/OL]. [2015-12-20]. http://news.artron.net/20140304/n574589.html.

化遗产保护人才资格认证的实施是一项长期而又艰巨的任务。为此，需要根据可移动文化遗产保护工作的特点，可以灵活选择和组合资格认证的方式与方法，循序渐进地推进可移动文化遗产保护人才资格认证工作的实施。从本质上看，人才资格认证是一项基于职业技能水平的考核活动，属于标准参照考试，由考试考核机构对劳动者从事某种职业所应掌握的技术理论知识和实际操作能力做出客观的测量和评价，通常包括学历认证、考试认证、培训认证等形式。可移动文化遗产保护人才具有多元、复合、专业等特点，为此建议实行以学历认证为参考、培训认证为主、考试认证为辅的综合认证方法，借助岗位培训、继续教育、交流学习等积极推进可移动文化遗产保护人才的工作。

(4) 循序渐进实施保护人才资格认证

鉴于当前我国可移动文化遗产保护人才存在着地区分布不平衡现象，可以分地区推进其人才资格认证工作。按照我国职业资格认定工作规范，职业资格通常分为初级（国家职业资格五级）、中级（国家职业资格四级）、高级（国家职业资格三级）、技师（国家职业资格二级）和高级技师（国家职业资格一级）五个等级。为此，对于东部发达地区的可移动文化遗产保护人才资格认证工作，可以严格按照国家职业资格的五个等级标准予以实施，而对于中西部地区的可移动文化遗产保护人才资格认证工作，可以根据实际情况适当降低考核标准和要求，从初级和中级资格认证开始，循序渐进地予以实施。

(5) 加强相关部门间的多方合作

可移动文化遗产保护横跨档案馆、图书馆、博物馆、文物部门等众多文化遗产保护机构，因此其人才资格认定工作的实施必须在文化遗产保护这个大框架下计划和实施，依据这些部门已经开展的相关工作，借助有些部门已经取得的资格认证成果，调动这些部门参与资格认定工作的积极性，通过协作和共享共同推进可移动文化遗产保护人才资格认定工作。

9　研究结论与建议

中国是一个历史悠久的文明古国。纵横五千年，中国是世界文明古国中唯一的文明没有被中断的国家，由此留下了丰富的可移动文化遗产。如何继承、保护它们以为后世永续利用，这是每一个有责任心的保护工作者乃至普通公民都需要关心的大事。尤其是，如何以中国共产党第十七届中央委员会第六次全体会议通过的《中共中央关于深化文化体制改革推动社会主义文化大发展大繁荣若干重大问题的决定》为契机，在继承这些优秀遗产的基础上，发挥它们的文化价值，达到"爱祖先血脉，强中华魂魄"（费孝通语），这是中国遗产保护界乃至整个文化界需要认真思考的严肃问题。

毋庸讳言，和发达国家相比，我国的可移动文化遗产保护不容乐观。国家文物局局长单霁翔指出，文物工作中目前存在的四大问题：《中华人民共和国文物保护法》尚未得到充分贯彻执行；文物安全形势依然严峻；文物、博物馆事业管理亟待加强；文物保护队伍素质有待提高[1]。这仅仅是针对文物系统而言的。站在可移动文化遗产平台上，我国重技术层面轻管理层面、重技术开发轻技术应用、重纵向联系轻横向联系所造成的部门发展不平衡、条块分割等问题不断地成为保护发展的桎梏。因此，借鉴全球可移动文化遗产保护的先进经验，整合我国文物、档案和图书的保护，形成我国可移动文化遗产保护体系，这需要从战略高度上认识和实践。

---

[1] 国家文物局局长单霁翔称文物工作存在四大问题[EB/OL].［2011-05-07］. http：// tech. enorth. com. cn/system/2004/01/07/000712508. shtml.

结合本书的研究结论，针对当代中国的具体实践，需要从以下方面构建我国的可移动文化遗产保护策略：

(1)强化可移动文化遗产理念体系

在我国文化遗产领域，"文物"(Cultural Relics)一词使用非常广泛，有时也被认为与欧美广泛使用的文化遗产(Cultural Heritage)基本对等①。然而，根据权威的词典以及国际法的规定，这两者是从属关系，文化遗产的范围比文物更加宽泛。

"可移动文物"被写进了《中华人民共和国文物保护法》，但该法对可移动文物的界定非常笼统，可操作性不强。

从现有资料看，可移动文化遗产及其保护的理论研究在我国才开始起步，和国外的研究相比较，不论是数量还是质量都存在差异(见第1章)，这反映了目前我国在可移动文化遗产研究方面与国际接轨的不足。因此，在可移动文化遗产概念方面，一方面通过现有的概念体系，在"文物""文化遗产"概念体系共存的现状下，尽量形成全球通用的概念。

(2)健全可移动文化遗产保护法律体系

目前，我国已经加入了四项国际文化遗产保护方面的公约②，实现了与国际法的有效对接。国内，业已形成了一个比较完善的、从《中华人民共和国宪法》到地方性法规的等级体系③。最高层有《中华人民共和国宪法》《中华人民共和国民族区域自治法》，它们确立了保护文化遗产的基本法律依据和准则。此外，国家还出台了22部文物保护行政法规与行业法规、67部地方

---

① 杨志刚.试谈"遗产"概念及相关观念的变化[M]//复旦大学文物与博物馆学系.文化遗产研究集刊(第二辑).上海：上海古籍出版社，2001：13.

② 这四项国际公约是《保护世界文化与自然遗产公约》(全国人民代表大会常务委员会1985年11月)、《关于禁止和防止非法进出口文化财产和非法转让其所有权的方法的公约》(国务院1989年9月)、《国际统一私法协会关于被盗和非法出口文物的公约》(国务院1997年3月)、《武装冲突情况下保护文化财产公约》(国务院1999年10月)。

③ 法规政策[EB/OL].[2014-12-02]. http://www.gg-art.com/law/index.php?bookid=217.

性文物保护法规、120个有关文物保护工作的规范性文件①，形成了"以《中华人民共和国文物保护法》为核心，以专项法规、部门规章和地方法规为骨干的文物保护法规体系。"②此外，一些涉及文化遗产保护的行业，也在行业法规中增设了有关的条款③。这一切构成了一个文化遗产保护法律法规体系。然而，我国尚缺乏专指性的可移动文化遗产保护法律，与之相关的法律包含在现有的法律法规体系之中。

在不断完善的富有中国特色社会主义法律体系中，有必要建立健全可移动文化遗产保护法律体系，加强国内法与国际法的衔接，补充现有的相关法律内容，或合并形成可移动文化产业化保护法律，并通过执法、守法的过程，最终将法律法规内化为人的品位和追求，从而使保护文化遗产成为一种自觉的行为。

（3）共享可移动文化遗产保护技术

历史发展过程中，我国可移动文化遗产保护领域形成了丰富的技术，广泛地应用于档案保护、图书保护、文物保护等不同行业和领域。尽管不同行业和领域在应用相关技术有所侧重，可移动文化遗产本身也存在个体差异，但由于可移动文化遗产组成成分的相似性，各类保护技术之间存在着借鉴的地方，因此，需要在行业间共享可移动文化遗产保护技术。

可移动文化遗产一旦形成，其内在质量很难改变，因此，为了保证可移

---

① 行政法规、行业法规有《中华人民共和国文物保护法实施条例》《中华人民共和国水下文物保护管理条例》《博物馆藏品管理办法》《文物藏品定级标准》《文物保护工程管理办法》《文物出境鉴定管理办法》等；地方性文物保护法规如《北京市文物保护管理条例》《福建省文物保护管理条例》等；规范性文件包括《国务院关于加强和改善文物工作的通知》等。

② 李让．中国世界文化遗产保护事业步入新阶段——访国家文物局局长单霁翔同志[J]．中国文化遗产，2004（2）：65．

③ 这样的例子包括《中华人民共和国档案法》《中华人民共和国城市规划法》《中华人民共和国海关法》《中华人民共和国环境保护法》《中华人民共和国刑法》《中华人民共和国矿产资源法》《中华人民共和国军事设施保护法》《中华人民共和国治安管理处罚条例》等。

动文化遗产的寿命,需要采取前端控制技术,以增强可移动文化遗产本身对恶劣环境的抵抗力,延长可移动文化遗产的寿命。遗产形成后,对于没有遭受破坏的可移动文化遗产,需要采取整体性预防技术,以保证可移动文化遗产的安全;对于已经遭受损毁的可移动文化遗产,可以采取部分或个体控制技术,通过人工干预,进行治理性保护、优先保护、修复技术、后端处理等,达到治理的目的。近二十年来,数字化保护技术在可移动文化遗产领域得到了广泛的应用,为可移动文化遗产保护提供了新的方法。

(4)创新可移动文化遗产保护管理体制

博物馆(自然博物馆、人文科学博物馆、艺术博物馆、综合博物馆、民俗博物馆、人类学博物馆、生态博物馆、高校博物馆等①)由文化部及地方政府、高等院校主管,图书馆(公共图书馆、高校、党校、中等专科学校图书馆、科研院所图书馆、医院图书馆)由文化部、教育部、卫生部、科学院及地方政府管辖,档案馆(国家级档案馆、专业档案馆、地方综合性档案馆、城建档案馆、高校档案馆)则由国务院办公厅、中央部委、军委、地方政府、城建部门、高等院校管理,专业保护组织(文物保护学会、档案保护技术委员会、古籍整理与文献保护专业委员会)和专业科研机构(国家档案局科研所、中国文物研究所等)则分属于不同的行业学会、部门管理,形成了条块分割、多头分散的管理状态。

我国台湾地区也是如此②。台湾地区的古物与民族艺术的保存、维护、宣扬、权利转移及保管机构的指定、设立与监督等事项归口教育部门管理,古迹、民俗及有关文物由其他政府部门管理,关于文化资产保存的策划与共

---

① 国内外对博物馆的分类不尽一致,难免导致概念之间的交叉。国际上通常以博物馆的藏品和基本陈列内容作为类型划分的主要依据,并据此将博物馆划分为历史博物馆、艺术博物馆、科学博物馆、综合博物馆、其他五类。我国通常划分为综合性、纪念性和专门性(也称专题性)三类。

② 台湾地区文化遗产的多头管理源自《文化资产保存法》的规定。除了本书列举的以外,历史建筑的主管机关为"行政院"文化建设委员会,在县(市)为县(市)政府;自然文化景观的维护、保育、宣传及管理机构的监督等事项由经济部门主管,管理体制非常复杂。

同事项的处理则由专门的文化建设委员会同教育、经济、交通等部门或机关协商决定。

为此，需要在国家统一规划下，设立专门的遗产管理部门。这个部门可以是一个统一的管理机构，如文化部可移动文化遗产司长(局)。例如，澳大利亚设立了可移动文化遗产局，更多的国家(法国、意大利等)则将博物馆、图书馆和档案馆统一在文化部管辖之下，这不失为解决目前政出多门、条块分割的一种良好的途径。也可以设立部级保护协调委员会，研究可移动文化遗产保护相关的问题。通过该保护协调组织，可移动文化遗产保护便真正地得到了整合。

(5)建设可移动文化遗产保护标准体系

与可移动文化遗产保护相关的标准体现在两个层面上，一是普适于各种可移动文化遗产保护的总体性标准，二是针对档案、图书、文献以及馆藏文物等具体类别可移动文化遗产保护的专用性标准。目前，后者是主体，前者非常缺乏。

构建可移动文化遗产保护标准体系应从级别、对象和方法三个维度展开。其中，级别维分为国际标准、区域标准、国家标准和行业标准等，对象维则包括遗产保护、文物保护、档案保护、图书保护、文献保护等；方法维主要包括保护技术、管理措施和工作规范等。同时，也需要从整合已有的遗产保护、文物保护、档案保护、图书保护、文献保护的角度，形成以可移动文化遗产为共同话语的标准体系。

(6)创建可移动文化遗产保护信息支持系统

总体看来，可移动文化遗产保护的信息处于分散、稀缺的状态，难以为馆藏机构的保护决策提供有效的服务。从各个馆藏机构的信息管理系统考察，其中往往缺乏藏品的保护信息。因此，创建可移动文化遗产保护信息系统显得非常必要。

创建可移动文化遗产保护系统时候，可以建立面向客体的保护信息集成系统和面向主体的保护信息整合系统两种系统形式，其主要目的在于记录可移动文化遗产保护相关信息，为保护决策服务。

(7)加大可移动文化遗产保护专业人才培养力度

目前，我国可移动文化遗产保护教育贯穿于博物馆学、考古学、图书馆学和档案学专业教育中。从事可移动文化遗产保护的专业教育学校尚有待于建立。截至目前，全国已有30余所高等院校设立了考古学、博物馆学、文物科技保护和古建筑维修等专业，北京大学、复旦大学、南开大学、吉林大学、清华大学等还提供博士学历教育。但是，这些高学历教育主要集中在不可移动文化遗产保护方面。和发达国家相比较，我国可移动文化遗产保护的高等教育显得非常落后，这和我国丰富文化遗产资源的保护需求相比极不相称。在培训方面，文化部、国家档案局、国家图书馆、中国人民大学、北京大学、北京城市学院和一些省级博物馆开展了一些修复、保护方面的培训。有的单位还与美国、意大利、日本等专业保护机构合作进行人才培训。但总体看来，我国遗产保护和修复培训非常匮乏。因此，加大可移动文化遗产保护专业人才的培养迫在眉睫。

在现有的专业设置中，整合文物保护学、档案保护学、文献保护学等学科知识，将可移动文化遗产保护科学列为博物馆学、图书馆学、档案学的必修课程，并按照教育部"宽口径"人才培养的要求，培养能够从事档案馆、图书馆和博物馆等馆藏遗产保护的通用性、复合性专业人才。同时，在考古学、博物馆学、文物科技保护、等相关专业中，加入与可移动文化遗产保护相关的选修课程，也是人才培养的一个重要措施。

参考文献

[1] 国家档案局档案科学技术研究所,《新档案保护技术实用手册》编委会. 新档案保护技术实用手册[M]. 北京：中国文史出版社, 2013.

[2] 周耀林, 戴旸, 林明. 档案文献遗产保护[M]. 武汉：武汉大学出版社, 2013.

[3] 赵淑梅, 侯希文. 档案物理管理与保护[M]. 沈阳：辽宁大学出版社, 2012.

[4] 鲍宏礼, 李月华. 管理学原理[M]. 武汉：湖北人民出版社, 2011.

[5] 张承志. 文物保藏学原理[M]. 第3版. 北京：科学出版社, 2010.

[6] 周三多, 陈传明, 鲁明泓. 管理学——原理与方法[M]. 上海：复旦大学出版社, 2009.

[7] 王惠贞. 文物保护学[M]. 北京：文物出版社, 2009.

[8] 张美芳, 张松道. 文献遗产保护技术管理理论与实践[M]. 吉林：吉林文史出版社, 2009.

[9] 单霁翔. 从"文物保护"走向"文化遗产保护"[M]. 天津：天津大学出版社, 2008.

[10] 周耀林. 档案文献遗产保护理论与实践[M]. 武汉：武汉大学出版社, 2008.

[11] 周耀林. 可移动文化遗产保护策略[M]. 北京：北京图书馆出版社, 2006.

[12] 罗佳明．中国世界遗产管理体系研究[M]．上海：复旦大学出版社，2004．

[13] 徐嵩龄，张晓明，章建刚．文化遗产的保护与经营——中国实践与理论进展[M]．北京：社会科学文献出版社，2003．

[14] 郑玉歆，郑易生．自然文化遗产管理——中外理论与实践[M]．北京：社会科学文献出版社，2003．

[15] 郑段勇．当代美国博物馆[M]．北京：科学出版社，2003．

[16] 杨公之．档案信息化建设实务[M]．北京：中国档案出版社，2003．

[17] 王子舟．图书馆学基础教程[M]．武汉：武汉大学出版社，2003．

[18] 复旦大学文物与博物馆学系，复旦大学文化遗产研究中心．文化遗产研究集刊（第三辑）[M]．上海：上海古籍出版社，2003．

[19] 李晓东．文物保护法概论[M]．北京：学苑出版社，2002．

[20] 肖希明，袁琳．中国图书馆藏书发展政策研究[M]．南京：南京大学出版社，2002．

[21] 中国国家图书馆．中文善本古籍保存保护国际研讨会论文集[M]．北京：北京图书馆出版社，2002．

[22] 李文儒．全球化下的中国博物馆[M]．北京：文物出版社，2002．

[23] 孙家正．数字图书馆：新世纪信息技术的机遇与挑战国际研讨会论文集[M]．北京：北京图书馆出版社，2002．

[24] 张晓，郑玉歆．中国自然文化遗产资源管理[M]．北京：社会科学文献出版社，2001．

[25] 陆寿麟，李化元，蔡学昌．中国文物和文物保护技术[M]．济南：山东友谊出版社，2001．

[26] 复旦大学文物与博物馆学系．文化遗产研究集刊（第二辑）[M]．上海：上海古籍出版社，2001．

[27] 罗茂斌．档案保护技术学[M]．昆明：云南科技出版社，2001．

[28] 郭宏．文物保存环境概论[M]．北京：科学出版社，2001．

[29]郭莉珠. 档案保护技术学教程[M]. 北京：中国人民大学出版社，2000.

[30]复旦大学文物与博物馆学系. 文化遗产研究集刊(第一辑)[M]. 上海：上海古籍出版社，2000.

[31]冯乐耘. 中国档案修裱技术[M]. 北京：中国档案出版社，2000.

[32]金波. 档案保护技术学[M]. 北京：高等教育出版社，2000.

[33](美)彼得·德鲁克著. 管理的实践[M]. 齐若兰，译. 北京：机械工业出版社，2006.

[34](英)安德鲁·坎贝尔，凯瑟琳·萨姆斯·卢克斯. 战略协同[M]. 第2版. 北京：机械工业出版社，2000.

[35](美)彼得·瓦尔纳主编. 黄坤坊审校. 现代档案与文件管理必读[M]. 孙钢，等译，北京：档案出版社，1992.

[36]陈振金. 文物典藏机构危险管理的研究[D]. 长沙：中南大学工商管理学院博士学位论文，2001：47.

[37]梁广寒. 中国记忆工程文献遗产整合研究[D]. 武汉：武汉大学信息管理学院博士学位论文，2004：123-127.

[38]沈文权. 中国的世界遗产及其保护与发展研究[D]. 北京：北京大学博士学位论文，2002：3-9.

[39]陶伟. 中国"世界遗产"价值分析和可持续旅游发展策略[D]. 北京：中国科学院地理科学与资源研究所博士学位论文，2000：198.

[40]谢爱华. "突现论"中的哲学问题[D]. 北京：中国社会科学院研究生院博士学位论文，2000：1-5.

[41]吴晓隽. 现代旅游活动与文化遗产保护[D]. 杭州：浙江大学管理学院硕士学位论文，2002：2-23.

[42]鲍展斌. 关于历史文化遗产的哲学思考[D]. 杭州：浙江大学法学院硕士学位论文，2002：1-13.

[43]朱玉媛，周耀林，赵亚茹. 论可移动文化遗产保护的国际立法及其对我国的启示[J]. 档案学研究，2010(3)：82-85.

- [44] 周耀林. 论组织再造理论下我国可移动文化遗产保护组织的变革[J]. 档案学通讯, 2009(6): 23-26.
- [45] Dinu Bumbaru. 文化遗产的保护[J]. 中国文化遗产, 2004(2): 7-8.
- [46] Nicholas Stanley Price. 提高公众,特别是年轻人的文化遗产保护意识[J]. 中国文化遗产, 2004(创刊号): 6.
- [47] 李让. 中国世界文化遗产保护事业步入新阶段——访国家文物局局长单霁翔同志[J]. 中国文化遗产, 2004(2): 64-67.
- [48] 张成渝, 谢凝高. "真实性与完整性"原则与世界遗产保护[J]. 北京大学学报(哲学社会科学版), 2003, 40(2): 38-41.
- [49] 唐颖侠. 国际法与国内法的关系及国际条约在中国国内法中的适用[J]. 社会科学战线, 2003, 121(1): 176-180.
- [50] 罗佳明. 我国自然文化遗产可持续发展的组织体系建设[J]. 旅游学刊, 2003, 18(1): 51-55.
- [51] 顾犇. 数字文化遗产的保护和联合国教科文组织的指导方针[J]. 国家图书馆学刊, 2003(1): 40-44.
- [52] 周耀林. 法国国家图书馆的图书保护探析[J]. 中国图书馆学报, 2003, 29(5): 74-76.
- [53] 郭旃. 世界遗产监测工作及濒危遗产的评定[EB/OL]. [2011-03-14]. http://www.cnwh.org/ycjc/ycjc-2.
- [54] 李林. 全球化与中国立法发展[EB/OL]. [2011-03-13]. http://www.jcrb.com/zyw/n111/ca62039.htm.
- [55] 舒国滢. 法的演进:过程、式样和趋势[EB/OL]. [2011-02-17]. http://www.civillaw.com.cn/weizhang/default.asp?id=186 65.
- [56] 教科文组织关于蓄意破坏文化遗产问题的宣言[EB/OL]. [2011-02-13]. http://www.unesco.org/culture/laws/intentional/declarch.doc.
- [57] 朱兵. 文化遗产保护与中国的实践[EB/OL]. [2011-02-14]. http://zgrdxw.peopledaily.com.cn/gb/paper12/1/class.001200077/hwz211050.htm.

[58]章建刚.遗产产业可持续发展的基础和理想模式[EB/OL].[2011-02-17]. http://www.cass.net.cn/chinese/s14_zxs/facu/zhangjiangang/07.htm.

[59]历史文化遗产保护领域中长期科学和技术发展规划战略研究报告[EB/OL].[2011-02-22]. http://kj.sach.gov.cn/jsp/tree/xiangxi.jsp?moulid=1&nrid=11345&bt=11345.

[60]关于禁止和防止非法进出口文化财产和非法转让其所有权的方法的公约[EB/OL].[2011-01-12]. http://www.china-culture.com.cn/ww/sc/18.htm.

[61](日)田中琢著;黄晓芬译.文物保护的思想[EB/OL].[2011-02-17]. http://www.chinacov.com/DEFAULT.ASP.

[62]庄兴业.文物保存概论[EB/OL].[2011-02-27]. http://www.chc.yuntech.edu.tw/essay/000159.html.

[63]蔡斐文.纸质文物保护管理[EB/OL].[2011-02-13]. http://www.nstm.gov.tw/conservation/img/1.pdf.

[64] Protection of Movable Cultural Heritage Amendment Bill in 1999[EB/OL].[2011-02-15]. http://www.aph.gov.au/library/pubs/bd/1998-99/99bd195.htm.

[65] Dagmar Šefcíková, Petra Štefcová. Czech Republic-European Preventive Conservation Strategy (PC Strat)[EB/OL].[2011-02-15]. http://www.pc-strat.com/proposals/czechproposal.rtf.

[66] AusHeritage & ASEAN-COCI[EB/OL].[2011-02-17]. http://www.hnasean.org/asean_countries/print/myanmar_country_profile.doc.

[67] Resources for Conservation Professionals[EB/OL].[2011-02-18]. http://palimpsest.stanford.edu/.

[68] Protection of Movable Cultural Property[EB/OL].[2011-02-19]. http://www.icomos.org/unesco/moveable78.html.

[69] Commentaries to Guidelines for Practice of the AIC [EB/OL]. [2011-02-15]. http: //aic. stanford. edu/pubs/ comment20. html.

[70] Preventive conservation on a day-to-day basis: the Antoine Vivenel Museum in Compi. [EB/OL]. [2011-02-17]. http: //www. unesco. org/culture/museum/ntml_eng/mi201. shtml.

[71] Ministry of Culture and Communication. French Laboratories Involved in the Research for the Conservation of Cultural Heritage[EB/OL]. [2011-02-18]. http: //www. culture. gouv. fr/culture/conservation/fr/.

[72] Patrick. Heritage and Cultural Policy: The Role of Museums [EB/OL]. [2011-02-14]. http: //www. city. ac. uk/ artspol/world-comm. html.

[73] Conservation Standard [EB/OL]. [2011-03-16]. http: //www. chnto. co. uk/development/nos. html.

[74] Preventive Conservation Strategy for Glass Collections: Identification of Glass Objects Susceptible to Crizzling [EB/OL]. [2011-03-11]. http: //www. heritage. xtd. pl/pdf/full_goldfinger. pdf.

[75] Syamalendu Sengupta. Experiencing History through Archives: Restoration of Memory and Repair of Records [M]. New Delhi: Munshiram Manoharlal Pub. , 2004.

[76] Susie Clarke, Franziska Frey. Care of Photographs[M]. Amsterdam: ECPA, 2003.

[77] Helen Forde. Preservation Past and Future[J]. Journal of the Society of Archivists, 2002, 23(2): 165-170.

[78] Stan Lester. Becoming a Profession: Conservation in the UK[J]. Journal of the Society of Archivists, 2002, 23(1): 87-93.

[79] Major Conservation School & Labs in Europe Closing[J]. Abbey Newsletter, 2002, 26(3): 26-30.

[80] Sfiic. Préserver les objets de son patrimoine: précise de conservation

préventive[M]. Belgique: Pierre éditeur, 2001.

[81] Bertrand Lavédrine. Les Colletions Photographiques: Guide de Conservation Préventive[M]. Paris: ARSAG, 2000.

[82] École nationale du patrimoine. Guide des Formations des Conservateurs et Professionnels du patrimoine[M]. Besançon: Néo Typo, 2000.

[83] Maria Teresa Jaquinta. ICCROM & ITALY: Forty Years for the Safeguard of Cultural Heritage[J]. Rome: ICCROM, 2000.

[84] Ted Stanley. Digital Video Microscopy: A Practical Visual Analysis Technique for the Conservator[J]. Journal of the American Institute for Conservation, 2000(2): 205-214.

[85] Ashok Roy, Perry Smith. Tradition and Innovation-Advanced in Conservation [C]. London: The International Institute for Conservation of Historic and Artistic Works, 2000: 118-123.

[86] Sarah Tyacke. Government Policy on Archives[J]. Journal of the Society of Archivists, 2000, 21(1): 11-26.

[87] George P. Mackenzie. Working for the Protection of the World's Cultural Heritage: The International Committee of the Blue Shield[J]. Journal of the Society of Archivists, 2000, 21(1): 5-10.

[88] Drakou G., Zerefos Ch., Ziomas I., Ganitis V. Numerical Simulation of Indoor Air Pollution Levels in a Church and in a Museum in Greece[J]. Studies in Conservation, 2000(2): 85-94.

后 记

本书是国家社科基金项目《可移动文化遗产保护体系研究》(项目编号08BTQ042)最终成果。

"可移动文化遗产"一词最早出现在1954年的《海牙公约》中,此后便常常出现在有关国际法中。然而,半个多世纪以来,关于可移动文化遗产及其保护的研究并未得到应有的重视,这和当前文化遗产保护的国际大潮极不相称,也和我国加强文化遗产保护和文化建设的时代韵律不相协调。

尽管国际国内对可移动文化遗产保护缺乏研究,但我们仍然需要注意到,我国关于档案保护、图书保护、文物保护、文化遗产保护方面的研究成果并不少见。如何厘清这些研究成果与可移动文化遗产保护之间的关系,可移动文化遗产保护与可移动文化遗产体系的关系,可移动文化遗产保护技术与保护管理的关系,可移动文化遗产预防性保护、治理性保护与修复的关系,可移动文化遗产保护日常保护管理与应急管理的关系,可移动文化遗产保护国际化发展与国内特色形成的关系,可移动文化遗产实物保护与数字化可移动文化遗产保护的关系等,都是当代国际遗产保护背景下需要解答的问题。

可移动文化遗产是文化的重要载体。中国共产党第十七届中央委员会第六次全体会议通过了推动社会主义文化大发展大繁荣的决定,这为档案馆、图书馆、博物馆等文化事业机构的发展提供新的历史机遇,也为可移动文化遗产保护提供了新的发展机遇。如何抓住这个机遇,推进档案保护、图书保护、文物保护等的整合，进一步深化和拓展"大保护"思想，仍然是一个需要深入研究的课题。本书旨在抛砖引玉，希望更多的专家学者加入到这一研究行列。

本书由周耀林、李姗姗等著。具体分工情况是：第1章、第2章、第4章、第9章以及后记由周耀林执笔，第3章、第5章、第8章8.3节由李姗姗执笔，第6章由戴旸执笔，第7章由叶鹏执笔，第8章8.1节、8.2节由程齐凯执笔。黄川川、戴有山、赵跃等也参与了本书资料的收集、整理工作。撰写过程中，执笔人参考了大量的国内外研究成果，在此对被引文献作者谨致忱谢。感谢本项目结题成果评审专家中肯的意见和建议。由于近年来国内外遗产保护保护发展很快，加之著者学术水平有限，文中难免有错误和不妥之处，敬请读者批评指正。